넘치는 반역의 죄악상에 대한 실태 보고서

강량 칼럼집
대한민국은 내전 중 Ⅲ

- 강량 지음 -

넘치는 반역의 죄악상에 대한 실태 보고서
강량 칼럼집
대한민국은 내전 중Ⅲ

초판 발행 _ 2022년 1월 25일
지은이 _ 강량
그　림 _ 강민
펴낸이 _ 강건
펴낸곳 _ 엔라이튼
주　소 _ 경기도 용인시 수지구 만현로 67번길 19
　　　　　성원상떼빌Ⓐ 304-1603
사업자등록번호 _ 694-91-01587
출판사신고번호 _ 2021-000034호
전화번호 _ 010-9236-3864
팩　스 _ 02-2762-7774

*가격과 ISBN은 뒤표지에 있습니다

대한민국 반역의 죄악상 실태 보고서

강량 칼럼집
대한민국은 내전 중 III

— 강량 지음 —

전체주의의 먹구름이 밀려오는 대한민국
그 악령들의 만행에 대한 자유주의자의 고발

서 문

　대장동, 가족비리, 측근들의 자살 등, 입에 담기도 힘든 온갖 권력형 불법과 비리사건들이 지하세계에 묻힌 채로, 국민의 힘당의 윤석열후보와 이재명 여당 후보 사이에서의 대선 선거전이 거의 진흙탕 백병전에 가깝다. 일단 대한민국 유권자들의 표를 받아내는 것이 급했던지, 여당 이재명후보는 연일 문정권에 각을 세우고 문의 핵심정책 실패사안들을 심판하기 바쁘다. 지난 19대 대선 당내 경선과정에서 문빠들의 집중포격을 받았던 이재명경기지사가 여당 대선후보가 된 것도 좀 의아한 상황이지만 불과 얼마전까지 그렇게 문대통령에 아부하며 잘봐달라고 문정권의 정책을 찬양하다가, 돌연 문정권을 비판하기에 바쁜 이재명의 독특한 생존형 공작정치가 한편으로 무섭게 느껴지기도 한다. 아뭏튼 이재명이란 인간의 정신세계는 앞과 뒤가 너무도 비정상적이어서 도저히 상식적인 가름이 불가능하다.

　주사파 운동권 성골들의 이재명에 대한 볼 멘 소리가 우렁차게 들리지만, 그렇게 평양의 서기실 노릇을 하던 청와대가 이재명에 대해서 끽소리도 못하고 잠잠한건 무슨 이유에서 일까? 문과 이 사이에 무슨 말못할 거래가 있었는지, 아니면 이러다가 대선유세 막판에 새로운 여당후보가 튀어나오는 건지, 예측이 불가능했던 아리송한 상황은 순식간에 송영길 여당대표와 이낙연 전총리가 이재명 원팀으로 신속히 흡수되면서 수직적 좌파진영의 구도가 한순간에 완성되었다. 반면 박근혜 전대통령은 사면하고 이명박 전대통령은 계속 구속하면서,

주사파 운동권 대모인 한명숙 전총리는 복권하고 이석기 전통진당 의원은 가석방 하는 등, 예상할 수 없는 정치공작과 야권분열 전략이 동시에 작동하는 가운데 문정권의 대한민국 체제전복 파르티잔 전략, 전술은 지금도 교묘하게 진행중인 것 같다.

정권내내 줄기차게 밀어붙인 소위 합법을 가장한 저강도 민족해방전술을 닮은 체제전복전술은 여전히 혁명가 교리문답을 쓴 네찬예프(Sergei Nechaev)와 이탈리아 공산주의자 그람시(Antonio Gramsci)로 이어지는 수단과 방법을 가리지 않는 "한국형 민족통일전선전술" 형태로 진행 중이다. 그런데 유권자들의 표를 의식해서 그런지 과연 이 사람들이 지금까지 내로남불, 자화자찬, 아시타비만을 보여준 문정권 주사파 위정자들이 맞나? 의아해 할 정도로 대부분 쌩뚱 맞은 정상적인? 선거발언과 선심성 별나라 정책들을 다 쏟아내고 있어서 이를 지켜보는 대한민국 유권자들의 정신세계가 또 한번 위태롭다.

그러나 늘 사건과 현상을 교란시키고, 언어조작, 상징조작, 반복학습과정을 통해서 대한민국 국민들의 인지부조화를 유발시켰던 문정권의 악랄한 정치공학 수법에 이제 더 이상 속아 넘어갈 골빈 대한민국 국민들은 존재하지 않을 것이다. 분노하는 대한민국 국민들은 지금까지 문정권이 문둥병 들게 만들었던 정의, 공정, 자유, 평등, 인권, 민주 등과 같은 인간의 영혼이 담긴 좋은 단어들의 참 뜻을 반드시 정상적으로 되돌려 받으려고 한다.

이런 상황과는 별개로, 뭔가 모자라 보이는 척하며 자신의 의지대로 교묘하게 국제관계를 몰고 가는 문대통령은 결국 동맹인 미국을 패싱하고 남-북-중 3국만이라도 베이징에서 종전선언을 할 수 있도록 국민들의 눈을 가린 채, 거짓과 위선, 사기와 거짓으로 점철된 마스크를 쓴 "저강도 민족통일전선전술"을 꾸준하게 펼치고 있다. 몇 달 전까지만 해도 그는 청와대 수석회의에서 A4용지에 담긴 "비상하는 민중의 의지는 혁명으로 이어져야 한다"는 엄청난 말을 그냥 아무런 생각없이 무덤덤하게 TV카메라 앞에서 읽었던 사람이었다. 그러니 닥치고 한미동맹은 무조건 종속관계이고, 제국주의의 일본은 멸망해야 하며, 남북간 한민족은 한시바삐 하나가 되어야 한다는 그의 기본 인식은 하나도 변한게 없다.

6.25 종전협정 당사국이자 혈맹인 미국을 따돌리면서까지 줄기차게 종전선언을 주장하는 문대통령의 블랙코미디에 대해 중국은 속으로는 쾌재를 부르지만, 미국과의 국제관계를 생각하니 조금 걱정이 되었는지 그렇게 대놓고 나서는 분위기는 아니다. 적대적 미중관계와 중국에 대한 우방국들의 봉쇄전략이 그만큼 중국 스스로에게도 부담이 되고 있기 때문이다. 2021년 12월 13일 호주 국빈방문 기간 동안 모리슨(Scott Morrison)총리와 호주기자들에게 가치동맹을 무시하는 문대통령의 황망한 외교적 정신세계가 탈탈 틀렸음에도 불구하고, 마치 아무렇지도 않은 듯, 문대통령은 북경동계올림픽과 종전선언을 여전히 뻔뻔스럽게 계속 연결시키고 있다.

문대통령의 종전선언에 대한 집념은 만약 중국이 미국 눈치보며 시큰둥하게 나오게 되면, 남과 북 둘이서라도 종전선언을 감행할 태세다. 문대통령은 오히려 남북간 만의 종전선언을 더 선호하는 것 같기도 하다. 왜냐하면 그는 남북간 종전선언을 통해 북에 어마어마한 외교적 선물과 그에 따른 국제관계의 새로운 질서를 상납하려고 하기 때문이다. 그것은 종전선언에 따른 일반적인 단상들, 즉 유엔사해체, 한미동맹 냉각, 미군철수 정도의 문제를 훨씬 넘어 선다.

6.25전쟁 당시 정전협정 비서명국이었던 한국이 북한과 단독 종전선언을 하게 되면, 북의 6.25남침은, 다시 말해 북의 "조국해방전쟁"은 정당했다고, 한국이 나서서 승인해 주는 결과가 된다. 이 말은 "한국이 북에 완전히 항복한다"는 의미도 된다. 그러니까 문대통령은 대한민국을 통째로 들어서 북한에다 넘겨주려고 작심하고 있는 것이다. 불행한 것은 이 어마어마한 사실을 국민의 힘이란 야당과 그 야당의 대선후보인 윤석열후보가 잘 모르고 있다는 사실이다.

지금 당장에라도 윤석열후보는 문대통령이 주도하는 "종전선언이 바로 대북항복선언이다"며, 큰소리로 대한민국 유권자들을 깨워내야 하고, 그래서 북으로 넘어가는 대한민국을 살려내야 하는데, 날이 갈수록 윤후보 주위에 포진해 있는, 대부분 노무현정권 때 위정자를 했던, 좌파세력들에게 휘둘리는 모습을 보이고 있으니, 참으로 갈 길이 멀어 보인다.

필자가 처음 <대한민국은 내전 중>이란 제목으로 I권을 발간했을 때 많은 분들이 제목이 좀 지나치지 않느냐고 물었던 기억이 있다. 그러나 II권을 발간했을 때는 지나치다고 묻는 사람이 훨씬 줄어들었다. 그만큼 문정권 주사파 위정자들의 저강도 민족통일전선전술이 아름아름 수면 위로 모습을 드러내었기 때문이었다. 그럼에도 불구하고, 여전히 대한민국 일반 유권자들의 문정권이 노리는 체제변혁과 체제전복 전략전술에 대한 관심은 아직까지도 그다지 높지 않다. 유권자들의 인식이 낮은 가장 큰 이유는 아직까지 한국경제가 특히 수출주도형 산업구조와 수출 기업들이 버텨주고 있기 때문이다. 물론 경제도 속으로는 다 무너지고 있지만 표면적으로 포퓰리즘 정책 때문에 본 모습이 잘 나타나지 않고 있기 때문이다.

이제 <대한민국은 내전 중> III권을 마무리하면서 왜 필자가 제목을 처음부터 <대한민국은 내전 중>으로 붙였는지, 그 역사적 정황과 한반도라는 장소적 시점과 연관된 사상적 이유들을 간단하게 밝히고자 한다.

"먼저 근대국가(Nation-State)의 건설에 주도적 역할을 했던 '나시옹'(Nation)은 민족(民族)으로 번역되기도 하고, 국민(國民)이란 조어(造語)로 표현되기도 한다. 일본의 명치철학자였던 후쿠자와 유기치조차도 계몽주의철학자 루소(J. J. Rousseau)가 강조했던 '나시옹'에 대해 제대로 된 이해를 하기가 힘들었을 것이다. 한번도 경험해보지 못한 세상의 개념들을 동양적, 유교적 습속이 강했던 일본사회에 근대의 법과 제도, 이들의 기능과 의미들을 쉽게 조어로 일상생활에 전

달하기란 참으로 어려운 일이었을 것이다.

어쨌든 근대 독일의 법과 제도, 정치적 낭만주의와 낭만적 민족주의 요소들이 압도적으로 일본사회를 지배하면서, 독일의 '족민'(Folk) 개념이 일본인들에게 강하게 어필했다. 그 결과 '나시옹'은 피를 나눈 혈족적 민족이란 개념으로 이해되어졌고, 그런 사고는 한중일 3국 지식인사회에 급속도로 전파되어졌다.

이승만 건국대통령의 필사적인 노력으로 자유민주주의를 정착시킨 대한민국의 경우 '나시옹'은 당연히 국민으로 이해되어 져야 하지만, 5천년역사에 빛나는 한민족이란 전대미문의 혈족적 신화와 혈연, 지연, 가족중심의 유교적 습속으로 인해, 대한민국 국민 대부분은 '나시옹'에 대한 이해가 불분명했다.

반면 국제주의를 포기한 굴절된 공산주의사상을 유지하고 있는 북한은 이 '나시옹'을 철저하게 한반도 공산화를 위한 통일전선전술의 일환으로 사용했다. 북한은 5천년 한민족 단군의 자손이 바로 김일성민족이라고 주장하며, 그 정통성은 백두혈통이 갖고 있다고 강조해 왔다. 이 주체사상의 근간을 이루는 지도이념을 남한의 주사파운동권출신 위정자들이 그대로 답습하고 있다. 따라서 일종의 허위의식이든지 아니면 달빛에 젖은 신화든지 간에, 현재 한반도에는 3가지 '나시옹' (민족)이 공존하고 있는 것이다. 첫번째는 북쪽의 김일성민족이고, 두번째는 남쪽의 자유민주주의민족이며, 나머지는 남쪽에서 북쪽을 앙망하는 얼치기 김일성민족인 것이다.

혈족적 관계로 맺어진 '나시옹'은 신을 향한 신앙처럼 그 어떤 체제에서도 쉽게 사라지지않는 강철같은 결속력을 갖고 있다. 그래서 자유주의철학자 밀(John S. Mill) 조차도 만약 한 지역내에서 두 개의 '나시옹'이 존재한다면, 이들은 통합하지말고 서로 헤어지게 만드는 것이 자신들의 안전과 미래를 위해 좋다고 강조했던바 있다. 그만큼 '나시옹'에 대한 집착은 신앙처럼, 그 어떤 타협의 대상이 될 수 없다.

그러므로 현재 한반도에서는 이 3종류의 '나시옹' 신들이 절대 물러설 수 없는 서로간의 내전(Civil War)을 벌리고 있는 것이다. 자유민주주의민족을 이끌어야 할 문정권은 북쪽을 앙망하는 주사파위정자들로 구성된 얼치기 김일성민족임을, 위선과 기만정책으로, 대한민국 국민들을 속이고 있는 것이다. 그래서 문정권은 입만 열면 남북이 생사고락을 같이 해야 하는 "생명공동체"라고 주장하고 있다."

19대 대선직후 국회앞에서 문대통령의 선서가 끝나고 돌아서자 말자 문정권이 어떤 일들을 벌였는지, 이제 대한민국 국민들은 모두 다 기억하고 있다. 대한민국을 인정하지 않았고, 한반도는 일제시대와 같이 남과 북의 임시정부가 존속하고 있는 것처럼, 한반도 상황을 몰아갔다. 일제시대 독립운동을 했던 공산주의자들이 민족의 영웅으로 재등장했고, "사람이 먼저다", "사람중심의 세상", "사람이 살고 있다", "남쪽사람과 북쪽사람" 등등, 자기들만이 알 수 있는 암호(Code), 상징(Symbol), 인식(Sign) 등을 사용하면서, 은근히 사람의 의미를 북한의 백두혈통에다 비유하는 돌려치기방식으로, 대한민국 국민들의 영혼을 낚아챘던 것이 한 두 번이 아니었다.

기실, 망명했던 황장엽선생이 북한에 있을 당시 "인민민주주의"(People's Democracy)를 "사람중심의 세상"이라고 번역했더니, 김일성이 그렇게 좋아하더라는 말을 빌리더라도, 문대통령이 입만열면 강조했던 그 "사람"은 바로 백두혈통이었다고 얼마든지 상상해 볼 수 있다.

필자는 이미 노무현정권때 남쪽좌파들의 저강도 민족통일전선전술을 위한 연합대오가 완성되었음을 인지했다. 그리고 어처구니 없게도 보수정권인 이명박과 박근혜정권에서 이들의 민족통일전선전술이 먹혀들어 확대되어졌고, 급기야 박근혜정권이 탄핵받는 상황까지 대한민국 헌정질서가 속수무책으로 당하게 되었던것이다. 그래서 단언컨대 대한민국은 이미 노무현정권 이후부터 심각한 좌우간의 내전 중이었다고 말할 수 있다. 차기대선은 바로 이승만을 믿는 신도와 김일성을 믿는 신도, 그리고 얼치기 주사파 '문재명'(문재인 + 이재명)을 믿는 신도들 간의 보이지 않는 내전이다. 이 이유로 필자는 지금까지 줄 곧 차기대선은 대통령병에 걸린 일개 정치지도자의 소원풀이 장이 아니라, 대한민국 체제의 존폐가 걸린, 대한민국 애국시민들이 대한민국의 가치와 문명을 지켜내느냐, 아니면 소멸시키느냐를 결정하는 "투표함의 전쟁"이라고 말해왔던 것이다.

최근 <반일종족주의>의 저자 이영훈 이승만학당 이사장과 김문수 전경기지사의 스승이면서, 식민지근대화론으로 잘 알려진 안병직 서울대명예교수의 자유헌정포럼에서의 강연내용이 다소 안일(Naive)해 보였다. 그래서 서문의 지면을 빌려서, 이 점에 대해 간단하게 논평하고, 서문을 마무리하려고 한다.

첫째 6.25 전쟁결과 근대국가의 첫 번째 조건인 국민군이 형성되었다는 안교수의 관점은 옳지만, 70만 군대의 힘으로 박정희장군이 쿠데타를 일으켰다는 관점자체는 전쟁이후 최빈국이 된 국가의 엘리트군인으로서 박정희가 가졌던, 국가에 대한 사명감과 책임감에 대한 학문적 접근하고는 거리가 너무 멀다. 또 이승만대통령이 교육을 통해 인재를 양성한 결과, 자유민주주의자였던 이승만대통령이 학생들의 반정부데모로 스스로 하야하는 것을 보고, 박정희대통령이 지식인, 학생, 노동자, 농민의 저항을 억누르고 근대국가의 두 번째 필수요소인 재정자립을 형성했다는 논리도 역사적 개연성이 빈약한 정도가 아니라, 지나치게 일방적이다.

이는 상호 협력적으로 국가건설(State-Building)과 국민건설(Nation-Building)을 기획했던 이승만과 박정희의 업적을 분리시키게 되고, 상호 적대적으로 경쟁시키는 것으로 보여지기 쉬우며, 이승만정권의 권위주의정책과 대비해서, 박정희정권은 권위주의가 아닌 심각한 독재체제였다는 오해를 불러올 소지가 크다.

안교수는 또한 진짜 독재야말로 전두환정권이 했다고 발언하는 동시에, 전두환정권의 경제발전이 중산층의 증가와 함께 민주화를 달성하게 만들었다는 모순된 표현을 하고 있다. 안교수 스스로 얼마전 돌아가신 전두환대통령의 억울한 처지와 집요한 좌파들의 공격좌표를 인식해서 일부러 애둘러 표현한 것인지는 모르겠지만, 전두환정권도 권위주의정권이었지, 흔히 회람되는 그런 악독한 독재정권과는 거리가 멀다.

그리고 안교수는 노태우대통령의 대한민국 민주화를 위한 업적을 지나치게 폄하하고 있다. 노태우대통령의 북방정책 성과, 시민사회의 성장, 6공화국의 완성 등과 같은 정치적 업적을 고려한다면, 전, 노 두 정권을 싸잡아 국민들이 동일하게 군사정권이라고 판단할 수 있도록 만드는 역사적 여백을 주어서는 안된다고 본다.

안교수는 80년대 당시 독재에 반발했던 주사파 운동권세력들을 한때 자신과 같은 종류의 "자생적 공산세력"이라고 칭하면서, 이들이 전혀 북한의 백두혈통과는 관계가 없다고 주장하고 있다. 그리고 이들은 권력장악만을 꿈꾸며 제대로 공부도 않고 무지한 가운데, 인민민주주의를 맹목적으로 추구하는 좌파적 반동세력들이라고 강조했다. 그러나 이런 생각 자체도 문정권 주사파세력들의 본질을 안교수가 제대로 파악하지 못하는 관념적이며, 안이한 이해라고 보여진다.

또한 인민민주주의에 대한 추가적인 설명이 없었기 때문에, 주사파세력들이 중공식 인민민주주의를 표방한 것인지, 또는 북한식 인민민주주의를 표방한 것인지, 아니면 레닌식의 인민민주주의를 표방하는 것인지 전혀 알 길이 없다.

안교수는 이들 무지한 인민민주주의 추종자들은 당초 자기들 생각으로는 뭔가 잘해보려고 했는데, 현실을 잘 모르고, 정책내공이 모자라서, 지난 5년동안 대한민국을 파괴하는 듯한 미숙한 정책들을 난발했다고 평가했다. 그런데 이런 안교수의 설명은 애초에 대한민국을 제거시키려는 목적으로 대한민국사회를 기획적으로 파괴시켜 왔다는 필자의 논리와는 정면으로 대치되며, 지나치게 이들의 사회공작과 정치공작과정을 폄하하는 위험한 발상이라고 여겨진다.

안교수는 앞으로 얼마 남지 않은 차기대선에서 윤석열후보가 승리하는 것은 당연한 일이라고 강조했다. 차기대선 자체가 "자유민주주의 대 인민민주주의" 대결인데, 한국진보 전체가 인민민주주의자들이 아닌 이상, 차기대선은 해보나마나한 선거라고 굉장히 선거결과를 낙관하고 있다. 그러나 20세기를 관통하면서 인민민주주의자들이 어떤 생각과 어떤 행동을 했는지를 고려한다면, 특히 베트남 공산화과정에서 북베트남의 민족해방전선이 어떤 역할을 했는지 돌이켜보면, 안교수의 생각은 엄청나게 선동적이며, 위험천만한 낙관론을 펴고 있다고 볼 수 있다.

현재 야당의 윤석열후보는 생각이 다르더라도 야권통합을 이루어 정권교체를 이루어 내어야 한다고 주장하고 있다. 충분히 설득력이 있다고 본다. 그러나 윤후보의 주변을 살펴보면 김종인, 김병준, 김한길 등을 비롯해서 주요 핵심인사들이 노무현정권 당시 위정자역할을 했던 이들이 가장 많고, 민주통합정부 또는 권력개혁위원회를 만들어야 한다는, 아직 선거결과도 나오지 않았는데, 국민통합을 명분으로 이런 통합내각 가능성을 제시하는 것은 상당히 문제가 있어 보인다.

혹시 정권창출이후 내각제로의 개헌을 단행해서 대통령제의 폐단을 제거하고 국회의원들의 종신적 권력을 보장하려는 기회주의적 생각이 깔려있다면, 이 또한 앞서 안병직교수가 언급했던 인민민주주의자들의 본질을 잘 모르고, 어설픈 타협을 통해 이익을 구현하려는 얄팍한 정치적 술수를 부리는 것으로 이해된다. 만약 그렇게 되면, 대선승리에도 불구하고 전국의 좌파들이 대동단결해서 자유민주주의 체제전복이라는 경천동지할 개헌결과를 만들어 낼 가능성이 아주 높아진다.

분명한 사실은 차기 대선일까지 절대로 긴장을 늦추어서는 안된다는 점이다.

문정권 주사파 위정자들의 사회공작과 정치공작으로 이기주의와 물질주의가 판을 치는 체제타락과 체제변혁의 혼탁한 사회가 이미 조장되었다. 또 법과 정책을 앞세운 집요한 파괴공작으로 중산층과 중하층, 그리고 서민들의 경제가 몰락하면서, 특히 최하위 20%가 벼락거지로 전락하는, 그래서 사회주의로의 표심이 남발할 수밖에 없는 위험천만한 시대가 만들어져 있다.

이들 계층이 가장 취약한 영역은 바로 여당후보가 남발하는 포퓰리즘정책이며, 끊임없는 낭만주의적 민족감정에 호소하는 종전선언이라는 남북공작쇼다. 그리고 수단과 방법을 가리지 않는 주사파 위정자들이 그 어떤 불법적인 방법을 동원해서라도 대선투표과정을 교란시킬 수 있다는 합리적 의심은 늘 존재한다. 여당의 170석이라는 의회의석과 시민사회내 성역화와 진지화 형태로 좌파카르텔 진영을 공고화하고 있는 세력들의 마지막 반격이 어떤 형태로 나타날 지는 여전히 예측하기가 힘든 상황이다.

아쉽지만 <대한민국은 내전 중> III권은 여기까지다. 끝까지 대선결과를 보고, 새롭게 전개되는 대한민국의 희망도 함께 담고 싶었지만, 또 원래 II권 서문에서 III권을 대선이후 내년 말정도에 총괄편으로 출판하겠다고 약속했지만, 기회가 되어서 책을 낼 수 있을 때 먼저 내는 것이 더 바람직해 보였다. 아마도 시간이 대선이후로 넘어가게 되면 필자 생각에 아예 III권을 출판 못 할 수도 있을 것이라는 우려가 컸던 것 같다. 어쨌든 <대한민국은 내전 중>이란 타이틀로 커다란 불미스러운 일없이 III권까지 온 것도 굉장히 다행스러운 일인지도 모르겠다...

앞선 I권과 II권처럼, III권도 동일하게 전체 5부로 구성된다. 가장 만족스럽게 여겨지는 반짝반짝한 칼럼들을 제1부 하이라이트 칼럼에 담았다. 그리고 여전히 문정권의 안과 밖이 햇볕아래 존재하는 것보다 달빛이나 별빛아래서 거래되는 것들이 많기 때문에, 일반 국민들이 알 수 없는 문정권의 도깨비 같은 지하정치 세계가 여전히 국내정치와 국제정치를 압도하고 있다는 관점에는 변함이 없다. 따라서 I, II권과 마찬가지로 III권의 구성도 제2부 지하정치, 제3부 국내정치, 제4부 국제정치로 이루어진다. 그리고 지난 문정권 5년에 저항했던 어려운 시간들이 필자의 인생도 되돌아보는 시간이 되었기에, 제5부 책을 마무리하는 에필로그 형태로, 필자의 향후 하고 싶은 일들에 대한 생각과 그 흔적들을 독자들과 함께 공유해 보고자 한다.

끝으로, 지난 I권과 II권에서도 밝혔듯이 이 책의 내용들은 존경하는 혜사 노재봉선생님의 가르침이 없었다면 결코 세상 밖으로 나올 수 없었다는 점을 다시 한번 강조하고 싶다. 지금도 매주 목요일마다 후학들을 지도해 주시고, 국가와 인류가 나아갈 원대한 사상의 지표를 적시해 주시는 선생님의 은혜는 참으로 놀랍고도 깊다.

지난 세월 돌이켜보건대, 필자가 한국해양연구원에 재직했던 당시부터 매주 선생님 강의를 들어온지도 이제 햇수로 14년이 되었다. 2007년 선생님의 제자중 한명이었던 성신여대 김영호교수가 선생님께 대학원수업강의를 제안했고, 당시 성신여대 정치학과에 출강했던 필자가 청강생으로 그 수업에 들어갈 수 있었다.

진심으로 한 번도 들어보지 못했던, 정말 처음 듣는 놀라운 내공의 강의였다. 당시 필자는 한국해양연구원 대외협력처를 맡고 있어서 해외출장도 많고 대단히 바빴음에도 불구하고, 선생님강의는 무조건 시간을 내어서 참석했다. 그리고 시간에 늦지 않으려고 매번 헐레벌떡 뛰어서 강의실로 들어갔던 필자를 선생님은 흐뭇한 미소로 상당히 눈여겨 보셨던 것 같다. 영국유학당시 캠브리지 3년, 뉴캐슬 3년 거주하면서, 국제정치학 박사과정 공부한답시고 아주 비싼 6년을 외국에서 체류했는데, 노선생님을 뵙고 그때부터 또 다른 필자의 공짜 박사과정이 시작되었던 것이다.

14년전 그 더웠던 9월의 첫 강의에서 하얀 와이셔츠 소매를 걷어 올리시고,

칠판에 정열적으로 판서해 가시면서 우렁찬 목소리로 3시간 연속강의를 하셨던 그 모습은 이제는 찾아볼 수 없다. 그러나 지금도 3-4시간을 정열적으로 담화하시면서 연거푸 담배를 피시는 "만년청년" 노재봉선생님의 자랑스런 모습을 뵙는 것 만으로도 너무 행복하다. 그저 대가없이 선생님께서 선물하신 이 아름다운 행복이 영원토록 지속되기를 간절히 희망할 뿐이다...

칼럼집 <대한민국은 내전 중> I, II, III권이 성공적으로 마무리될 수 있도록 칼럼의 플랫폼을 제공해준 더자유일보의 최영재대표와 리베르타스의 도희윤대표에게 심심한 감사의 마음을 전한다. 그리고 노선생님 공부방에서 탁견을 들려주시는 '박올'(박정희가 옳았다) 이강호원장, 걸어다니는 백과사전 유광호박사, 대한언론 박석홍주필, 대수장의 권순철, 김춘수 장군, 그 외 여러회원들의 지도편달에도 따뜻한 감사의 마음을 전한다. 특별히 필자의 모든 칼럼을 논평해주고 출판까지 맡아준 아들 강건과 아내 윤혜정에게도 사랑의 마음을 전한다. 그리고 I, II, III권 모두 책읽는 독자들의 흥미를 돋구어 줄 수 있는, 재미난 캐리컬쳐 인물삽화를 그려준, 막순이 강민의 변함없는 사랑과 의리에 러브콜을 보낸다.

마지막으로 코로나방역으로 온갖 어려움을 다 겪으면서도 지난 5년 주말과 휴일 한번도 거르지 않고, 비가 오나 눈이 오나 광화문 이승만광장에서 온 몸으로 문정권을 규탄해 온, 모든 태극기부대 대한민국 애국시민 여러분들께 이 책을 바친다.

2022년 1월 1일
동부이촌동 서재에서

CONTENTS

1부 | 하이라이트 칼럼

현행 대통령제는 헌정수호의 핵심이다 ·················· 20
'종전선언'이라는 지옥행 열차 ·················· 26
영웅(英雄)은 죽어서 말한다!! ·················· 32
개인(個人)과 공화(共和)의 가치가 자유민주주의 회생시켜! ·················· 36
위기의 시대… 국가이성(國家理性)을 생각한다 ·················· 43
노 전(前) 대통령 장례에 비친 현대사 ·················· 48
'자유주의자' 이병주와 '적폐청산'의 윤석열 ·················· 53
차고 넘치는 반역의 죄악상, 결코 덮을 수 없다 ·················· 58
정권교체로 대한민국을 살리는 길!! ·················· 65
건국대통령 이승만과 부국대통령 박정희, 그리고 링컨 ·················· 72
우리가 이승만이고, 박정희다!! ·················· 78
여전한 '달빛 찬가'와 '관해난수(觀海亂水)' ·················· 84
달빛 세레나데의 블랙코미디 ·················· 90

2부 | 지하정치

화천대유, 대선자금인가? 체제전복 위한 혁명자금인가? ·················· 98
'사람'과 '사람 중심의 세상'에 숨겨진 비밀 ·················· 104
장군(將軍)의 귀환(歸還)? ·················· 110

자유의 가치가 전체주의의 노예가 된다면... ·· 114
촛불정권의 위선과 기만, 이런 것이 'K-리더십'인가? ···························· 119
간첩 잡는 국정원, 보이지 않는 '지하혁명당'에 해체? ···························· 124
안바뀌는 文정권, 역사상 착한 좌파 없었다! ·· 130
'자유민주주의'라는 혁명의 칼 ···136
낭만적 민족주의가 불러 올 체제탄핵 ··· 143
무지한 개인들의 지옥, '내로남불' ··· 148
文정권의 횡포... '보나파르티즘' 등장 불러 ·· 153
文정권, 죽음의 굿판을 걷어 치워라! ·· 159
탈레반과 얼치기 주사파는 일란성 쌍둥이 ··· 166

3부 | 국내정치

안보(安保)가 곧 인권(人權)이다! ·· 172
일그러진 영웅... 586 주사파의 본 모습 ·· 177
대권후보 윤석열이 가야할 길! ·· 182
윤석열 대 이재명 구도로 개헌논의 잠재우재!! ······································· 188
尹, 목숨 걸 시대정신은 "체제수호" ··· 194
尹·崔, 이준석 기대 말고 목숨 걸고 文과 싸우라! ································ 200
'조국수홍'이라는 또 하나의 괴물 ··· 204
풍요의 아편에 취한 대한민국 ··· 209
이준석 신드롬? 새로운 감성정치의 연속? ··· 215
위기(危機)는 곧 기회다! ··· 221
尹, 이승만과 박정희가 주도했던 국가이성을 생각하라! ······················ 226
자유대한민국과 윤석열후보가 같이 사는 길 ·· 230

4부 | 국제정치

대한민국 자살유도자들, 미국조차 업신여기나! ····· 234
텅 빈 UN 연설장... 마지막까지 평화·민족팔이 ····· 241
북풍(北風)이 내려온다!!! ····· 245
멀어지는 한미동맹... 'AUKUS' 신안보동맹 ····· 250
국제사회가 비웃는 문정권의 약장수 외교 ····· 256
북한 비핵화의 핵심은 '체제변혁'(Regime Change) ····· 262
세종류의 신들이 다투고 있는 한반도 ····· 268
尹, 北에 항복하려는 文을 막아서야 한다!! ····· 272

5부 | 에필로그

Epilogue ····· 276

1부

하이라이트 칼럼

현행 대통령제는
헌정수호의 핵심이다

시민의식과 공공의식이 마비된 대한민국
부패를 넘어 타락하고 관권화 된 시민사회
정의, 상식, 공정 모두 법치로 바로 세워야

———

◇ 국제 모범국가 대한민국

　현재 대한민국은 세계가 부러워하는 경제대국이다. 어려운 코로나 상황의 세계 경제 환경에서도 한국은 올해 1조 2천억달러 이상을 교역할 것으로 전망되는 정말 잘나가는 중견 국가다. 그런데 경제하나만 그렇다. 강대국과 약소국이 함께 포진한 국제 관계에서 국제법적 레토릭인 각국의 주권 존중은 그저 희망사항이다. 현실은 불평등하며, 힘의 수직관계 행사가 다반사다.
　이승만 건국대통령은 5백년 조선조와 바로 이어지는 일제시대 속에서 자신들의 정체성조차 모호했던 백성들을 갑자기 근대국가의 '국민'으로 만들었다. 그리고 자유민주주의라는 체제를 바탕으로 박정희라는 영웅이 산업화를 성공시킬 수 있었다. 한마디로 전후 독립한 신생국 중에 대한민국만이 '국가 선진화'를 이뤄낼 수 있었던 인류역사 최초의 국제 모범국이 되었다. 그렇게 될 수 있었던 원인은 역설적이지만, 바로 일제시대 36년과 6·25전쟁 때문이다. 조선조의 지독한 전통 습속을 일본이 점령하면서 근본적으로 말살시켜 버렸다. 급기야 '내선일체(內鮮一體)'정책으로 한국적인 것을 전부 일본화 시킨 결과, 한국은 그 어떤 부족적 전통국가도 흉내 낼 수 없었던 근대국가를 향한 백지상태의 제로그라운드가 만들어졌던 것이다. 이는 일제시대를 미화하는 것과 차원이 다른 이야기다.

◇ **일본과 한국의 근대화에 비친 잔상(殘像)**

그 바탕 위에 국가를 세운 영웅 이승만이 있었고, 6·25전쟁으로 전통과 습속에 젖어 살던 백성들이 3년이 넘는 치열한 전면전(Total War)의 공포속에서 개인화기와 지프차정도는 물론이고, 장갑차와 대포까지도 다룰 수 있는 그야말로 필사적인 생존형 기능공들로 재탄생되었던 것이다. 그리고 전후 모든 지주계급과 양반계급은 흔적도 없이 사라졌고, 국민 전체가 전쟁의 잿더미위에 완전히 새로운 사회를 만들어 나갈 수 있는 제로그라운드가 마련되었던 것이다.

전후 일본의 발전도 한국의 경우와 비슷하다. 천황제하에서 전통적 습속이 강했던 일본사회도 미국에 무조건 항복함으로써, 일본의 근대적 통치를 완전히 일임했던 맥아더헌법, 다시 말해 평화헌법으로 인해 강압적으로 자유민주주의와 시장경제라는 새로운 문명의 제로그라운드를 제공받았다. 그리고 6·25와 베트남전쟁에서 일본을 병참기지로 활용했던 미국의 도움을 받아, 급기야 세계

제2위의 경제대국까지 올라설 수 있었다. 아무리 메이지유신의 철학자들이 서양문물을 받아들여서 일본이 문명국으로 탈바꿈하는데 일조했다지만, 후쿠자와 유기치인들 천년 이상 점진적으로 발전해 왔던 그 많은 서양제도와 기독교 전통을 어떻게 완전히 이해할 수 있었겠는가? 물론 한국보다는 훨씬 나아보이지만 아직도 자유민주주의의 제도적 완성을 위해서 일본도 갈 길이 먼 것은 사실이다.

결국 한국과 일본의 발전은 모든 것이 파괴되고 전통이 말살된 가운데, 미국이 주도하는 제도와 이를 받아들였던 한일 양국의 지도자들이 권위주의적 리더십을 통해서 양국의 벼락국민들을 교육시키며 시민사회를 강압적으로 끌고 간 것이 주효했던 것이다. 일본이 한국보다 더 발전했던 것은, 청일전쟁과 러일전쟁을 승리로 이끌며 구미열강과 어깨를 나란히 했던 강대국 일본의 힘을 미국이 '태평양 안보'를 위해 다시 부활 시켜주려고 남다른 특별한 대우를 해주었기 때문이다. 그 결과 동북아에서 중국과 러시아라는 강대국을 미국을 대신해서 일본이 견제할 수 있었다. 결국 이런 지정학적 이해를 놓고 미국은 일본의 역할을 보조해 줄 한국이 필요했던 것이며, 이것이 역사가 말하는 한미관계의 불편한 진실이기도 하다.

◇ 보여주기식 셀카외교의 가벼움과 호주기자들의 무거운 질문

호주 모리슨총리는 스스로 외교적 고립을 자초해 꿈쩍도 하지 않으려는 문대통령을 거듭 회유해서, 호주 국빈방문을 실행하게끔 만들었다. 그리고 文의 대륙지향의 정신세계를 비난하며 해양세력과의 가치동맹을 강조했으나, 文은 대놓고 친중-종북-원미-반일을 주장했다. 호주기자들의 날카로운 질문에 文은 거저 멀뚱멀뚱 동문서답으로 답했다. 현재 가장 우려되고 있는 사안은 만약 문대통령이 미-중 양 강대국을 배제하고, 남북간 단독으로 종전선언을 할 경우, 이는 정전협정 비서명국인 한국이 북한의 남침인 6·25전쟁을 조국해방전쟁으로 정당했음을 승인해주는 꼴이 된다는 점이다. 그야말로 대북 항복선언이 되는 셈이다. 아마도 한국내 종북세력과 문대통령은 그렇게 해서라도 북의 환심을 얻고자 하는 것 같다.

文정권 5년동안 이들이 수행했던 저강도의 체제전복과 민족해방 전략·전술로 대한민국이 다 망가졌는데, 대다수 국민들은 어느 정도 어떤 수준으로 망가졌는지 잘 모른다. 아직까지 한국경제가 버티고 있고, 文정권 주사파 위정자들의 현란한 사기와 기만의 선전·선동 전술이 국민들을 현혹시키고 있기 때문이다. 현재 대한민국은 3가지 요소가 부존(不存)상태에 있다. 하나는 국시(國是)인 자유민주주의체제가 어떻게 작동하는지 모른다. 둘째, 획일적인 평등의식에 압도당한 시민의식의 부재로 참다운 시민사회를 찾아보기 어렵다. 셋째, 물질과 권력이 지상목표가 되면서, 대한민국이라는 공동체가 요구하는 공공의식 또한 현저히 추락해있다.

◇ **명예로운 로마시민과 로마법**

공동체의 가치를 언급하는 헌법이라는 단어는 "Constitution"이다. 이는 Con 다같이, Stitute(Set-up) 국가의 기본틀이 되는 법제도를 세운다는 어원을 갖고 있다. 신정체제인 유럽의 중세는 교회를 통한 신의 의지로 다스려졌다. 그런데 왕이 지배하는 세속적 사회가 늘어나면서 일상이 원하는 현실적인 통치원리가 필요했고, 이를 충족시키기 위해서 중세 세속국가들은 로마법에서 통치원리를 가져왔다. 로마는 신분제 사회였지만, 자유인과 노예의 관계를 법으로 정확하게 규정하고 있다. 또한 자유인의 가치는 시민의 공적 명예의식으로 발현되었다. 로마의 정무관은 필히 군복무를 이행한 인물이어야 했다. 1년에 한번씩 돌아가면서, 무보수로 시민에 봉사하는 명예직이었다. 그래서 로마시민 앞에는 항상 '명예로운'이란 수식어가 붙는다. 중세의 로마법 수용은 일종의 개인의 자아와 인간적 소망의 복원과정이었다. 재산권으로부터 시작해서 계몽주의철학자들을 거쳐, 인간의 행복추구권까지... 그렇게 인간의 법체계는 점진적으로 '건축'(Stitute)되어 갔던 것이다.

　미국 건국의 아버지(Founding Fathers)들이 어디서 미국을 건축할 법철학과 실증법들을 가져왔겠는가? 이들은 로마법 강독이라는 사적 스터디그룹을 만들어서, 각자 자신들의 이름위에 로마식 별명을 하나씩 붙일 정도로 로마의 법철학을 논의하고 탐독했다. 그 바탕 위에 미국독립선언서와 인권선언서가 나왔고, 그 영향으로 프랑스혁명과 프랑스인권선언문이 나오게 되었다. 그리고 근대적 법체계의 발전은 나폴레옹법전으로까지 이어졌다. 사실 오늘날에도 자유민주주의헌정질서는 조금씩 진보하면서 보다 나은 형태로 건설되고 있다고 얘기할 수 있다.

◇ **단임 대통령제와 헌정질서**

　정의·공정·상식의 요소들을 포괄하는 '법치'를 앞세운 윤석열후보가 정권교체와 정권심판을 시대정신으로 열심히 대선 과정에서 투쟁하고 있다. 文정권 5년의 유사전체주의에 따른 폭정으로 극도로 분노하고 있는 유권자들이 정권교체를 위해 나설 것으로 보여지지만, 대한민국 사회 전반에 걸쳐서 성한 곳 하나 없는 척박한 환경에서, 그나마 대통령직선제와 단임제를 선택하고 있는 대한민국 헌정질서에 마지막 희망을 걸어본다. 그래도 지난 세월 5년마다 선택되는 단임 대통령제 하에서, 국가개혁을 향한 긴장감이 선거때마다 항상 존재했다.

물론 뽑아놓고 후회하는 경우도 유권자마다 각양각색이었지만, 유권자들의 근본적인 마음속은 대한민국을 다시 한번 개혁해 낼 수 있는 이승만과 박정희 같은 탁월한 지도자의 탄생을 늘 소망해 왔다. 제왕적 대통령제로 인한 문제가 많아서 내각제나 이원집정제로 개헌해야 한다는 정치꾼들의 기회주의적 주장에, 실소를 금할 수 없다. 사악하게 부패하고 기득권화된 관료사회와 언론 및 율사들의 세계, 그리고 기생충처럼 달라붙어 있는 관권화 된 시민단체들, 공법개념이 통하지 않을 정도로 소비에트화 된 지자체들, 종북-종중-반미-반일 세력을 주도하는 전국적 규모의 좌파세력들...

이들을 단시간 안에 총체적으로 개혁해 내려면 현행 헌법의 대통령직 외에는 답이 없는 것이다. 윤석열후보의 막중한 국가적 사명과 소명의식이 바로 여기에 있는 것이다.

리베르타스, 2021년 12월 21일

'종전선언'이라는 지옥행 열차

**文정권의 종전선언, 지옥문을 여는 첫 발자국
조지오웰의 '1984'와 대한민국의 '지옥(地獄)'
그람시의 명령, '자유를 자유롭게 하라!'**

―――――

서세동점(西勢東漸)의 제국주의시대, 계몽주의철학을 바탕으로 인류보편의 인권선언을 근대국가 건설의 핵심적인 축으로 삼았던 구미의 강대국들은 왜 하나같이 침략을 일삼는 제국주의로 나아갔을까? 산업혁명에 따른 넘쳐나는 부(富)로 과대 생산사회가 된 강대국들은 어딘가 자신들의 생산을 소비시키고, 지속적인 생산자원을 확보할 수 있는 식민지역이 필요했다. 그렇지만 그들의 근대국가 가치신념인 자유주의적 인권개념을 포기할 수는 없었다. 역사상 가장 아름답고 위대한 자연발생체였던 '나시옹'(Nation)은 서로 다른 나시옹들과의 평화로운 연결을 통해 지구촌 전체의 하나되는 시민사회를 형성할 수 있다고까지 믿었는데, 이런 신념들을 하루아침에 내던져버릴 수는 없었을 것이다.

◇ **나시옹(Nation)과 식민지(植民地)**

　그러나 돈이 되는 것이 진리라고, 국가의 부국강병(富國强兵)을 추구하는 관료들이 제일먼저 제국주의에 앞장섰다. 그리고 당시 나름대로 잘 먹고 잘 살았던 서민과 노동자계층도 연합해서, 더 넓고 풍요로운 자신들의 욕망과 신분상승을 채워줄 수 있는 식민지 개척에 나서게 되었다. 그러자니 적절한 명분이 필요했는데, 그들의 영민함은 바로 자유주의 속 기독교 개념과 식민지 개척을 연결시켜, 전 세계 '나시옹'에 대한 하나님의 역사적 은총을 실현하는 것으로 명분을 삼았다. 원시적 야만에 빠져서 하나님이 창조한 위대한 문명을 모르는 지구촌 변방지역의 '나시옹'들을 계몽시키고, 신앞에 평등한 세상을 만든다는, 소위 신의 은총을 받은 백인(White Man)들의 소명(Mission)으로 식민지 개척에 대한 당위성을 창조했다. 그 결과 그렇게 입만 열면 개인의 자유를 강조하던 근대 서양의 백인들이 아시아와 아프리카를 대상으로 식민지 개척에 나서게 되었다.

　다른 아시아 국가들과 달리, 여러모로 서양의 근대 (Modernity)를 잘받아들일 준비가 되어있었던 일본도 당시 넘쳐나는 근대의 개념들을 한자어로 표현하기란 결코 쉽지 않았다. 명치철학자 후쿠자와 유기치는 1867년 그의 저서 <서양사정(西洋事情)>을 통해 수많은 근대개념들을 한자어로 번역해 냈었다. 그는 동양사회에 이질적이었던 서양의 개념들을 가능한 일상생활에서 큰 반발이 나지 않도록 배려해 가면서, 단어의 선정경위와 마치 과학실험실에서 화학실험하듯 실증적 실험 과정들을 대중들에게 상세히 소개했다.

　처음 경험하는 생소한 제도와 행정기능들을 설명하는 것 전반이 무척 어려웠지만, 후쿠자와가 가장 어렵게 여겼던 개념들이 바로 '나시옹'과 '자유'의 개념이었다. 이 두 개념이야말로 근대국가를 이해하는 척도가 되었기 때문에, 난항을 거듭하다가 '나시옹'(Nation)은 민족(民族)으로, 프리덤(Freedom)과 리버티(Liberty)는 모두 자유(自由)라는 한자어로 번역했다. 한·중·일 동양 3국이 서양의 근대를 이해하는 데 과히 혁명적인 역할을 담당했던 후쿠자와의 노력은 한-중 양국에서 크게 대접받지 못했다. 그 이유는 백인이 아니었던 일본이 소위 문명개조론을 앞세우고 제국주의에 동참함으로써 주변국가들이 입었던 피해가 컸기 때문이다.

◇ 프리덤(Freedom)과 리버티(Liberty) 그리고 나시옹(Nation)

Freedom과 Liberty 모두 구속으로부터의 자유를 의미하지만, Freedom은 신분사회의 구속을 넘어서는 개인의 자율성을 강조한다. 그러니까 Freedom과 개별적인 '나시옹'이 만나면 그 안에 민족주의(Nationalism)가 발생하며, 이는 결국 '나시옹'을 기반으로 하는 세계시민주의(Cosmopolitianism)로 나아간다. 반면, Liberty는 로마공화정과 연관된다. 강압적인 구속 상태로부터 독립된 자율성과 함께, 국가의 운영에 참여할 권리를 부여받는다. 따라서 Liberty의 개념은 개인의 독립으로서 Freedom을 포함하는 위에 참여 개념이 들어가는 좀 더 포괄적인 자유 개념이 된다. Freedom은 자연발생적인 개인의 자유 개념에 가깝지만, Liberty는 법적·제도적 개념이 그 위에 추가된다.

예를 들면 '자유롭게 태어났다'라는 표현을 'Born Free'라고 표현하지, 'Born Liberal'이라고 하지 않듯이, 자유주의를 Liberalism이라고 하지, Freedomism이라고 표현하지 않는다. 그 외에도 '바람처럼 자유로운'이란 표현은 'Free As a Wind'로, 'Liberal As a Wind'라고 표현하지 않는다. 아무튼 후쿠자와가 헷갈려했던 '나시옹'의 개념과 '자유'의 개념이 뗄래야 뗄 수 없는 각별한 관계를 맺고 있는지는 작금의 자유민주주의체제 속 현대인들도 잘 모른다. 그래서 자신이 개인인지, 자유인인지 잘 모르는 무지의 행동이 여러차례 역사의 흐름을 휘어지게 만들었다.

◇ 오웰(George Orwell)의 '1984'와 대한민국의 '지옥(地獄)'

21세기 들어서서 한동안 헬조선이란 말이 유행하더니만, 文정권 5년 사이에 '지옥'이란 단어가 넘쳐나고 있다. 최근 전 세계의 영화관을 주름잡는 한국인들의 걸작인 '오징어게임'과 바로 이어서 등장한 '지옥'이란 영화 모두 헬조선의 경지를 훨씬 넘어선다. '대깨문'들을 연상케 하는 집단적 광기가 영화 속 내용의 핵심인데, 이는 조지 오웰의 <1984>는 엄두도 못 낼 전체주의적 사회를 잘 묘사하고 있다. 집단의식을 주도하는 교주가 등장하고, 그가 내린 결정에 모든 양식과 상식이 파괴되며, 결국 개인의 자유가 송두리째 소멸되는 사회를 '지옥'이란 제목으로 대신했다. 이것이야말로 전체주의사회를 에둘러 묘사한 것이다.

문정권 5년동안 이념의 도그마에 빠져 내로남불의 강철멘탈을 품어대는 집단주의 사고자들과, 기생충처럼 공공의 이익을 가로채서 불법적으로 자신들의 배를 불리는 이익카르텔 형성자들은 어떻게 하든지 간에 대한민국을 지옥으로 만들고 싶은 것 같다. 그러나 인간의 생존 본성이 작동한다면, 기차가 지옥을 향해 달려가려 하는 것을 멈추게 하려 않겠는가! 더욱이 한강의 기적을 통해 선진문명국 수준에까지 도달했다고 자랑스러워했던 대한민국이 하루아침에 지옥으로 변할 수 있겠는가! 설사 지옥을 향해 가더라도 도중에 나타날 여러 역들이 모두 지옥1, 지옥2, 지옥3으로만 나타나지는 않을 것이다. 그리고 무엇보다도 중요한 것은 인류역사를 통해서 볼 때, 항상 그때 그 순간 지옥이 있었으면 그 옆에 천국이라는 희망도 함께 존재했었다는 역사적 진실을 절대 부인할 수 없다는 것이다.

◇ '종전선언'(終戰宣言)이라는 유령(幽靈)

줄기차게 지옥을 만들고 있는 'Hell-Maker' 文대통령은 미국방장관이 서울에 와서 서욱 국방장관과 한미안보협력회의(SCM)를 개최하고 있는데, 대놓고 미국을 패싱하고 서훈 청와대 안보실장을 톈진에 보내 양체츠 국무위원과 종전선언에 대해 협의토록 했다. 현재 미-중 패권경쟁이 한참이고 미국과 서방동맹국들이 중국을 압박하는 시점에 동맹국인 한국이 미국을 이탈하려는 노골적인 모습을 보여주고 있는 것이다. 미국은 종전선언에 대해서 분명히 조건-시기-내용이 맞지 않다고 점잖게 에둘러 부정적인 의사를 보여왔지만, 마치 미국도 종전선언에 동의하는 듯한 언론 사기극을 벌이면서 대한민국 국민들을 기만하고 있다.

문제는 대한민국 언론도, 야당도 종전선언에 담겨질 내용에 대해서는 별 관심을 보이지 않고 있다는 점이다. 文대통령이 미국을 패싱하고 한-중-북 3국간의 불법적인 종전선언을 감행할 경우, 그야말로 대한민국은 논스톱 지옥행 열차를 타게 된다. 무엇보다도 文정권 5년 동안의 자살 유도 국내정책으로 대한민국 최하위 20%가 더욱 나락으로 떨어졌고, 무차별 돈살포 정책에 노예가 된 상황이다. 어쩌면 아예 대놓고 대한민국이 사회주의국가로 변신하면 자신들의 경제적 고통이 사라질 수 있다는 착각에 빠져있는지도 모를 일이다. 또 지금까지 文정권의 평화쇼에 눈이 돌아간 대한민국 국민들 중 67% 정도가 종전선언에 별다른 반대를 하지 않고 있다. 文정권이 미국을 패싱하고 한-중-북 3국간 종전선언을 밀어붙이면 멋모르고 이에 대해 의외로 열광할 수도 있겠다는 생각도 든다. 여론조사 지표도 종전선언이 이루어질 경우 여당후보에 대한 국민들의 지지도가 3-4%정도 상승할 것이라고 보고 있다. 만약 대선판도가 백중세로 이어져간다면 종전선언에 따른 여당후보의 지지율 상승은 야당후보에게 치명적인 결과를 가져다 줄 수도 있다.

◇ '대장세상'이라는 생지옥(生地獄)

　文정권 위정자들이 신주단지 모시듯 하는 이탈리아 공산당 창시자 안토니오 그람시(Antonio Gramsci)는 모든 공산주의자들이 현대의 마키아벨리가 되어야 한다고 항상 강조했다. 이 말은 체제변혁을 위한 혁명을 위해서는 그 어떤 수단과 방법을 가리지 말아야 한다는 암묵적인 명령이기도 하다. 종전선언과 관련한 기만전술에 기민하게 대응하지 못한다면, 文정권이 대한민국에 저지른 온갖 불법적인 죄악과 여적죄들을 단죄할 절체절명의 기회를 놓칠 수가 있다. 또한 대깨문들이 판치는 '대장세상'이 온 누리에 펼쳐질 수도 있을 것이다.

　이런 웃지못할 상황이야말로 대한민국 자유애국시민들에게는 생지옥이 아니고 무엇이겠는가...

리베르타스, 2021년 12월 7일

영웅(英雄)은 죽어서 말한다!!

**군 출신 대통령들이 만든 '아시아의 호랑이' 대한민국
시대착오적인 이념의 노예가 된 또 다른 대한민국!!
모윤숙의 '국군은 죽어서 말한다'를 떠올리며...**

지난 달 10월 26일 노태우 前 대통령이 서거했다. 그러자 그의 평생 친구였으며 대한민국 경제를 "아시아의 호랑이" 위치로 올려놓았던 전두환 전 대통령도 그 뒤를 따랐다. 국내 좌파언론들은 '전씨 사망'이라는 헤드라인으로 전 대통령의 인격을 폄하 보도하고 있는 반면에, 주요 외신들은 전두환 前 대통령의 "공(公)과 사(私)"를 분명하게 국제사회에 증거하고 있다. 멀리 갈 것도 없이, 뉴욕타임즈 (NYT)는 전두환 대통령이 혼란기의 대한민국을 강압적으로 통치했지만, 그는 대한민국 경제를 아시아의 호랑이 반열에 올려놓았다고 높게 평가하고 있다. 그리고 박정희-전두환-노태우 3명의 군 출신 대통령들이 오늘날 대한민국 경제발전의 주체였다고 강조하고 있다.

◇ '아시아의 호랑이' 와 군 출신 대통령

　북방정책으로 공산권과 수교했던 노 전 대통령의 유지를 받들어, 파주 "통일동산"에 장묘하려고 했던 계획은 현재에도 파주시와 좌파시민단체들의 반대로 표류하고 있다. 사망 후 가족장으로 화장하고 그 유해를 자신이 근무했던 1사단의 최전선에 뿌려 달라던 전 대통령의 유언마저도 좌파 시민단체와 국방부의 방해로 실현될 가능성이 거의 보이지 않는다. 소위 민주화라는 명분으로 치세하고, 사망 후 성대하게 국립묘지에 묻히는 과정에서 그 후손들이 명당자리 타령하던 양 김씨의 얄팍한 작태들을 보면, 군 출신 대통령들이 보여주었던 구국의 결단과 애국심, 국가와 국민을 향한 그들의 애절한 충성심 등이 죽어서도 얼마나 크게 비교되는지를 한 눈에 알 수 있다.

◇ 5·18이라는 요술방망이

　모든 근대국가는 시민저항, 시민봉기, 시민무장투쟁, 무장체제전복 등과 같은 소요사태에 대한 대응 매뉴얼을 분명하게 갖고 있다. 시민저항과 무장봉기의 정도에 따라, 군을 동원할 수 있는 대응 매뉴얼들을 적법하게 운용하고 있는 것이다. 1980년 5·18 당시, 계엄사령관은 이희성 장군이었다. 당연히 5.18의 문제는 이 장군이 책임져야할 사안이다. 이희성 장군 또한 국회에서 진행되었던 수차례의 광주 진상조사청문회에서 이점을 분명히 밝혔고, 당시 전두환 장군은 5·18과는 관계가 없었다고 강조했던 바 있다. 그러나 전두환 장군이 대통령이 되자 종북좌파세력들은 5·18의 모든 책임을 전 대통령에게 뒤집어 씌웠고, 주사파 출신 정치가들의 프레임으로 역사의 진실을 왜곡하여 국민들을 오도하면서 오늘에까지 이르고 있다.

　지금까지 文정권 주사파 위정자들의 세치 혀는 참으로 현란하기 짝이 없었다. 천인공노(天人共怒)할 '후안무치(厚顔無恥)'의 '내공(內攻)'은 모든 양식과 상식을 가진 보통 국민들을 한마디로 질리게 만들었다. 이들은 합리적 생각을 끊어버린 채, 암기된 강령들을 통해서 '내로남불'과 '자화자찬', 자기잘못을 남탓으로 '돌려치기'하는 파렴치한 일들을 마치 능수능란한 인조기계처럼 지속적으로 반복했다. 이 고약한 인간들의 비루한 작태들은 아마도 대한민국 역사상 단 한번도 경험해 보지 못했던 그런 군상들이 아니었나 싶다. 자신들만의 정의와 공정을 강조하는, 사실과 진실을 등진 먼 우주의 4차원에서나 존재할 법한 이들의 언사에서 성찰하는 겸손한 인간들의 배려나 온정, 선의와 자비는 전혀 존재할 수 없었다.

◇ '인지부조화(認知不調和) Cognitive Dissonance'

양식과 상식을 가진 눈이 2개 달린 정상인들은 이들 눈이 하나 달린 고약한 군상들이 다스리는 세상에서, 그리고 합법을 가장해 권력으로 압박하는 이들의 원칙과 가치들을 학습당하는 과정에서, 실로 엄청난 '인지부조화(認知不調和)'를 느꼈다. 그리고 이로 인해 극심한 '사회적 아노미현상'을 경험하지 않을 수 없었다. 그 결과 이를 견디다 못해, 자기 스스로 눈 하나를 찍어내어 비슷한 병신이 되는, 그런 불행한 사회적 블랙코미디 현상이 심심찮게 벌어지기도 했다. 이제 이런 文정권 주사파 위정자들을 이어가려는 이재명이란 새로운 여당 대권후보가 나서서 대놓고 전두환 前 대통령을 욕보이고, '선택적 법적용'이란 '공포'와 '포퓰리즘'의 '최면'으로 또 다시 대한민국을 새로운 만인에 대한 만인의 투쟁 상황으로 갈라치기하고 있다. 이들의 초지일관된 역사왜곡 언사와 후안무취의 강철멘탈이 그저 놀라울 따름이다.

◇ 모윤숙 시인의 '국군은 죽어서 말한다.'

73년의 대한민국 자유민주주의역사 속에서 대한민국을 건국하고, 수많은 당면한 국가위기에서 국가와 국민을 구해낸 구국의 영웅은 바로 이승만-박정희-전두환 세 대통령이었다. 그리고 뉴욕타임스 평론대로, 한강의 기적을 이루고 대한민국을 굴지의 경제선진국으로 만든 대통령들은 박정희-전두환-노태우로 이어지는 군 출신 세분이었다. 하지만 대한민국 구국의 영웅들 중 전두환과 노태우 두 전직대통령의 유해는 종북좌파 시민단체들과 文정권 주사파 위정자들 때문에 영면하지 못하는 치욕 속에 놓여있다. 참으로 시대착오적인 이념의 노예가 된 작금의 대한민국 자화상(自畵像)이 아닐 수 없다.

6·25 당시, 3일만에 수도가 점령당한 후, 3개월동안 경기도 광주에서 숨어 살면서 북한군과의 거리전투에서 전사해 비참하게 길거리에 내 팽개쳐진 국군의 시체를 보고, 피맺힌 마음으로 모윤숙 시인은 "국군은 죽어서 말한다"는 제목의 시를 썼다.

"산 옆 외따른 골자기에서 혼자 누워 있는 국군을 본다. 아무 말, 아무런 움직임 없이, 하늘을 향해 누운 국군을 본다. 장미 냄새보다 더 짙은 피의 향기여! 오 그대는 자랑스런 대한민국 소위였구나. 나는 듣는다! 그대가 주고 간 마지막 말을..." 이 시의 제목을 "영웅은 죽어서 말한다"로 바꾸어, 박정희-전두환-노태우 세명의 군 출신 대한민국 전직 대통령들 영전 앞에 바친다...

리베르타스, 2021년 11월 28일

개인(個人)과 공화(共和)의 가치가 자유민주주의 회생시켜!

**개인주의와 공화국의 덕목 상실... 자유민주주의 몰락...
법치조차 망가진 대한민국, 기만과 사기만 판친다!!
文정권 이후의 대한민국, 그때부터가 진짜 시작이다!**

영국 옥스퍼드대학을 말할 때는 항상 '유서 깊은'이란 수식어가 붙는다. 중세인 1096년에 세워진 이 학교는 이제 개교 천년을 바라보고 있다. 옥스퍼드대학의 표어는 "주는 나의 빛"(Dominus Illuminatio Mea)이다. 이 표어가 상징하듯이 옥스퍼드대학은 중세 수도사들이 만든 대학이다. 대학 내 39개에 달하는 칼리지(단과대학)들이 있고, 성공회-로마가톨릭-침례교 등의 성직자양성을 위한 대학협력기관이 7개 있다. "영구적 대학기관"(Permanent Private Hall)으로 불리어지는 이들 기관 또한 대학의 한 단과대학으로 대우받고 있다. 그 중 하나가 '위클리프 홀'(Wycliffe Hall)이다. "종교개혁의 새벽별"로 불리 우는 존 위클리프(John Wycliffe) 성인을 기리는 신학대학이다.

◇ **종교개혁의 별, 존 위클리프**

　1328년에 태어난 위클리프는 옥스퍼드에서 수학했고, 역사상 최초로 헬라어로 된 성경을 영어로 번역해 일반인들에게 전파했다. 그는 "교황이나 군주가 하나님의 뜻에 반하는 권위와 권력을 사용할 경우, 하나님의 백성들은 그 권위에 복종할 이유가 없다"고 주장하며, 성경이야말로 "백성의, 백성에 의한, 백성을 위한" 나라(정부)를 만들 수 있도록 만백성들에게 학습되어져야 한다고 강조했다. 그런데 바로 이 대목이야말로 자유민주주의를 국시로 하는 모든 국민들의 기억에 또렷하게 새겨져 있는, 바로 그 유명한 링컨의 "게티스버그 연설문"내용(The Government Of the People, By the People, and For the People)이기도 하다.

◇ **링컨의 게티스버그 연설과 위클리프**

　1863년 7월 한 여름, 3일간의 게티스버그 전투에서 남군과 북군 합쳐 6만명이 넘는 사상자를 낸 후, 처참하게 썩어가는 병사들과 말들의 시체를 치우는 데만 꼬박 3개월이 걸렸다. 말끔히 전쟁의 참상이 치워진 11월의 한 좋은날 링컨은 병사들의 희생을 기리는 게티스버그 연설문에서 이 장엄한 문구를 기록해, 자유민주주의의 '전설'이 되었다. 워싱턴 메모리얼파크에 자리한 링컨의 동상은 전 세계 자유민주주의국가들의 상징으로 자리매김하고 있지만, 링컨이 바로 위클리프의 메시지를 자신의 연설문에 인용한 사실은 링컨을 사랑하는 전 세계 민주국가 사람들 대부분이 잘 모른다.

　위클리프의 일갈은 링컨보다 5백년이나 빨랐다. 교황과 군주들의 가혹한 징세와 폭력에 시달렸던 농민들은 위클리프의 메시지를 앞세워서 여기저기서 반란을 일으켰다. 그러니 중세 신을 빙자해서 자행되었던 그 잔인하고 포악적인 권력과 폭력 앞에, 위클리프가 온전한 인생을 편안하게 마쳤을 것이라고는 상상하기 힘들다. 그는 살아서도 박해받다가 사후 40여년 후에는 '부관참시(剖棺斬屍)'까지 당하는 수모를 겪었다. 성경은 믿음의 백성 모두에게 내린 하나님의 메시지라고 강조하며, 개신교의 중심가치인 "나와 신"(GOD &I)이라는 신앙공식이 성립되게 만들었다. 가톨릭이 주도하는 일사분란한 집단의식, 권력행사로서의 제사와 기도 등을 부정하고, 걸어가면서 중얼중얼 혼자 마음속의 신과 대화하는 최초의 사람들이 비로소 태어났던 것이다.

가톨릭세력은 이들을 '이단'으로 치부하고 '혼자 중얼거리는 미친 사람'이란 뜻의 "롤라드"(Lollards)라고 비아냥거렸지만, 여기서 바로 근대의 산물인 "개인"이 탄생하게 되는 '역사적 장면'이 연출되었다고 볼 수 있다. 영국이 주도했던 자유주의의 전통에는 개신교적 기독교사상이 깊은 근원적 뿌리를 형성하고 있다. 그 자유주의와 기독교적 전통이 그대로 미국으로 건너갔고, 역사와 문화, 계급과 인종적 배경이 전혀 정치공동체에 영향을 미치지 못했던, 역사상 한번도 경험하지 못했던 새로운 거대한 자유주의국가를 건설할 수가 있었다.

◇ 프랑스의 몰락과 미국의 탄생

천부인권에 기반을 둔 자연권 사상과 이성 중심의 계몽주의철학, 그리고 교회를 떠난 자유로운 신앙공동체의 형성(Pilgrim Fathers) 등의 미국적인 조건과 상황들이 결합되어, 북미에서 압도적으로 우세했던 가톨릭 국가였던 프랑스 세력을 몰아내고, 미합중국을 만들어 낼 수가 있었던 것이다. 미국의 한 주가 대한민국의 몇 배가 되는 지리적 형국에서, 각주들이 향유하고 있었던 정치경제, 사회문화적인 습속을 서로 타협해 내기가 얼마나 힘들었을까? 그 어려움을 충분히 상상해 볼 수 있다. 미국 독립이후 시간이 갈수록 휘어지는 역사적 반동 속에서, 분리주의자들을 굴복시키고, 자유민주주의체제로서의 통합을 이어가기 위해 자유주의자 링컨은 남북전쟁이라는 도발을 감행했던 것이다.

링컨의 도발은 자유민주주의체제의 옹립을 위한 최후의 결단이었으며, 그 결과 노예해방은 또 다른 인류의 성취라고 할 것이다. 만약 미국이 영국의 자유주의 전통과 법치 시스템을 수용하지 않았다면, 그리고 마그나카르타(1215년, 대헌장)로부터 명예혁명(1866년)으로 이어지는 영국의 경험주의적 사상을 미국이 받아들이지 않았다면, 오늘의 미국은 사라지고 없어졌을 수도 있었다.

지나치게 이성을 강조하는 프랑스 계몽주의철학은 결국 역사의 진행을 너무 일직선상에 놓고 당위론적인 역사적 판단만을 기대한 결과, 프랑스혁명 이후 자코뱅의 출현을 막지 못했다. 그리고 그 이후 혁명과 반혁명으로 이어지는 150년의 정치적 혼란을 고통스럽게 겪은 후, 비로소 드골정부에 와서야 자유민주주의가 온전히 성립되는 그런 길고 고통스런 역사적 아픔을 가졌던 것이다. 반면, 영국의 계몽주의는 경험주의에 입각해서, 이성적 판단이 주는 오류를 포용하고 품어 낼 수 있는 원만한 법적 시스템을 유지할 수가 있었다. 그런 영국의 법치가 미국으로 그대로 전달되었다. 그 힘을 바탕으로 미국은 내부 분파세력과 프랑스세력을 몰아내고, 온전하게 "국가건설"(Nation-Building)과 "국민건설"(People-Building)을 성공적으로 해낼 수 있었다.

그런데 최근 정말 요상한 일들이 영·미권에서도 빈번하게 벌어지고 있다. 문화적 상대주의와 페미니즘의 창궐로 옥스퍼드의 위클리프 홀 신학대학이 도전 받고 있다. 양성평등, 학문의 자유, 양심의 자유문제 등을 들고 나와서, 위클리프 홀 대학이 지나치게 남성우월주의에 빠져, 자유분방한 학문적 결과를 배척하고 있다면서 "대학 폐지"를 주장하는 학자와 시민단체 세력들이 늘어나고 있는 것이다.

◇ 기독교 가치에의 도전, 세계적 위기 닥쳐

미국도 두 말할 것도 없이 페미니즘, 정치적 올바름 (PC), 성 평등의식 등으로 기독교에 기반을 둔 자유민주주의적 가치가 밑도 끝도 없이 도전받고 추락한지 이미 오래다. 미국공항에서 기록하는 출입국 카드에 '성인지 감수성'에 대해 대답해야 하는 그런 기가 막힌 시대가 되었다. 유럽에서 수백 년의 산고를 거치면서 천신만고 끝에 탄생한 근대적 '개인'인데, 이 근대적 개인상이 이제 전 세계적 차원에서 동시다발적으로 흔들리고 있다. 인간의 거친 감성과 물질주의에 빠져있는 개인주의가 다시 정상적으로 구현되지 않으면 공화국의 생존도 의미가 없어진다. 시민사회가 사라진 자유민주주의체제를 어떻게 상상할 수 있는가!!

미국의 자유민주주의 체제를 지키기 위해서 체제전쟁을 벌였던 링컨 대통령처럼, 이승만 건국대통령도 북의 남침을 막아내고 자유민주주의체제를 지켜냈었다. 건국 이후 국제적 시각이 전무한 상태에서 처음과 끝에 이승만 대통령이 늘 있었다. 세계사적인 거대한 흐름에 무지했던 당시의 정치환경 속에서 건국과 함께 국제공산세력의 도발을 막았으며, 지금도 우리의 안녕(安寧)을 보장해 주고 있는 '한미동맹'을 당시 미국을 겁박하면서, 자신의 목숨까지 걸고, 천신만고 끝에 일궈냈던 것이다.

◇ 이승만 대통령을 잊은 대한민국

그런데 며칠 전 한 여론조사가 실시한 역대 대통령의 업적평가에서 이승만 대통령은 바닥을 헤매는 것으로 나타났다. 산업화를 성공시킨 박정희 대통령이 1등인 것에는 전향적인 수긍이 가면서도, 건국 대통령에 대한 평가가 바닥수준이라는 사실은 대한민국 애국시민 모두를 정말 슬프게 한다. 이승만 대통령의 건국 가치와 자유민주주의 신념을 잊은 대가는 참으로 크다. 文정권 5년 동안 대한민국은 전방위로 거덜이 나버렸다. 잠시 눈을 돌려 중국공산당을 쳐다봐도 3번째 '역사결의'로 모택동의 반열에 올라서는 시진핑을 보고 있노라면, 프랑스 역사철학자 레이몽 아롱(Raymond Aron)의 말대로 "좌익들은 참으로 머리가 나쁘다거나, 만약 머리가 좋다면 사악하다"는 사실을 직감하게 된다.

특히 이런 시진핑과 중국공산당을 '위정척사(衛正斥邪)'하고 있는 文정권 세력들의 무지에 경탄할 따름이다. 이 바보들이 강조하는 진보적 사회주의가 일말의 의미가 있다면, 이들과 비교되는 마르크스는 '신'일 것이고, 마오쩌뚱은 '산신령'일 것이며, 김일성은 '지도교수' 정도로 봐야 할 것 같다. 文정권의 축적된 만행에 국민적 반발이 극에 달하고 있고, 더 이상은 참을 수 없다는 국민적 결기가 날로 고조되고 있다. 더구나 여권 대선후보가 조폭도 모자라 부패사기꾼집단과 연관되고 있는 수준이라면 이들은 정말 강철 맨탈의 "자살공동체"가 아닐 수 없다.

◇ 선거부정을 넘어서는 도발 감행할 수도...

아직까지 본모습을 드러내지는 않았지만, 동반자살을 시도하는 부나방같은 운동권 출신 저급 정치인들이 쓸 수 있는 마지막 방법은 권력을 이용한 '공포정치'일 수도 있다. 지금까지는 적당히 '정치공학' 또는 '사회공학'이란 사기와 위선적 방법으로 버텨왔지만, 이도저도 안되는 막판이라고 판단될 때는 수단과 방법을 가리지 않고 야당후보를 공격하거나 선거부정도 마다하지 않을 것이다.

'법의 정신'(De l'esprit des lois)의 저자 몽테스키외(S. L Montesquieu)는 여러 형태의 정치체제 중에 법을 이용한 '공포'(Fear)로 자행되는 전제정치(專制政治)야말로, '공화국'이 가장 우려해야 하는 '종말적' 정치형태라고 강조하고 있다. 文정권의 저급성을 익히 알고 있기에, 피할 수 없는 운명의 시간이 다가오고 있음을 직감한다. 앞으로 100여일 안에 자유대한민국의 '개인'과 '공화국'의 운명이 판가름 난다는 역사적 사실을 한시라도 잊지 말아야 하겠다!

리베르타스, 2021년 11월 16일

위기의 시대...
국가이성(國家理性)을 생각한다

이념(理念), 체제(體制), 문명(文明)의 위기가 겹친 시대...
국민까지 인질로 잡아 집단자살운명공동체로 몰아가!!
정권교체와 함께 대한민국 정상화 투쟁 불가피

위선과 기만과 사기극이 통치수단이 된 文 정권 5년을 경험하면서, 아직도 일부 국민들은 자유민주주의의 가치와 그 속에 내재된 개인의 자유와 평등, 인권이 왜 필요한지 제대로 모르는 것 같다. 그저 엄청난 정책 실패로 인해, 자신과 가족들에게 닥친 경제적 타격과 막심한 피해, 그리고 핵무장한 북한을 옆에 두고 뭔가 불안하게 전개되는 외교안보정책으로 국제사회에서 고립된 대한민국의 위태로운 생존 위기에 그냥 분노하는 것은 아닐까?

◇ 야만의 시대로 시계돌려

해방정국 이후부터 전개된 뿌리 깊은 좌익사상과 포퓰리즘(Populism)을 동반한 좌파정권의 기만과 사기극으로 인해, 대한민국 국민들은 공동체 가치에 대한 '생각'(Idea)이 부재된 이념의 위기를 겪게 되었다. 그리고 이념의 위기는 체제타락과 함께 체제위기를 동반하게 되고 말았다. 결국 중국과 북한 등, 북방의 전체주의국가들에 대한 시대착오적인 사대(事大)와 일방적인 위정척사(衛正斥邪) 의식은 21세기 대한민국의 시계를 야만의 시대였던 구한말로 되돌리는 '문명의 위기'에까지 봉착하게 만들었다.

대한민국은 2차대전 이후 새로 등장했던 신생국 중에 유일하게, 이승만 건국대통령의 탁월한 리더십으로 자유민주주의와 시장경제체제로 대한민국을 세우고, 공산주의자들의 남침을 막아냈다. 그 후 필사적으로 얻어낸 한미동맹을 기반으로 박정희 부국대통령이 국가산업화를 성공시키는 전대미문의 세계사적 "국가 기적(國家 奇蹟)"을 만들어냈던 것이다. 건국 73년 동안 안과 밖의 수많은 위기상황들을 지도자와 국민이 혼연일체가 되어 성공적으로 넘어섰다. 급기야 세계 7번째로 인구 5천만명 이상, 국민소득 3만 달러가 넘는 선진국대열에 가입하는, 그야말로 세계 유일무이한 당당한 국가존재로 올라섰다. 그 위대한 존재가치는 국제사회가 현재 분명히 인정하고 있으며, 한반도를 둘러싼 주변 4대 강대국들도 이를 교차 승인하는 역사적인 시대를 대한민국이 만들었던 것이다.

◇ 공산좌익의 프레임 선점

지난 세월, 위기에 봉착했을 때마다 발휘되었던 '국가이성'(Raison dEtat)은 공산좌익들이 강조하는 다시 말해, 전제정치(Autocracy)로 해석 될 수 있는 그런 "독재의 프레임"이 아니었다. 그것은 국가발전과 국익을 도모하는 국가이성에 기반을 둔, "권위주의정치"였다고 봐야 한다. 따라서 이승만 건국대통령과 박정희 부국대통령의 국가 통치행위에서 단 한번도 대한민국 헌정질서가 끊기거나 위배되는 상황은 존재하지 않았으며, 산업화로 생성된 중산층의 확대와 함께, 국민들이 요구하는 선진화된 민주화 시대를 열었던 것이다.

대한민국의 국시인 자유민주주의체제는 자유주의(自由主義)-공화주의(共和主義)-민주주의(民主主義)라는 3가지 정치이념으로 구성된 혼합 정치체제이다. 로마의 공화주의는 국가위기상황에서 기능별로 나누어진 2명의 집정관(Consul)들의 역할을, 한명의 집정관에게 모든 통치실권을 위임하게 되는데, 이 위임받은 한명의 집정관을 바로 '독재자'(Dictator)라고 호칭했다.

대한민국을 부정하는 공산좌익들은 국가위기를 극복하기 위해서 일종의 '탁월함'(Prudence)을 발휘했던 이승만과 박정희 대통령의 권위주의통치에, 국민과 법을 무시하고 절대 권력을 휘두르는 전제정치의 '독재'라는 프레임을 씌워서, 위대한 대한민국을 만들었던 탁월한 지도자들을 폄하하고 모략했었다. 그리고 개인, 시민, 국민이 어떻게 다른지 헷갈려 하는 대다수의 국민들에게 포퓰리즘을 동반한 위선과 기만, 사기와 거짓말로 만들어진 마술피리로 꾀어, 마치 집단자살을 유도하는 공동체의 파괴행위를 자행했던 것이다.

이승만과 박정희의 국가이성에 기반 했던 통치 리더십은 바로 '입헌주의 독재'(Constitutional Dictatorship)로 불려 질 수 있다. 다시 말해 자유민주주의의 헌정질서를 더욱 강하게 지키고, 체제 속 공화주의 사고에도 전혀 저촉되지 않는, 입헌주의적인 가치 하에서의 국가통치행위를 강력하게 지속시켰던 것이다. 그 결과 대한민국을 전 세계가 승인하고 인정하는 유일무이(唯一無二)한 독보적인 국가존재로 국가와 국민을 급부상하게 만들었던 것이다.

그런데 그 국가 존재 가치가 공산좌익 세력에 뿌리를 둔 文정권에 이르러 송두리째 위협받고 있다. 자신들이 부여받은 민주적 권리와 각종 정치적 프레임을 씌운 '사회적 진지'들을 이용해서 합법적으로 대한민국의 자유민주주의를 완전히 타락시키고, 급기야 이를 파괴하고 있는 것이다. 이들은 자유, 평등, 인권, 정의, 공정, 민족, 이념, 특히 공화주의에 입각한 '독재' 등과 같은 좋은 의미의 단어들을 모두 병들게 만들었다. 그리고 그 아리송한 표현과 상징, 자신들만의 코드화된 인식구호들을 통해서, 대한민국 국민들을 완전히 기만하고 우롱했다.

◇ 입헌주의(立憲主義)와 법치(法治)

이제 도탄에 빠진 대한민국을 구해내고, 민노총과 전교조를 비롯한 노동과 교육기관들을 개혁해 내고, 종북(從北)·종중(從中)에 빠져있는 적지 않은 국민들의 인식구조를 정상화시키기 위해서 가장 먼저 해야 할 일은 내년 3.9 대선에서 정권교체를 이루어 내는 것이다. 그리고 정권교체 이후에는 새로운 정부와 함께, 마치 위기에 처한 로마시대에 민회의 선출로 "한명의 집정관"(Dictator)이 등장했듯이, 법치와 사회정의를 바로 세우는 입헌주의(Constitutionalism)에 입각한 '독재행위'(Dictatorship)를 제대로 실천하는 것이다.

이를 위해서는 대한민국의 자유민주주의 가치를 제대로 이해하고, 국민들을 계몽하며 설득해 나갈 수 있도록, 윤석열 후보 본인의 자질을 더 높여야 하며, 이를 보좌할 수 있는 제대로 된 참모들로 국가 통치조직을 만들어야 한다. 그렇지 않고 권력주변에 모여드는 '부나방'같은 정치꾼들이 대한민국 바로 세우는 통치 작업에 개입할 경우, 그 끝은 윤석열 후보 자신은 물론이고 대한민국의 불행일 수밖에 없다. 국가이성(國家理性)을 최초로 강조했던 마키아벨리처럼 대한민국이 당면한 작금의 시대정신(Necessita)을 제대로 파악하고, 전사의 용기(Virtu)에 버금가는 탁월한 리더십이 발휘되기를 진심으로 기대해 본다.

리베르타스, 2021년 11월 21일

노 전(前) 대통령
장례에 비친 현대사

6공화국의 현대사적 의미를 관통한 노 전총리의 추도사…
인민의 적인 부르주아의 또 다른 이름, '중산층'!!
대한민국 엘리트 군인들의 피할 수 없었던 역사적 숙명!
6.29 선언, 시민사회에 대한 국가역할 변화를 상징!!
"아~ 역사는 언제나 휘어져서 진행된다…"

전설의 새 '봉황(鳳凰)'은 우는 소리가 퉁소소리와 같고, 살아있는 벌레나 풀들을 먹지 않으며, 무리 짓거나 난잡하게 날지 않고, 아무리 배가 고파도 오직 대나무 열매만을 먹는 새다. 그래서 예로부터 청렴하고 고귀한 기품을 가진 '군자' 또는 '성인'을 상징하는 새로 기억되고 있다.

◇ **유족을 겁박한 김부겸 총리의 '조사(弔辭)'**

노재봉 전 총리는 10월 30일 노태우 전 대통령 국가장(國家葬)에서 추도사(追悼辭)를 낭독하며 한동안 눈물을 흘렸다. 아마도 극심한 이념대립과 6·25로 인한 분단을 극복하고, 지도자와 국민이 혼연일체가 되어 만들어내었던 자유대한민국의 기적이 21세기 들어 민족, 민중, 인민을 강조하는 좌파세력들에 의해서 국가역량이 총체적으로 망가지고 있는 작금의 위기상황을 깊이 염려했던 것 같다.

노태우 전 대통령의 국가장을 끝까지 주저했던 문대통령은 특유의 아리송한 비아냥거림을 뒤로 한 채, 로마교황의 방북을 종용해야 한다며 외유해버렸고, 노 전 총리의 추도사 전에 김부겸 총리는 슬픔에 잠긴 유족들에게 대를 이어서 "광주에 대해 사죄하라"는 겁박성의 '조사(弔辭)'를 했다. 내로남불, 자화자찬, 아시타비로 상징되는 운동권 출신 총리의 무식하고 가학적인 反헌법적 언사를 접하자, 100석 규모의 내외 귀빈석에서는 육두문자를 비롯한 볼멘 아우성들이 터져 나오기 시작했다. 현직 총리라는 인물이 전직 대통령을 보내는 국가장 조사에서 인간 각자의 양심에 따라 선택되어야 하는 '사죄'를 일방적으로 강요하고, 그것도 대를 이어서 마치 '연좌제(緣坐制)'처럼 남은 가족들이 지속적으로 사죄를 하라니… 이를 듣는 조문객 모두가 아연실색하지 않을 수 없었다. 아마 장례식장이 아니었더라면, 더 큰 소요로 번질 수도 있었던 장면이 연출되었다.

◇ **차원이 다른 품격의 추도사(追悼辭)**

이어서 진행된 노재봉 전 총리의 추도사(追悼辭)는 김부겸 총리의 조사 내용과는 지적인 품격 차원에서 너무나도 비교되는 내용이었다. 노 전 총리는 서울

올림픽의 역사적 의미와 대한민국을 민주화로 이끌었던 6·29선언이 한국 현대사에서 갖는 역사성을 분명하게 밝혔다. 북방외교를 비롯한 대한민국의 전방위 외교정책 노력으로 남북한 유엔 동시가입을 이끌어 낸 과정들이 상호 긴밀히 연결되어 공동의 선을 이루었던 역사적 의미들을 함축적으로 설명했다.

국민 직선 대통령 선거를 표방했던 노 전 대통령의 6·29선언은, 단지 대선 승리를 위한 정치적 선택이 아니라, 이승만 대통령의 건국혁명과 박정희 대통령의 산업화혁명, 전두환 대통령의 확실한 대한민국 흑자경제 기반 위에 비로소 가능했던 시민사회에 대한 국가역할의 변화를 의미하는 것이었다고 강조했다. 세계에서 가장 가난한 나라 중 하나였던 대한민국을 정치경제, 외교안보 측면에서 당당한 중견국가로 만들어 놓자, 그로 인해 성장한 수많은 중산층들이 자발적으로 시민사회를 형성했으며, 시장과 권력을 견제하는 선진사회로 나아가는 초석을 놓았고, 그 확실한 시발점이 바로 노대통령의 6·29선언이었다고 설명했다. 노 대통령은 스스로 국민들로부터 '물태우'라고 불려 지기를 원했고, 국민들이 자신을 그런 친근하고 소박한 '물통령'으로 인식하는 것이야말로 대한민국 국민들의 정치의식이 그만큼 선진화된 결과라고 스스로 평가했다고 덧붙였다.

◇ 대한민국 엘리트 군인들의 숙명적 현대사

필자가 보기에는 위대한 중산층의 시대가 지나자, 김대중-노무현으로 이어지는 좌파정권을 기반으로 작금의 문정권이 탄생했다. 그 세력의 선전, 선동은 자본주의와 부르주아계층을 개념에 대한 시대적 설명이나 이해 없이, 무조건 적대시하는 것으로 프레임을 조작하는데 성공했다. 하지만 조작으로 '적(敵)'이 된 '부르주아'가 지난 세월 위대한 지도자들과 함께 피와 땀, 그리고 눈물과 희망으로 만들어 내었던 대한민국 '중산층'이란 사실을 대부분의 대한민국 국민들이 깨닫지 못하고 있는 것은 참으로 심각한 작금의 현실이다. 그러니 조국이란 자가 국민들을 가재-붕어-개구리로 묘사하고, 여당 대선 후보인 이재명도 위대한 보통사람인 대한민국 국민들을 '부나방'으로 취급하는 세상이 되어버린 것이다.

추도사에서 노재봉 전 총리는 국가에 대한 군인의 역할을 강조했다. 그는 6·25전쟁 중에 만들어졌던 4년제 육사 정규생도였던 육사 11기생들과 기타 엘리트 군인들은 한국 현대사에서 특별한 의미를 갖는다고 말했다. 왜냐하면 그들은 당시 6·25라는 처참한 전쟁을 몸소 겪었고, 세계 최빈국중의 하나였던 국가역량으로서는 불가능에 가까웠던 해외경험을 미국의 도움으로 쌓을 수 있었던 가장 유능한 엘리트그룹이었기 때문이라고 덧붙였다.

그들이 가졌던 국가에 대한 역사의식 그리고 사명감 등이 국가위기상황에서 국가통치에 그들이 불가피하게 참여하지 않을 수 없었던 국민에 대한 일종의 책임감으로 작동했다고 노 전 총리는 말하고 있다. 그리고 노 전 대통령은 이제 대한민국 군인으로서 자신들이 가졌던 숙명, 그 의무감과 책임감으로부터 벗어나야 할 때가 왔다고 누누이 언급하며, 자신이야말로 마지막 군 출신 대통령이 되어야 한다는 점을 여러 차례 강조했다고 밝혔다.

◇ 노태우 대통령이 꿈꿨던 평화의 길

노 전 대통령이 프랑스로부터 힘들게 'KTX'열차를 들여온 것은 南으로는 일본열도를 잇고, 北으로는 유라시아와 유럽을 잇는 해양과 대륙을 연결하는 '평화의 길'을 만들려 했기 때문이라고 강조했다. 그는 한-미-일 그리고 호주-대만-동남아를 잇는 해양세력을 발판으로, 북한과 중국을 넘어서서 유라시아 대류으로 뻗어나가는 당당한 대한민국의 미래를 설계했으나, 그 꿈은 작금에 심각한 도전정도를 넘어, 안과 밖으로부터 대한민국의 생존을 걱정해야 하는 실존적 위협으로까지 제고되고 있어서, 그 안타까움을 금할 수가 없다고 말했다.

노 전 총리는 끝으로 "역사는 인간들이 만들면서 그 역사를 인간들이 잘 이해하기는 정녕 어려운가 보다"라며, "역사는 언제나 휘어져 진행되지 않느냐"는 의미심장한 내용으로 추도사를 마무리했다. 노 전 총리의 마무리 언급 대목은 독일 관념주의철학자 헤겔(G. W. F. Hegel)과 칸트(Immanuel Kant)의 역사철학론을 떠올리게 만든다. 노 전 총리의 추도사는 온갖 거짓과 사기로 오염된 대한민국 역사에 대한 명확한 정리였을 뿐만 아니라, 오랜 세월 대학 강단에서 후학을 가르쳐 왔던 스승의 진심과 영혼이 담긴 따뜻한 가르침이기도 했다.

또한 노 전 총리의 눈물에는 격동의 시기에 자신이 모셨던 지도자의 역사적 업적과 그 속에 함께 했던 추억을 기리고, 작금의 대한민국이 처한 위기상황을 염려하는 충정의 마음이 들어있었다고 보여 진다. 일생에 단 한번 눈물을 흘린다고 하는 봉황의 울음처럼, 그분의 눈물이 작금의 대한민국을 걱정하는 수많은 자유애국시민들의 영혼도 함께 움직일 수 있기를 간절히 기원한다.

리베르타스, 2021년 11월 2일

'자유주의자' 이병주와
'적폐청산'의 윤석열

**역사인식 없이 이전투구에 몰입하는 작금의 한국 언론인들!
윤, 현대사의 '시간'과 '장소'란 사상적 의미 관통해 낼 수 있나?
적폐청산'으로 등장한 윤, 제대로 전공만은 살려야...**

소설가 이병주는 '패셔니스트 자유주의자'였다. 언론사 주필로 있을 당시 5·16혁명의 취지에 반하는 논설로 혁명정부로부터 10년 형을 선고받고 2년 6개월간 감옥살이를 했다. 출옥 후 곧 바로 소설 <알렉산드리아>로 문단에 등단했다. 독재에 저항하는 민중의 이야기인가 해서 좌파들은 이병주를 하늘처럼 칭송했지만, 자세히 겪어본 후에는 개인주의에 기반을 둔, 희대의 자유주의자라며 온갖 저주를 퍼붓고는 곁을 떠나갔다.

◇ 박정희 대통령과 이병주

그가 일흔 즈음에 세상을 떠났으니, 결코 길게 산 인생은 아니었다. 죽기 전에 백담사에 찾아가서 전두환 전 대통령도 면담했던 바 있다. 동갑내기였던 박정희 전 대통령과는 평생 아주 친한 사이를 유지했다. 혁명정부 하에서 옥살이까지 했음에도 말이다... 짧은 시간 내에 그는 80권이 넘는 소설책을 썼다. 과히 원고지 위에 펼쳐진 신기에 가까운 그의 펜 속도는 5선지 음표 위의 천재 작곡가보다 더 빨라서, 모차르트의 작곡 속도와도 견주어 비교될 수 있었다. 모차르트의 클래식이 감동적이듯이 이병주 소설도 무척 감동적이다. 특히 그의 이야기 전개는 남성적이면서 야릇한 재미가 있다.

러시아의 대문호 도스토예프스키가 먼저 받은 신문사 원고료를 '도박장'에 가서 모두 탕진하고 빈털터리의 생활고로 고통 받았듯이, 술과 여자를 좋아했던 소설가 이병주는 친구들과 함께 기생집 가기에 정말 바빴다. 그 결과 빚만 잔뜩 남긴 채, 어느 날 갑자기 자유주의자 이병주는 바람으로, 흙으로 돌아가 버렸다. 가히 사상가로 불려 질 수도 있는 이병주의 역사관은 마르크스의 공산주의사상을 넘어, 칸트(Immanuel. Kant)와 헤겔(G. W. F. Hegel)의 역사철학을 관통한다.

면소재지 시골도서관 수준 이상이었던 그의 서재는 대부분 일본서적으로 가득 차 있었다고 한다. 일본인들의 문명과 서양사상에 대한 다양한 번역서들이 사상가 이병주를 키웠다고 해도 과언이 아니다. 그의 대표소설 <산하>의 서문은 한 문장으로 이뤄져 있다. "햇빛에 바래면 역사가 되고, 달빛에 물들면 신화가 된다." 그런데 사실 일상에서 이병주는 여기에다가 하나를 덧붙였다. "별빛에 비추면 소설이 된다"는 말을...

◇ 역사, 신화, 소설과 공산주의

　인간의 역사의식 속에는 이 햇빛, 달빛, 별빛 3가지가 함께 작동한다는 것이 그의 역사관이다. 대명천지 환한 낮에 이루어진 '정식 역사'도 햇빛에 조금씩 바래나가는데, 하물며 달빛아래 도깨비들과 귀신들이 오락가락하는 어스름한 어둠속에서야 어떻게 현장과 사건과 인물들이 온전할 수 있겠는가! 그래서 자기 생각 또는 이념에 맞는 엉터리 이야기들을 마음대로 지어내고, 그럴싸하게 사기 치는 '신화'를 만들어 낸다. 그리고 그곳으로부터도 한 발 더 나가서, 카뮈(Albert Camus)의 소설 <이방인> 주인공 '뫼르소'(Meursault)가 사형 집행 전 감옥 창틀 넘어 보았던 별빛에 다다르면, 몽상과 환상의 이야기들은 마침내 판타지 '소설'이 되는 것이다. 그러니까 이를 종합해 보면, 역사에서 완벽한 절대적인 사실(Fact)은 존재하지 않는다는 것이 된다. 그래서 독일 관념주의철학자들은 이성에 기반을 둔 영국과 프랑스 계몽주의철학자들이 강조했던, "역사는 반듯한 직선상에서 '진보'한다"는 가설에 저항한다.

　또한 공산주의 창시자 마르크스는 이런 정황을 이해하고, 한 발 더 나가서 기획된 '역사의 끝'을 예기했다. 마르크스가 역사의 불확실성을 부인하고 역사를 움직일 수 없는 발전 과정으로 만들어버린 결과, 공산주의 역사 결정론은 종교가 되어버렸다. 이런 공산주의적 역사 인식을 소설가 이병주는 자신의 영역인 '소설'의 영역 그 자체라고 평가했던 것이다. 그러니 마르크스를 종교화하고 있는 대한민국 좌파들이 사상가로서의 이병주 내공을 결코 좋아했을 턱이 없었다.

　대한민국의 근대사를 보면, 박정희의 5. 16-전두환의 12. 12-김대중의 광주-노태우의 6. 29-노무현의 부엉이바위-이명박·박근혜의 투옥 등등... 과연 본인들이 의도했던 역사적 행로들이 자신들이 의도한 대로 발현되었을까? 전혀 그렇지 않을 것이다. 그래서 "항상 역사는 휘어져서 진행 된다"고 하는 역사인식이 현실과 진실에 가까운 것이다. 이런 관점에서 소설가 이병주의 역사관은 문학적이면서도 그 사상의 깊이가 아주 깊다.

◇ "오타쿠"와 "덕후"의 시대

동서양을 막론하고 대부분의 신문쟁이들이 신문사를 나와서 유명한 소설가로 이름을 날렸다. 그만큼 언론인들은 범상치 않다. 일반인과는 "DNA" 그 자체가 많이 다르다. 소위 '오타쿠'(특정 대상에 강하게 몰두하는 사람, 일본 신조어)거나, 프랑스 사회학자 뒤르켕이 강조하는 사회적 아노미현상을 즐기는 '소시오패스' 성향이 아주 강하다. 그러나 공통점은 자신들의 지적 호기심을 채우기 위해 주경야독(晝耕夜讀)하며 공부한다는 점이다. 안타까운 상황은 21세기 작금의 한국 언론인들은 이기적인 사적 이해에만 천착한 결과, 너무도 몰역사적이라는 사실이다. "인간"(Human)은 라틴어 "Humus"(휴무스)에서 왔다. 다시 말해, '흙으로 가는 존재'에서 따온 말이다. 언론인이자 소설가 이병주는 그렇게 인간적으로, 인도주의적으로 살았다.

일제시대와 해방, 그리고 계속 이어지는 격동의 한국 현대사를 경험했던 한 세대 위의 언론인들은 지적 내공의 깊이가 달랐다. 예를 들어, 필자가 좋아하는 조선일보 선우 정 기자가 그의 부친이었던 선우 휘 기자의 수준을 따라가기가 벅차게 보여 지는 것과 견줄 수 있다. 이렇듯 위대한 언론인들을 그리워하는 이런 향수는 필자만의 외로운 고독은 아닐 것이다.

며칠 전, 국민의 힘 대선후보 최종경선에서 윤석열 후보가 국민의 선택을 받았다. 자신이 제일 잘하는 일, 문정권의 명령으로 적폐청산을 하다가, 자신도 휘어지는 역사의 진행 속에서 이제 부패와 무능의 문정권에 대해, 적폐청산을 하라는 국민들의 요청을 받은 것이다. 그러나 5천만 국민과 북한까지 상대해야하는 통치의 행위는 심대한 사상적 결단이 필요하다. 시간으로서의 '현재'(Now)와 장소로서의 '여기'(Here)를 관통해 내는 역사인식과 정치사상을 갖고 있어야 하는데, 검사출신의 윤후보에게 이를 기대하는 것은 상당히 비현실적이다. 그래서 한편으로 그의 사상적 빈곤으로 인해 또 한번 대한민국 역사가 휘어질 까봐 심히 불안하기도 하다.

◇ 거짓의 적폐청산을 넘어

그래도 위선과 기만, 거짓과 사기극으로 점철된 문정권에 대한 누적된 국민들의 분노가 하늘을 찌르고 있으니, 윤후보의 전공인 적폐청산만이라도 제대로 해준다면 일단 국민들의 평균수명이 크게 길어질 수는 있을 것 같다. 정권교체에 대한 희망과 함께, 문정권이 획책했던 자유대한민국 체제 파괴행위에 대한 적폐청산의 체계적인 청사진을 윤후보가 제대로 국민들에게 보여주기를 기대한다. 설사 적폐청산의 정-반-합 과정에서 대한민국 역사가 조금 휘어진다 하더라도 말이다...

리베르타스, 2021년 11월 7일

차고 넘치는 반역의 죄악상,
결코 덮을 수 없다

타락한 율사(律士)들, 이념과 물질의 요괴로 전락해!
성장기 가치박탈 경험들, 어설픈 분노의 복수괴물 만들어…
시민적 공덕심 함양만이 미래를 열 수 있음에도…

이재명 경기지사가 드디어 여당의 대선후보로 낙점되었다. 경쟁자였던 이낙연 후보의 축하악수가 달갑지 않은 듯 얼굴에는 수심이 가득했다. 뭔가 자기 뜻대로 돌아가지 않는 분위기를 반영하듯이, 이재명의 대선후보 수락연설문은 이중적인 위선과 거짓, 장막으로 가려진 빛바랜 무지개 약속들로 넘쳐났다.

◇ '대깨문' 과 '대깨리'

'대깨문'들이 '대깨리'로 갈 것인가? 일단 당내 결속은 그렇게 보이지만, 일반 여론조사에서는 이낙연 후보가 2배 이상의 득표율을 보였다. 이런 상황은 이재명 후보가 대선에 임할 경우, 기존의 더불당을 지지해왔던 중도좌파 유권자들의 반이재명 투표가 압도적으로 늘어날 것을 예견하는 것이다. 수단과 방법을 가리지 않고 내년 대선에서 반드시 정권을 연장해야 하는 문대통령과 그 휘하 주사파 위정자들의 고민이 너무도 깊어지는 장면이다.

　이낙연 후보를 밀었던 호남의 향토세력들은 과연 경북 출신의 문제 많은 이재명 후보를 '대깨리'처럼 막무가내로 계속 밀수 있을까? 그렇지 않을 것 같다. 그러나 시간에 쫓기는, 그래서 더욱 제정신이 아닌 문정권은 이재명을 이낙연으로 갈아 치우는 특단의 조치를 취할 여력도 없다. 뭔가 밝혀지지 않는 서로의 감춰진 약점들을 잡고 있는 두 사람은 결국 '생명공동체'다. 아마도 대선승리를 위해서는 권력으로, 정치공작으로, 안되면 선거조작과 같은 최악의 방법들을 다 강구할 수도 있을 것 같다. 그리고 이미 문정권과 '대깨리'들은 이번 당내 경선에서 보이지 않는 선거조작을 감행했을지도 모른다. 그 추측은 이재명 후보의 투표율 최종집계가 50.29%였다는 데 기인한다. 겨우 과반을 넘어서 2차 투표를 불가능하게 만들었는데, 이 얘기는 역설적이게도 내부적인 '선거조작' 가능성을 충분히 열어두고 있는 것이다. 이래저래 문정권과 '대깨리'들은 선거결과에 대해서 가타부타할 상황이 아닌 처지가 되었다. 그래서 자의반, 타의반 문과 리는 '문재명'이라는 '생명공동체'가 되어버렸다.

◇ 김정은의 '노동당 서기실' 과 문재인의 '청와대'

　그러나 아직도 문정권과 대깨리들은 자신만만하게 작금의 주어진 권력 장악 상황을 십분 이용해서 충분히 지금의 이재명 후보로 대선 승리를 거머쥘 수 있다고 보는 것 같다. 역대정권 중 정권 말기에 문정권만큼 권력을 통해 국민을 개돼지 취급했던 정권이 없었고, 여전히 정부부처 대부분이 청와대의 눈치만 보고 그들 뜻대로 일사분란하게 움직이고 있다. 특히 권력기구인 국정원, 국방부, 공수처, 검찰, 경찰, 감사원, 국세청 등등은 그 누구하나 북한 노동당 서기실 같은 청와대의 지령을 결코 벗어나지 못하고 있는 것도 부인할 수 없는 작금의 현실이다.

따라서 이들은 얼마든지 대장동 비리문제, 변호사비 불법대납문제 등과 같은 굵직한 이슈만이 아니라, 그 이상의 흉악한 범죄 사실들이 하나 둘 들어나도 눈 하나 깜짝하지 않고 모두 뭉개고 덮을 수 있다고 생각하는 것 같다. 이들 모두에게는 양식과 상식의 차원이 아니라, 체제전환 또는 체제전복을 위한 '혁명적 대의'를 현실화하기 위해서 자신들의 말도 안되는 혁명적 수단과 방법들은 모두 받아들여져야 하고, 반드시 정의로운 것이 되어야 한다는 사악한 '절대 믿음'이 있다.

◇ 공무원(公務員)이라는 이름의 이익카르텔

각 부처 및 기관마다 내리꽂은 낙하산 인사들은 그 수가 지나치게 많아서 이제 언론 기사거리 조차도 안 된지 오래다. 한 예로 이익공유 공무원 카르텔은 이제 지방자치체는 물론이고, 일상인들이 살고 있는 집 근처의 경찰지구대와 면-동 주민센터까지 파고 들어갔다. 공공의 영역과 사적인 영역조차 구분하지 못하는 이들은 오로지 사적 이익을 쫓아, 이익카르텔 노예들이 이제 전 국민의 30% 정도가 되어버렸다. 그러니 야권 내부 분열공작은 물론이고, 검경을 이용해 양떼 같은 국민들을 얼마든지 인지부조화의 대혼란에 빠뜨릴 수 있다. 더 나아가 선거조작이나 국기문란 행위들도 얼마든지 자행할 수 있는 것이다.

문정권의 가장 큰 국기문란 행위는 바로 김정은과의 정상회담과 남-북-중 3국간의 '국제정치 쇼'일 것이다. 여전히 북경동계올림픽과 반미·반일, 종전선언을 원하는 좌익세력들이 이같은 국제정치 쇼에 동조할 만반의 준비를 다 마치고 있다. 그 옛날 새로운 사회주의혁명의 주체가 되어야 할, 바로 레닌 스스로 그렇게 강조했던 '새로운 인간'(New Man)의 창출과 집단화는 문정권 하에서 탄탄한 결실을 맺고 있다.

◇ 자유민주주의 체제가치교육 붕괴의 결과

왜 이렇게 되었을까? 그리고 노무현, 문재인, 조국, 추미애, 이재명 등과 같은 이상한 좌파율사들의 등장은 대한민국의 몰락과 무슨 연관이 있는 것일까? 여기에는 아마도 여러 가지 이유들이 존재할 수 있을 것이다. 그러나 필자는 이런 문제의 공통분모가 이들이 감수성이 예민했던 청소년기에 경험했던 심각한 가정과 사회로부터의 "가치박탈"(Value-Deprivation) 경험에 두려고 한다. 인간의 영혼이 산산이 부서지는 그런 가치박탈의 경험은 제대로 된 교육과정에서 서서히 치유되어져야 하는데, 대한민국은 지금까지 단 한번도 성숙한 시민교육시스템을 가져본 적이 없었다. 자유민주주의의 체제가치를 제대로 가르치는 교사도 없었기 때문에 결과적으로 그 속에서 제대로 배우지 못했던 학생들이 교사가 되자, 자신들이 가졌던 가치박탈의 사회적 분노를 사회주의로의 체제전복이라는 복수의 방향으로 급속히 진전되어 갔다.

사회를 뒤집어 엎어버리는 체제전복이라는 복수를 감행하기 위해서는 가장 먼저 정치권력의 장악이 필요했고, 이를 구현하기 위한 첩경은 '율사'가 되는 것이었다. 율사가 된 후에는 체제가 허락하는 자유·평등·인권이라는 자유민주주의의 핵심요소들을 이용해서, '인권전문' 율사들이 되는 기만전술을 펴면서 대중을 선동했다. 자신들에게 주어진 자유라는 헌법적 가치와 명분을 이용해서 자기를 길러준 자유의 체제를 파괴시키려고 나선 것이다.

그렇다면 보수우파의 율사들은 이들 좌파 율사들과 다른가? 문제는 이들도 대부분 청소년기에 처절한 사회적 가치박탈 경험을 공유하고 있다는 점이다. 대부분의 원인은 바로 당시의 대한민국이 당면했던 극심한 가난과 부패문제 때문이었는데, 이들은 인간적 가치와 양심은 제쳐두고 오로지 돈과 권력만을 추구하는 욕망의 화신들이 되어버렸다. 이들도 제대로 된 체제교육을 받지 못했던 것은 매일반이며, 그런 사회적 분노와 불만은 돈과 권력이라는 이기적 욕망으로 맹목적으로 달려 나가게 만들었다. 이런 결과로 인해 현재의 대한민국 율사들은 좌나 우나 극심한 지식빈곤현상을 빚고 있으며, 공동체의 가치를 이해할 내공을 상실한 이들의 행위는 혁명을 추구하던지, 돈과 권력을 추구하던지 간에, 그야말로 '막장'수준이 되어 버렸다.

◇ 철학의 부재(不在), 나치의 전체주의 등장

대한민국 헌법에도 각인되어 있지만, 정부부처 율사들의 이런 저런 선서에서 소위 '법과 양심에 따라'라는 말이 자주 나온다. 법은 사람의 행위를 규율한다. 양심, 즉 도덕은 사람의 마음을 움직이는 요소다. 법은 사람의 외연관계를 규정하는 강제규범이기에 아주 최소한의 '도덕성'을 유지하고 있다. 그래서 법은 사람의 도덕심, 종교관, 전통과 관습 등을 제약해서는 안 된다. 법이 모든 사람의 행위를 제단하려고 한다면, 법이 신과 같은 행위를 하게 되는 것이고, 그런 사회야말로 바로 전체주의사회가 된다. '우리법연구회'나 '민변' 출신과 같은 좌파율사들은 일부러 '법실증주의'를 내세워 실정법 이외의 도덕성과 자연법을 인정하지 않으려고 했다. 따라서 이들에게 '법치'를 위한 '법철학'이란 명제는 그저 죄악시 되는 허위의식일 뿐이다.

문제는 보수우파 율사들도 좌파들의 법실증주의에 동조해서 별다른 생각 없이 대한민국 사회와 법을 재단하고 있다는 점이다. 극단적으로 이들의 실증적 사고가 '악법도 법이다'라는 경지에 이를 때면, 홀로코스트(Holocaust)를 자행했던 나치의 전체주의정치와 그 맥을 같이 하게 되어 버린다. 그렇게 박근혜정권의 헌법재판소 법관들과 율사출신의 새누리당 국회의원들은 박근혜 대통령을 '여론탄핵'해 버렸다. 그리고 아직도 희희낙락하며 자신들의 과오가 무엇인지도 모른 채, 체제전복을 도모하는 좌파율사들의 통일전선전술에 넘어가서 헤매고 있다. 하기야 좌파율사 중에 그 어느 누가 헤겔의 법철학이나 맑스-레닌이즘에 대해 제대로 알겠는가? 또한 우파율사들 중에 그 누가 '자연법'이나 '법철학'에 대한 관심이라도 가졌겠는가? 그저 좌파율사는 "이념사기 요괴"로, 우파율사는 "권력과 물질사기 요괴"로 둔갑해서, 대한민국과 국민들을 우롱, 현혹시키고 있을 뿐이다.

그래도 필자가 수학했던 1970~80년 시대에는 일본인이 번역한 독일법학자 한스 켈젠(Hans Kelsen)의 '순수법학' 책을 반복해서 강의했던 교수님도 있었고, 교양과목에 해양법과 대륙법의 차이점을 강의했던 교수님도 있었다. 그러나 법철학 강좌는 그 어디에서도 찾아 볼 수 없었던 것 같다. 이미 그때부터 대한민국 법학에 대한 회의가 싹텄지만, 그래도 그때는 어처구니없었던 낭만적인 지적 허영심 정도는 존재했다. 그러나 작금은 그런 구세대의 지적 허영심조차도 완전히 사라져버린 그야말로 '암흑시대'가 되었다.

◇ 율사(律士)들의 정치천국, 그리고 바보들의 행진

작년 21대 국회에서 더불당은 총 46명의 이념형 율사 출신들을 당선시켰다. 그래서 당내 국회의원 중 40%정도가 얼치기 율사 출신들이다. 그리고 국힘당도 그 정도 비율에 조금 못 미치는 율사 출신들이 자리를 차지하고 있다. 필자가 보기에는 다들 각각 이념형 권력추구든지, 물질형 권력추구든지 간에, 정말 50보, 100보정도 밖에 차이가 나지 않는 입법부를 둘러싼 '바보들의 행진'들이 계속되고 있는 것 같다. 어쩌면 이들은 자신들의 영속적인 권력 안위를 위해, 일부러 바보처럼 보이려 하는지도 모른다는 생각이 들어 더욱 회의적이다.

대한민국 얼치기 율사들이 만들어 내는 희대의 인형극을 조장하는 보이지 않는 이념세력들이 분명히 존재한다. 그리고 이들이 만들어 내고 있는 체제전복 음모는 참으로 자유대한민국에게는 치명적이다. 누구도 보지 못하는 심해의 베일 속에 숨어있는 악령의 그림자들은 이제 전혀 무게감이 없어 보이는 어수룩한 인권변호사 출신인 '문'과 베네주엘라 차베스형 포퓰리스트(Populist) '리'를 내세우는데 성공했다. 그리고 그들만의 위선과 기만, 사기와 거짓의 대국민 난장 인형극으로, 슬그머니 북-중이라는 외세까지 끌어들여서, 자유대한민국 체제를 전복시키려 하고 있다. 그들의 모든 기만과 위선의 행위시간표는 차곡차곡 내년 대선을 향해 매진하고 있다.

리베르타스, 2021년 10월 14일

정권교체로 대한민국을 살리는 길!!

**기존 정치꾼들을 벗어나 새 인물로 승부해야
자유는 평등의식 아닌 상호존중에서 번성
최재형 후보에게 바라는 것은…**

자유주의, 공화주의, 민주주의의 세요소가 혼합되어 있는 혼합형 정치체제인 자유민주주의는 그 오랜 역사와 전통, 개념의 발전적 이해 과정들이 결코 일반인들에게 쉽게 이해되어 질 수 있는 내용이 아니다. 다만 가장 "소망스런 형태"는 자유민주주의의 가치와 전통을 일상화하는 시간이 길어지고, 그 결과로 인해 주변에서 일어나는 모든 자유·민주적 과정과 결과들이 시민사회에 차곡차곡  "체화"되는 것이라 하겠다. 이 "체화"된다는 말이 중요한 것은 국민 또는 시민들이 항상 깨어있어야 하며, 국가공동체의 가치를 위한 책임과 헌신을 기꺼이 담당할 수 있는, 시민적 덕목(Civic Virtue)을 갖추고 있어야 한다는 의미심장한 사실들을 내포하고 있기 때문이다.

◇ 시민사회... 자유민주주의의 중핵(中核)

약 200년전 프랑스 철학자 토크빌(Alexis Tocqueville)이 경이로운 눈으로 보았던 미국의 민주주의, 특히 공리를 위한 '타운 힐'(Town Hill)미팅 제도와 자발적인 '시민조직체'(Civil Association)의 형성으로 당면한 지역문제를 해결해 나가는, 미국의 시민사회야말로 작금의 모든 자유민주주의국가들이 추구해야하는 올바른 사회문제 해결책이 될 수 있다. 올바른 시민사회를 형성하기 위해서는 국민 또는 시민 각자가 제대로 된 체제 교육을 받고, 합리적이며 논리적인 정신세계를 향유하며, 명예로운 삶들을 추구할 줄 알아야 한다. 다시 말해 자유민주주의를 구가하기 위해서는 정말 탄탄한 시민의식과 겸손·지혜를 겸비한 애국시민들이 존재해야 한다는 말이기도 하다.

서구는 이미 지난 1천년의 지난한 과정을 통해서 개인의 탄생을 위한 엄청난 '산고'를 겪었다. 거듭되는 정치사회적 진통과 국가 간 전쟁이라는 피어린 시행착오들을 거쳐서, 20세기에 들어와서야 온전한 자유민주주의를 구가할 수 있게 되었다.

그렇다면 중화질서와 유교적 전통이라는 '습속'(Mores)을 가진 아시아 국가들은 어떻게 제도화되어야 하는가? 한마디로 답이 잘 보이지는 않는다. 일단 경제적 실속을 추구하며 인권을 탄압했던 싱가포르 이광요 수상의 '아시아적 가치'라는 표제는 한때 아시아 국가들의 민주주의에 대한 오해를 증폭시켰던 사실을 재차 생각해 볼 필요가 있겠다. 일단 이광요 수상의 '아시아적 가치'는 자유민주주의의 본질과는 거리가 멀다. 왜냐하면 수직적 질서개념과 유교적 관념의 보편화는 자유민주주의가 추구하는 인류보편 가치인 자유, 평등, 인권이라는 세 가지 중심기둥과는 결코 부합되지 않기 때문이다.

◇ 이광요의 아시아적 가치와 이승만의 자유민주주의

 "경제적 혜택을 통해서 '복리증진'이라는 선물을 줄 테니까, 국가질서를 위한 강압적인 '태형'과 '사형' 등의 법제도를 기꺼이 받아들이라"는 국가명령... 그것은 자유민주주의가 추구하는 시민사회의 논리와 법치의 원리에는 절대 맞지 않는다. 그래도 싱가포르는 자유롭고 풍요로우며, 아시아에서 가장 선두적인 자유민주주의를 구가하고 있지 않는 가라는 의문을 가질 수 있다. 물론 그럴듯 하게는 보이지만, 싱가포르의 변형된 자유민주주의체제가 이승만 건국대통령이 세운 자유대한민국 모델과는 근본적으로 부합되어 질 수는 없다.

 현재 이재명 여당 대선후보를 둘러싼 부정부패와 권력남용 문제가 극에 달하고, 문정권 하에서 벌어지고 있는 대한민국 파괴공작이 권력형 부패와 맞물려 국민들의 심장을 도려내고 있다. 겉으로 보여지는 이런 극악무도한 상황에서 많은 국민들이 대한민국도 싱가포르처럼 아시아적 가치를 추구해야 한다고 얘기하며, 절대 교정이 안되는 이런 괴물같은 인간들은 태형으로 다스려야 한다는 국민적 요구가 급격히 늘어나고 있다. 오죽하면 이런 요구들이 터져 나오겠는가 만은, 이것은 안타깝게도 현 자유대한민국의 체제전복상황을 국민들이 제대로 보지 못하고, 문정권의 악행에 대한 감정풀이 식의 대응만을 일삼고 있기 때문이다. 오히려 이런 분노에 찬 섣부른 인식은 문정권 전체주의자들에게 역이용 당할 소지가 많다. 싱가포르 형태의 자발적인 시민사회 부재국가는 결국 의도치 않은 전체주의 사회로 국민들을 이끄는 의도하지 못했던 요상한 지름길이 될 수도 있기 때문이다.

◇ 계급적 평등이 아닌 상호존중만이 자유와 번영을 제공

이기적이며 물질을 탐하는 인간의 본성은 한마디로 악(惡)하다. 개인이 중심이 되는 자유민주주의체제에서는 개인의 허영심, 질투심, 시기심, 자만심, 증오심 등이 일상적이다. 그래서 탁월한 법적·제도적 장치가 없으면 인간의 오욕칠정은 스스로의 생지옥을 자동적으로 만들게 되어 있다. 그런데 아이러니하게도, 또 한편으로 놀랍게도, 이런 인간의 오욕칠정이 의도치 않은 인간의 '자유'를 만들어 내기도 한다. 그 이유는 인간의 진정한 자유야말로 획일적인 평등의식이 사라질 때 더욱 찬란한 빛을 발하기 때문이다. 모든 인간은 헌법상 평등하게 태어났지만, 일상에서의 부르주아와 프롤레타리아는 절대 평등하지 않다. 그러나 그들 서로의 계급을 그들 스스로 상호 인정할 때, 자신들의 자유가 그때서야 넘쳐 흘러날 수 있는 것이다.

역사상 그 어떤 전체주의 사회에서도 인간의 본성에 기인하는 소극적인 자유의식은 항상 존재했다. 인류역사상 그 어떤 슈퍼 '빅 브라더'(Big Brother)가 등장해서 정보장악과 권력독재로 개인을 옥죈다하더라도, 인간의 의식주에 대한 욕심과 피붙이에 대한 차별적 애정은 절대 잠재울 수가 없었다. 결국 시간이 흘러서, 그런 소극적인 자유의 틈새들이 점점 더 커진 결과, 대부분의 전체주의 사회는 역사 속으로 모두 사라졌다.

전후 독립한 신생국 중에 대한민국만이 국부 이승만대통령의 탁월한 혜안과 능력으로 전 세계에서 유일하게 자유민주주의체제를 선택하고 번성시켰다. 그런데 건국 후 73년의 자유민주주의체제가 문정권의 의도된 대한민국 파괴행위로 절대 절명의 체제전복 위기에 빠지게 되어버렸다. 이기적인 탐욕, 오만과 편견에 빠진 대한민국 국민들은 문정권이 시도했던 살금살금 교묘하게 체제파괴를 도모하는 '군불 떼기'에 마냥 속수무책으로 당했다. 이탈리아 공산주의자 그람시(Antonio Gramsci)를 신봉했던 통일혁명당 주모자 신영복의 제자들은 알게 모르게 교묘한 정치공작으로 대한민국의 시민사회를 완전히 타락시켜 버렸다.

◇ 법치주의의 파괴와 대장동 게이트

이런 문정권의 합법을 가장한 체제전복 행위들을 속수무책으로 방치한 결과, 대한민국은 권력이 범위에 군림함으로써 삼권분립의 법치주의가 무너지는 상황을 초래했다. 군, 관료, 교육, 행정, 언론, 노동, 문화, 시민사회 전반에 걸쳐서 좌파엘리트층들로 대변되는 강력한 정치·문화적 진지들이 이미 구축되었다. 이를 바탕으로 한미동맹을 배제한 채, 북한, 중국과 생명공동체와 운명공동체라는 미명의 국가적 '이념 체인'을 공유하는 반체제적인 현실 결과물들이 나타났다.

작금의 이런 진지화 된 하부구조 상황은 후안무치한 이재명 여당후보가 대장동 의혹에 대해 적반하장식의 역공을 취하면서, 언론을 통해 국민의 의식을 헷갈리게 만들도록 허용하는 어처구니없는 상황을 만들어주고 있다. 아마도 이재명 후보가 여당의 대선후보로 최종 낙점되면, 소위 작금의 이재명 '대장동 게이트'는 수면 밑으로 들어갈 가능성이 높아 보인다. 이런 인식 속에서 필자는 오래 전부터 내년 대선이야말로 한명의 정치지도자를 뽑는 행사가 아니라, 대한민국의 체제 존속 여부가 결정되는 운명적 선택이라는 말을 지속해 왔다.

문정권은 줄기차게 사회·정치공작을 통해 내년 대선개입을 진행할 것이며, 또 한번의 빅 이벤트로 내년 북경 동계올림픽을 핑계로 남북정상회담을 추진할 것으로 예측된다. 이미 조직과 자금, 이념에 기반 한 이익카르텔들을 전국 네트워크화 시킨 문정권으로서는 절대로 질 수 없는 대선이 되어야 하기에 더욱 그렇게 할 수밖에 없을 것이다. 그러니까 야권의 대선 후보군들은 이런 절박한 상황을 백분 유의하여, 정권교체라는 단 한 곳만을 쳐다보아야 할 것이다. 그리고 기존 정치세력을 갈아엎고 새로운 후보군들이 국민의 선택을 받을 수 있도록 상호 조력해야 할 것이다. 그러니 최재형-윤석열 등으로 대변되는 이들 새로운 후보군들은 서로가 '정권교체 공동체'의 일원임을 인식하고 상호 동질적으로 행동해야 한다.

◇ '정권교체 공동체' 로서의 연대의식

 우선 최재형 후보가 기존 정치인 중심의 선거캠프를 해체한 것은 참으로 잘 한 일이다. 결국 지도자는 자신의 의지와 생각으로 대선 레이스에 임해야 한다. 안타까운 점은 이미 최후보가 자신이 갖고 있었던 좋은 생각과 비전을 어떤 이유에서건 상당부분 잃어 버렸다는 현실이다. 캠프 해산 이후 지지도가 상승 국면에 있는 최재형 후보는 막스 베버(Max Weber)가 강조한 열정, 책임감, 탁월한 통찰력이란 세 가지 지도자 요소 중에서 앞의 두 가지는 갖고 있다. 하지만, 건곤일척(乾坤一擲)의 대한민국 상황을 간파해 내는 통찰력 면에서는, 지나치게 법률적이고, 관료적이라서 크게 미흡한 것이 사실이다.

 대중을 설득할 수 있는 탁월한 웅변력이 모자랄 때, 대중을 움직이는 가장 좋은 방법은 바로 당사자가 보여 줄 수 있는 '진정성'이다. 자신의 나라 사랑, 가족 사랑, 대한민국 국민에 대한 연민과 사랑을 조목조목 구체적으로 말할 수 있으면 그만이다. 지나치게 '현상학' 학자처럼 머릿속에서 오래 생각하지 않아도 된다. 설사 실수를 하더라도 하고 싶은 진정성 있는 현안 이슈들을 저돌적으로 내던지는 것이 최선의 전략임을 잊어서는 안된다.

 지금부터 대한민국 대선의 상황은 최재형 후보가 어떤 행보를 보일지에 달려있다고 해도 과언이 아니다. 내년 대선은 대한민국 체제가 사느냐 죽느냐 결정되는 마지막 선택의 시간임을 강조해야 한다. 문정권의 내부에서 넘쳐났던 반대한민국적 증거와 이에 대한 분석논리들을 현재 극심하게 분노하고 있는 대한민국 국민들에게 제대로 알려나가는 것, 설사 야권의 대선주자가 되지 않더라도, 이것이야말로 최종적으로 최재형 후보가 궁극적으로 승리하는 길이라는 점을 각별히 명심할 것을 당부하고 싶다.

리베르타스, 2021년 10월 3일

건국대통령 이승만과 부국대통령 박정희, 그리고 링컨

**자유민주주의의 체제인식, 게티스버그 연설과 8.15 건국사
국민의, 국민에 의한, 국민을 위한 정부…**

◇ **자유민주주의가 겪는 도전**

걸프전 이후 민주주의의 전파를 위해 시도되었던 미국의 '자유주의적 헤게모니'(Liberal Hegemony) 대외정책은 작금의 카불공항에서 벌어지는 아비규환을 끝으로, 처절하게 실패의 구렁텅이로 빠져 들어가는 형국이다. 테러와의 전쟁을 선포하고 전 세계에 자유민주주의라는 제도를 확산시키면, 지구촌의 영구적 평화가 찾아올 것 같았던 미국의 생각은 각 나라의 전통적 습속(Mores)과 부족주의 같은 개별적 민족주의를 넘어서지 못하면서, 모멸스런 참패를 거듭하고 있는 것이다.

19세기 산업혁명을 통한 폭발적인 성장은 근대국가의 탄생과 더불어 소위 국가 간의 이동과 교역을 배가시켰다. 그래서 등장한 것이 바로 여권(Passport)제도였다. 구체적으로 국경선과 여권이란 것이 생겨나서, 인적·물적 교류와 이동을 제한했던 역사적 시간은 불과 250년 정도밖엔 안 된다. 그 사이에 인간의 합리적·이성적 지혜는 여러 형태의 근대국가 유형을 만들어 냈었다. 영국과 미국형의 자유주의에 기초한 근대국가, 거듭된 혁명과 반혁명의 역사 속에서 근대국가 형성 후 170년이 지난 후에야 비로소 자유민주주의를 제대로 정착시킨 프랑스형 근대국가, 인종적 민족주의(Ethnic Nationalism)를 앞세워 1-2차 세계대전을 경험한 후에서야 자유민주주의를 공고화한 독일형 근대국가와 사회주의적 전체주의형 근대국가, 다시 말해 소련을 중심으로 하는 공산주의국가 유형을 추가해 볼 수도 있을 것이다.

　19세기와 20세기에 걸쳐서 혁명과 반혁명, 전쟁과 평화조약 사이에서 결국 미국이 주도하는, 소위 자유민주주의체제의 압도적인 우위가 노정되었던 것 같이 보였다. 하지만 그것도 시간이 갈수록 이념과 체제, 지정학, 국익, 민족주의 등과 같은 관점에서 여러 가지 국제문제를 발생시켰다. 그 결과 미국의 자유민주주의제도가 마치 퇴화하는 것처럼 보여 지는 듯하다.

◇ 인간의 문제와 자유민주주의

　일본의 '닌텐도' 게임의 슈퍼마리오처럼 재빨라 보이는 미국계 일본인철학자 후쿠야마(Francis Fukuyama)는 "모든 이념은 자유민주주의의 승리로 끝이 났다"(The End of Ideology)고 강변하다가, 갑자기 소위 "정체성의 정치"(Identity Politics)를 다시 언급하고 있다. 다시 말해 후쿠야마도 인간의 문화적·역사적·인종적 습속은 이념의 역사적 발전단계를 고약하게 흔들고 있다는 점을 슬쩍 인정하고 있는 것이다. 그러나 언제나 제도를 운영하는 인간이 문제였지, 올바른 자유민주주의라는 제도가 근본적인 사회문제의 온상이 된 적은 근대 역사 이후 어디에서도 그 근거를 찾아볼 수 없다.

조선조의 폐망과 구한말, 일제 식민지시대, 해방정국, 전 국민의 70%가 선호했던 사회주의 제도... 그 속에서 이승만이란 인물이 전통적 습속을 뛰어넘어 자유민주주의체제로 대한민국을 건국했다는 사실은 과히 기적에 가까웠다. 미국은 1776년 건국 이후 자유민주주의체제를 공고화하기 위해 4년에 걸친 남북전쟁(American Civil War, 1861-1864)이란 어마어마한 희생을 감수했다. 전쟁의 전환점이 되었던 게티스버그 전투에서만 남북 양측 모두 6만여명의 병사들이 희생당했다. 당시 한여름이었던 7월 1일부터의 3일간 전투 후에, 썩어서 악취가 진동하는 죽은 병사들의 시체와 전쟁에 동원된 말들의 사체를 치우는 데만, 꼬박 3달이 더 걸렸다.

◇ 미국의 체제전쟁, 그리고 게티스버그

11월에야 전장이 정리되자, 링컨은 한걸음에 달려가 사망한 병사들의 숭고한 헌신을 기념했다. 그리고 그 유명한 "국민의, 국민에 의한, 국민을 위한 정부"의 역할을 강조한다. 링컨의 남북전쟁은 바로 "체제전쟁"이었다. 1차 세계대전 이전에 링컨이야말로 가장 많은 사상자를 내는 내전의 당사자였고, 그 전쟁에서 승리함으로써, 미국의 자유민주주의체제를 지켰다. 수많은 동족의 희생에도 불구하고 현재 링컨의 동상은 수도 워싱턴 DC 한복판 메모리얼공원에 세워져 있고, 그 동상은 미국뿐 아니라 전 세계 자유민주주의국가들의 지표와 표상이 되고 있다.

미국에서 공부하고 독립운동을 전개했던 이승만은 이런 미국의 역사를 꿰뚫어보고 있었다. 그리고 그의 박사논문에 미국의 건국전쟁과 남북전쟁의 의미와 정치적 상징들이 올곧이 다 들어있다. 이승만은 자유민주주의의 체제이념을 그 누구보다도 잘 이해하고 있었고, 일생 삶의 지표로 삼고 이를 실천했다. 그는 소련과 김일성의 한반도 적화야욕을 간파했고, 5·10 총선을 방해하려는 남로당 세력의 테러와 무장봉기를 제압하면서 제헌국회를 통해 대한민국을 건국했다. 그는 1948년 8.15 건국기념사에서 자유민주주의체제의 의미를 제대로 담았고, 이를 널리 국제사회에까지 전파시켰다.

◇ 게티스버그 연설과 8·15 건국사

이승만의 건국사는 링컨의 게티스버그 연설을 연상케 하는데, 이는 이승만이야말로 대한민국의 건국과정에서 미국의 링컨과도 같은 자유민주주의 체제 확립을 위한 역할을 담당했음을 온전히 알려주는 징표다. "대한민국이 처음으로 서서, 변함없는 자유민주주의의 모범적 국가임을 세세토록 국제사회에 표명 한다"는 그의 약속은 "국민의, 국민에 의한, 국민을 위한 정부"의 영속성을 약속했던 링컨의 감동적인 울림과도 그대로 일치하고 있다.

건국대통령 이승만과 부국대통령 박정희의 권위주의정치는 대한민국의 자유민주주의 근간을 해체하는 것이 아니었다. 또한 나름대로 국가건설과 국가발전을 위한 분명한 정치적 명분들이 존재했고, 그 결과 대한민국은 "한강의 기적"을 만들어 낼 수 있었다. 그러나 민주주의를 빌미로 공산좌익들은 대한민국 국민들을 거짓 선동했고, 마침내 여러 차례 정권을 잡았다. 그리고 정권이 거듭될수록 좌우의 이념적 내전 상황으로 치달을 수 있는 극심한 사회적 문제들은 배가되었다. 급기야 문재인 정권은 그들이 강조하는 전체주의로의 거짓된 민주주의를 확산시키면서 자유민주주의 체제의 대한민국을 경제적으로는 사회주의,

정치적으로는 전체주의 형태로 체제를 전환시키려고 하고 있다.

1980년대 권위주의정권에 맞서서 진보적인 사고로 사회변화를 원했던 소위 586세대들 대부분이 보다 선진화된 자유민주주의체제를 갈구하며, 청춘을 희생하는 학생운동에 참여했다. 그러나 결론적으로 보면, 체제타락과 체제전환에 이어서 체제전복을 노리는 작금의 얼치기 주사파 문정권 위정자들에게 속절없이 속았다고 볼 수밖에 없다. 소위 1987년 6·10 민주화항쟁은 체제전복을 노리는 작금의 주사파 위정자들의 대한민국 반역을 위한 '혁명원년'이 되었다. 자유민주주의의 공고화를 원했던 당시 100만 학도들의 청춘과 염원은 위선과 기만, 사기와 거짓말로 무장한 양아치 악령들에게 완전히 속아 넘어간 셈이 되었다.

현재 문정권이 소위 시민단체를 이용하고, 합법적인 절차를 통해 대한민국의 체제를 전복시키려는 행위는 무력을 앞세우지 않는 "보이지 않는 전복전"이라고 볼 수 있다. 링컨이 주도한 체제수호 전쟁이었던 게티스버그 전투에서 6만 명의 사상자가 발생했지만, 현재 대한민국의 체제전쟁에서 사망자는 거의 없다. 하지만 총과 칼이 아니라, 간교하게 합법을 가장한 전복 파르티잔(Partizan) 전략·전술로, 자유를 갈구하는 대한민국 국민들을 농락하고 있다. 만약 이대로 자유대한민국이 무너진다면, 그 결과는 미국의 남북전쟁 결과보다도 더 비참하고 심각한, 주권자인 국민의 삶과 죽음이 교차하는 "사회적 자연상태"를 유발할 수 있다.

◇ 정권교체로 다시 시작해야

겉으로 보여지는 넘쳐나는 물질적 풍요 속에서, 동시에 엄청난 역사적 파국을 유발할 수 있는 보이지 않는 종북세력들과의 전장 속에서, 지금 대한민국은 치열한 내전 중이다. 해방직후 공산주의의 거친 도전 속에서 이승만이 다졌던 건국정신으로, 자유민주주의의 초심으로 되돌아가야 한다. 자유진영의 협력전선을 가다듬고, 종북세력들과의 당면한 내전을 '정권교체'라는 대선 승리로 일차적인 마무리를 해야 할 것이다. 게티스버그 전투의 능선을 넘어서도, 링컨이 그 후 2년 이상 내전을 더 치뤘듯이, 정권교체 이후에도 자유대한민국의 험난한 여정이 계속 될 것을 예언하고 있다.

리베르타스, 2021년 9월 7일

우리가 이승만이고, 박정희다!!

**위기의 대한민국 살리는 길, 결국 시민의 덕목 뿐!
자유의 삶, 도적의 삶, 노예의 삶... 대한민국의 선택은?
자유애국시민, 서로를 격려하며 힘내야!!**

자연 상태에서 인간은 모두 평등한 존재인가? 그렇지 않다. 인간의 지문(指紋)이 각양각색이듯이 모든 인간의 겉모습은 하나같이 다르다. 그리고 태어나면서 마치 '흙수저'와 '금수저' 관련된 사회논란처럼 인간의 주변 환경도 천차만별이다. 그렇다면 왜 인간은 자유민주주의사회 내에서 모두 평등한 것인가? 그것은 모두가 약속한 공동체의 법적, 제도적 가치 하에서, 다시 말해 '공적영역(公的領域)'에서 구성원 모두가 평등하다는 의미이다.

자유민주주의라는 체제가치의 가장 중요한 요소인 개인의 가치를 효율적으로 지켜주기 위해서, 마치 성경에서 창조주가 빛이 있으라 하니 세상에 빛이 생겼다는 신앙인들의 믿음처럼, 일단 자유민주주의를 순조롭게 운영하기 위해서 가장 기초적인 전제조건으로 '모두가 자유롭고, 평등하게 태어났다'고 그렇게 서로 믿고 합의하는 것이다. 자신이 세상에 난 이유를 '자신의 선택과는 무관하다'고 윽박지를 수도 있다. 그러나 이 또한 사적영역에서의 개인사이지, 공적영역에서의 개인의 가치와는 함께 거론 될 수 없다. 그래서 안타깝지만 이런 주장 또한 객관화될 수 없다. 개인의 탄생도 인간의 출생문제와 비슷한 기원을 갖는다. 소위 몇몇 문명국이라 칭하는 서구열강들이 제도화시킨 자유민주주의 체제의 발전사(發展史)는, 싫거나 좋거나 간에 소위 '사람' 혹은 '인민'(People)들의 희생과 헌신이 깃들여져 있다.

◇ 여성참정권, 대한민국이 일부 유럽보다 앞서

예를 들어서 프랑스는 1789년 프랑스혁명이후 수차례의 왕정복고와 재혁명의 격동기를 거쳐서, 80년이 지난 후인 1870년에 와서야 제3공화국이 탄생하는 험난한 역사적 과정을 밟고 있다. 물론 제3공화국 출범이후에도 프랑스는 드골 대통령의 제5공화국수립까지 엄청난 사회적 혼란과 전쟁, 지배와 피지배의 역사를 되풀이 했다. 이런 프랑스가 경험했던 '사회문제'의 핵심은, 국가 통치 구조를 만들어내는 '치자(治者)'에 대한 국민적 동의를 온전하게 받아내는 과정에 대한 '명분'(Legitimacy)이었다. 그래서 선거와 선택의 문제가 중요했고, 그 까닭의 한 예로, 프랑스에서 여성의 투표권이 인정된 해는 1948년의 대한민국보다도 훨씬 늦은 1956년부터였음을 알 수 있다.

더 놀라운 사실은, 지구촌에서 가장 민주적이라고 칭송받는 스위스가 여성투표권을 1971년에야 공식 승인했다는 사실이다. 일반 자유민주주의체제 국가들로서는 쉽사리 넘볼 수 없는 어려운 단계인, "협의체 민주주의"(Consociational

Democracy)를 구가하는, 그야말로 민주주의의 모범국가인 스위스가 여성투표권을 그때서야 허용한 것은 아이러니한 일이다. 그만큼 자유민주주의를 어렵게 제도화시킨 국가들은 주권과 국가통치를 위임하는 투표행위에 대해서 지나치게 엄격한 고뇌의 순간들을 가졌다. 그리고 이성보다는 감성에 치우칠 성향이 높은 여성들에 대한 '숙의적인 판단결과'에 따라 여성투표권을 부여하는데 무척 신중했다.

그러니 자유민주주의를 잘 모르면서 신생국으로 독립한 국가들에게는 가히 일천년을 넘어가는 인간들의 현명한 지혜를 모두 모아서, 20세기에 와서야 꽃을 피운 혼합정치로서의 자유민주주의 속에 내재된, 자유주의, 민주주의, 공화주의를 이해해 내기란 결코 쉽지 않은 것이다. 다시 말해, 자유민주주의를 마치 물과 공기처럼 생활에 필수적인 체제이념으로 받들면서, 동시에 국가주권의 주인으로서 살아야 하는 한 개인, 한 국민, 한 시민으로 살아가는 것이 너무나도 힘든 것이다.

◇ 국가 만들기(Nation-Building), 국민 만들기(People-Building)

서구 계몽주의의 역사적 전통도 없고, 수천 년 동안 중국의 천하질서 속에서 공맹사상으로 단련된, 한국을 포함하는 아시아 신생국가들이 언제 '근대국가(Nation-State)'를 구상하고, '국가 만들기(Nation-Building)'와 '국민 만들기(People-Building)'를 할 수 있었겠는가! 그래서 책임지는 어려운 자유의 삶을 생각하지도 말고, 모든 개인의 가치를 넘겨줌으로써 집단의 가면 속에 숨어 그냥 편히 살라고 전체주의자, 사회주의자, 공산주의자들은 항상 선한 모습으로 대중들을 집요하게 유혹하고, 거기에 '우민(愚民)'들은 악의적인 선동가들에게 쉽게 속아 넘어간다.

개인 (個人)이란 한자어는 영어의 'Person'이란 단어와 'Individual'이란 단어의 번역이다. 이는 절대 '나누어질 수 없는 개체'라는 뜻이다. 개인이 동식물과 비교되는 점은 스스로의 의식세계를 구현하려는 본능을 갖고 있고, 자연 속에서 독특한 자신만의 세계를 구축하려고 노력한다는 사실이다. 이런 독특한 '개성'(Personality)을 가진 개인들의 모임이 바로 시민사회(Civil Society)다. 이는 독창적이며, 자유로운 개성들이 모여서 자신들과 다른 생각을 갖고 있는 대상과 '대화와 타협'을 통해 합의점을 찾고, 선거를 통해 통치 권력을 행사하는 세력들을 견제하는 사회를 일컫는다. 또 시민사회에서 새로 생겨나는 현상들을 '여론'이란 장치를 통해, 제도권에서 입법화되도록 상호 노력하는 독립적이며, 자발적인 시민단체들로 구성되는 사회를 말하는 것이기도 하다.

◇ 국가권력의 사유화(私有化)

21세기 현대적 자유민주주의체제가 안정적이며, 지속적인 발전을 거듭하기 위해서는 국가라는 영역내의 정부, 시민사회, 시장 이라는 국가를 받혀주는 '삼각기둥'들이 상호간의 독립을 유지한 채, 견제와 균형을 제대로 맞추어 가는 것이 필수적이다. 정치적으로는 전체주의, 경제적으로 사회주의를 추구하는, 인식(Sign) 암호(Code), 상징(Symbol)을 달리하는 얼치기 혁명론자들은 이런 개인과 시민사회의 존재를 제일 먼저 파괴하려고 한다. 왜냐하면 이들은 궁극적으로 공공의 권력을 '사유화'(Personalizing) 하려고 하기 때문이다.

권력을 소유하기 위해서는 제일 먼저 독창적이고 자율적인 자신만의 세상을 구가하려는 인간의 자유를 말살시켜야 한다. 그래서 이들은 현장과 현실, 사실들을 무시한 채, 추상적이며 비현실적이고 관념적인 유토피아적 감언이설(甘言利說)로 인간의 이성을 마비시킨다. 또 필요하다면 언제든지 위선과 기만, 사기와 거짓말로 점철된 선전, 선동을 통해서, 왜곡된 현실을 보게 만들고 이를 반복 학습시켜서, 인간을 마치 조건반사에 적응하는 '파블로프(Ivan Pavlov)의 개'를 만든다. 마지막으로 이들이 추구하는 최종단계는 자유로운 개인끼리의 결합으로 이루어진, 국가공동체내 가장 기초적인 사회집단인 '가족'을 해체시킨다. 중국 문화혁명당시, 얼마나 많은 자식들이 자신들의 부모를 비난하고 '사지(死地)'로 몰아넣었던가!

◇ 군(軍), 관료집단의 부패는 망국(亡國)의 지름길

분명한 것은 인간이 동물이 아닌 다음에야, 먹잇감이 해결되는 것만으로는 결코 살 수가 없다는 사실이다. 물론 먹잇감이 해결된다면 상당히 편할 수는 있다. 그러나 곧 생각하는 인간으로서 갖는 생물학적 본능에 기반하여, 노예생활로 인한 고통과 좌절의 굴절된 나날들을 보내게 된다. 그래서 자유를 잃어버린 노예의 삶은 죽기보다도 더 싫은 것이다.

전체주의적 사회주의자들은 체제타락과 체제전복을 도모하는 과정에서, 기득권교체라는 미명으로 사회전반에 부정부패가 만연하도록 방치하는 도적 떼와 같은 만행을 저지른다. 자유민주주의사회를 지탱하는 가장 중요한 '척추' 같은 조직이 바로 교육, 군, 관료집단 등이다. 그래서 이 세 조직은 남다른 '기율'과 '도덕성'을 요구한다. 만약 이 세 집단이 급속도로 부패해 버린다면, 자유민주주의체제하의 정부와 시민사회는 '사회적 아노미현상'을 동반한 '무정부'상태로 격심한 혼란을 겪게 되어 있다.

현재 얼치기 주사파 文정권이 의도적으로 방치한 가상화폐시장은 대폭발 직전이고, 군과 관료조직에서의 부정부패는 밑도 끝도 없이 확대되고 있다. 이런 가운데 사회공작과 정치공작에 능한 이들은 내년 대선을 10개월 앞둔 시점에서, 국민들이 예측하지 못하는 신출귀몰한 사회현상을 발현시켜 어처구니없는 대역전 상황을 기획할 수도 있다. 결국 '열린사회의 적'으로 존재하는 전체주의적 사회주의자들의 공세를 막아내기 위해서는, 특히 복잡한 사회문제가 많았던 프랑스의 계몽주의 철학자들이 각별히 강조했던, "시민의 덕목"(Civic Virtue)을 갖추는 방법밖에는 별다른 도리가 없을 것 같다.

"인간의 덕목도 갖추지 못한 존재들이 군주의 주권을 넘어서는 주권자로서의 권리만 행사하려고만 한다"(More Than King, Less Than Man)는 비난의 소리를 듣지 않도록, 다소 늦었지만 지금부터라도 자유애국시민들 스스로 자긍심을 가진 명예로운 삶을 살도록 노력해야 한다.

2차 대전 당시 망명프랑스정부를 얕잡아보는 미국의 루스벨트와 영국의 처칠 앞에서 "내가 바로 프랑스다!"를 외쳤던 드골처럼, "내가 이승만이고, 내가 박정희다!"라고 시민 스스로 외칠 수 있어야 할 것이다.

어떤 상황에서도 서로를 격려하고 협력하는 길만이 자유대한민국을 다시 살리는 길임을 굳게 믿는다.

리베르타스, 2021년 5월 24일

여전한 '달빛 찬가' 와 '관해난수(觀海亂水)'

위대한 인격의 '달빛'은 여전히 남쪽 땅을 비추고...
얼치기 양아치정치는 세상과 따로 돌아가고 있는데...
정권은 짧고 후과는 길어, 몰락의 징후는 이제 시작!

공자의 제자 맹자는 그의 책 '진심(盡心)'편에서 스승인 공자를 우러러보며 칭송한다. "공자께서 노나라의 '동산(東山)'에 오르시니, 자신이 자랐던 노나라가 작게 보였고, 공자께서 '태산(泰山)'에 오르시니, 온 천하가 작게 보였다." "바다를 맛 본 사람은 시냇가에서 물을 논하는 사람들과 견주기 힘들고, 성현의 문하에서 배운 학자는 그 학문의 경지를 시골서생들과 비교하기 힘들다." "해와 달과 같은 위대한 인격을 갖추면, 아무리 작은 틈새라도 그 빛이 비추지 않는 곳이 없나니..."

이 맹자의 '관해난수(觀海亂水)'라는 사자성어는 통혁당의 주역이었으며, 이후 전향서를 쓴 후 성공회대학에서 후진을 양성했던, 자칭 위대한 서예가 신영복의 한 필체 모델로도 유명한 사자성어다. 그밖에도 신영복의 액자화 된 서체는 '춘풍추상', '더불어 숲', '처음처럼', '사람 사는 세상', '사람 중심의 세상' 그리고 관해난수를 한글동화로 풀어서 이야기하는 '토끼와 코끼리', '토끼와 거북이' 등 외에도 다수가 존재한다. 무엇보다도 신영복의 '춘풍추상' 서체는 문대통령이 가장 존경하는 위대한 사상가의 글씨라서 그런지, 청와대 접견실 내 가장 눈에 잘 보이는 중앙벽면에 액자로 걸려있다.

지난 5월 10일 문대통령의 취임 4주년 대국민담화 직후, 신영복의 성공회대 제자로 알려진 탁현민 비서관은 문대통령의 대국민 통치행위를 '관해난수'에 빗대어서 칭송했다. 신영복과 탁현민의 관계를 잘 모르는 국민들은 여러 차원에서 혼란스러웠을 것으로 짐작된다. 그런 탁씨의 솜씨가 스며있었을 것으로 예상되었던 문대통령의 담화내용은 역시나 내로남불, 자화자찬으로 일관된 유체이탈 화법 그 자체였다.

북쪽의 세상을 밝히는 사람, 즉 '백두혈통'과 비교되는 '남쪽의 사람'으로서, 문대통령이야말로 그 고매하고 위대한 '민족의 대변자'가 이런 저런 흠결이 있는 말들을 해서는 안되는 것이다. 그래서 모든 통치의 부덕한 결과와 오류는 문대통령을 잘못 보필한 청와대 미생들과 관료들, 그리고 아무것도 모르는 무의식의 상징에 지나지 않은 대한민국 국민들 탓으로 반드시 돌려야만 하는 것이다.

◇ **교묘한 사회 · 정치공작과 시대변화**

아직 때가 되지 못해서인지는 몰라도 문대통령 자신의 본모습과 진실은 많은 부분 가려있다. 하지만 비밀스런 사인(Sign), 상징(Symbol), 코드(Code) 등을 통해서, 진영 내 핵심관계자들은 모두 긴밀하게 소통하고 있다고 봐야 할 것이다. 이들은 자신들의 의지와 기획과는 정반대로 치닫고 있는 대한민국의 현실을 다시 한 번 남과 북의 '사람' 중심으로 되돌려 놓으려고 온갖 묘략을 다 짜내면서, 또 다른 '사회공작'과 '정치공작'을 획책하려 들고 있다. 그런데 프롤레타리아혁명을 도모하는 공산주의사상도 아니고, 북쪽의 '사람'인 김씨 일가를 신격화한 화석화된 주사파 위정자들이 여전히 크게 착각하고 있는 것이 있다. 그것은 바로 대한민국의 '시대변화'와 '시대정신'이다.

변종 모택동주의(이하 마오이즘)에 입각해서 이탈리아 공산주의자 그람시의 진지전, 기동전, 시민단체를 통한 합법적인 '체제전복', 권력찬탈을 위한 만하임(Karl Mannheim)의 사회규범을 통한 '성역화 시도', 그리고 슈미트(Carl Schmitt)의 적과 동지로 구분되는 '진영논리' 등을 도입한 것은 해방 후 사회혁명 초창기에는 상당한 효력을 발휘했지만, 자유대한민국 건국 후 73년이라는 대한민국의 '시대변화'와 '시대정신'은 제대로 반영되어 질 수 없는 것이다.

그람시, 만하임, 슈미트 등의 이론은 벌써 80년도 넘은 공산주의와 파시즘에 대한 시대적 고찰이었고, 마오이즘도 7~80년 전 중국공산당이 시행착오를 겪으면서 몸으로 체화했던 시대착오적인 이론이었다. 특히 이 모든 것은 경험으로 인한 역사적 과오가 모두 다 드러났기 때문에, 이를 경계하는 학습효과 또한 적지 않았던 것이 현실이다. 그래서 이 얼치기 주사파 위정자들은 시대착오와 구시대정신이라는 스스로의 모순에 빠져서 현재 혼란스런 자가당착을 범하고 있는 것이다. 문정권의 등장과 함께 자신들이 만들어 놓았던 사회적 진지와 성역화 대상들이 시간이 갈수록 점점 더 실효성을 잃어가고, 혁명의 촛불을 들어야 하는 열성당원들이 어쩌면 혁명의 촛불을 자신들을 향해서 들 수도 있겠다는 절대 절명의 위기의식을 느끼고 있는 것이다.

◇ 대한민국 해체를 통한 자기만족 인가?

그러나 이들의 맹신적 결기는 아직도 높다. 원래 이들은 '무산자(無産者)'를 자처했고, 평생 진드기처럼 정치영역에 붙어서 사회적 지위와 국민의 혈세를 빨아먹는데 이골이 난 사람들이었다. 그래서 설사 혁명이 실패로 끝나서 자신들의 존재가 사라진다 해도 그렇게 손해 볼 일은 아닌 것이다. 오히려 대한민국의 자살을 유도할 만큼 피폐하고 분열되게 만들었으니, 본전치기 보다는 훨씬 재미를 봤다고 여길 것이다. 그래서 그다지 여한은 없으리라 본다.

다만 문제는 눈을 가린 경주마가 앞만 보고 내달린다는데 있다는 사실이다. 이들은 아직도 자신들은 민족공동체 3단계 통일방안에 입각해서 모든 것을 대한민국 헌법을 기반으로 합법적인 정책들을 투사했다고만 주장할 것이다. 또한 남북연합, 또는 남북 간 낮은 단계의 연방제를 실시해서 남북통일의 '대박'을 터트릴 수 있다고 계속 강조할 것이다. 남북의 대화물꼬만 트이면 국내정책은 또 다시 자신들의 의중대로 돌아갈 것이라고 여전히 굳게 믿고 있는 것이다. 아직도 대한민국 무이념의 '사물'들이 자신들이 주장하는 인민민주주의가 자유민주주의, 사회민주주의 등과 비교되는, 민주주의의 한 부분이라고 믿고 있고, 자신들이 추진하고 있는 레닌의 통일전선전술이 남북한 통일을 위한 대화전술 정도로 이해하고 있다면, 자신들이 주장하는 체제전복 전략의 국내적 환경은 여전히 공고한 것이라고 생각할 수도 있는 것이다.

1980년대 이후 북한과 연계된 것으로 알려진 '한국민족민주전선', '조국통일범민족연합', '조국통일민족청년학생연합', 등을 기치로, 2000년대 이후 온라인 세상으로 퍼져 들어간 '통일전선전술' 역군들이 이제는 중공세력과도 합쳐져서 대한민국 사회 내부에 하나의 정당세력을 넘어서는 시민사회 및 정치주도세력으로 확대되어 있다면, 대한민국 체제전복 가능성은 거의 다 여물었다고 생각할 수밖에 없다. 자신들의 뜻대로 하부계층에서의 통일전선전술이 완성되어 이제는 상부계층으로까지 확대되었다면, 체제전복 시나리오는 명실공히 최종단계에 와 있다고 생각할 것이다.

◇ 국민을 기망(欺罔)한 죄, 몰락의 시작

상당히 인정할 수밖에 없는 위협적인 현실이고, 그렇기 때문에 언제든지 주사파 위정자들의 뜻대로 그렇게 될 수도 있을 것이라는 생각도 없지는 않다. 하지만 대한민국 국민들, 그들이 생각하는 무이념의 사물들이, 한강의 기적을 통한 산업화와 이를 바탕으로 민주화를 이룩했던, 자유대한민국 건국의 73년 역사를 '체화'하고 있는, '자유로운 사물'들이란 치명적인 사실을 이들은 간과하고 있는 것이다. 물론 다소 '물신주의'에 빠져있기도 하지만, 오히려 이러한 성향이 자신의 주머니에서 돈 빠져나가는 소리가 들리는 순간부터, 촛불이 아니라 횃불을 들고 문 정권을 응징하려고 나설 준비를 하고 있다는 것을 이들은 아직 잘 모른다.

문대통령은 특별담화를 통해 경제도, 백신도, OECD 최고수준으로 잘 관리되고 있고, 오는 8·15때 흠결 없는 위대한 자신의 자비로 두 전직대통령과 이재용 삼성전자부회장을 사면할 것이라는 암시를 주고 있다. 또 일자리 창출을 위한 디지털 뉴딜정책에 160조를 투자할 것이라고 사기치고, 미국에도 계속 거짓말해서 미북관계와 북핵문제를 북한이 유리하도록 만들어주려는 기만공작을 지속적으로 펴고 있다. 하지만 이제는 때가 너무 늦었다. 문대통령과 주사파 위정자 그대들이 알고 있는 대한민국 무이념의 사물들은 그대들의 위선적이고 기만적인 말 속임수에 크게 분노하고 있다.

그래서 단언컨대, 지금부터 대한민국 자살유도자들의 종말을 알리는 카운터

다운이 이미 시작되었다고 볼 수 있다. 울산시장 부정선거, 탈원전, LH 및 각종 펀드 부정부패문제 등에 대한 재판을 시작으로, 부동산, 가상화폐, 백신수급문제 등으로 인해, 국민적 분노가 정권에 대한 적개심으로 변할 날이 거의 임박하고 있다. 그리고 연이어 닥칠 수 있는 대한민국 거시경제위기로 인해, 내년 3월 대선 이전 자신들의 암울한 현실의 처지와 미래의 희망마저 사라졌음을 눈치 챈 국민들이 문 정권을 향해 '횃불탄핵'을 부르짖을 것으로 본다.

리베르타스, 2021년 5월 18일

달빛 세레나데의 블랙코미디

'내로남불', '자화자찬', '돌려치기'의 달인들.
'달 사보나롤라' 주연, '해 라스푸틴' 조연의 희대의 연극무대!!
연극은 반드시 막이 내려지는 법...

　　대한민국을 새로운 사회적 자연상태로 몰고 가는 얼치기 좌파 선전, 선동가들의 세치 혀는 참으로 현란하기 짝이 없다. 천인공로할 정도의 얼굴이 두꺼운 '후안무치(厚顔無恥)'의 '내공(內攻)'은 참으로 양식과 상식을 가진 보통 인간들을 한마디로 질리게 한다. 이들은 생각을 끊어버린 채, 암기된 강령들을 통해서 '내로남불'과 '자화자찬', 자기잘못을 남 탓으로 '돌려치기'하는 일들을 마치 기계처럼 지속적으로 반복한다. 이 고약한 인간들의 비루한 인간상을 역사 속에서 찾아서 한번 조롱해 보자. 자신들만의 정의와 공정을 강조하는, 사실과 진실을 등진 4차원에서 존재하는 이들에게, 성찰하는 겸손한 인간들의 배려나 온정, 선의와 자비란 있을 수 없다. 왜냐하면 그들이 사는 공간의 의미 (Sign)와 상징(Symbol)은 온전한 세상에서는 결코 통용될 수가 없기 때문이다. 그래서 이들의 언사는 반드시 '희화화'되어야 하고, 멸시와 조롱의 '블랙코미디'로 받아들여져야 한다.

◇ 부동산 적폐들의 적폐 타령

LH공사 직원들의 부동산 부정부패행위들을 뭉개는 文대통령의 언사는, 거짓 선지자로서의 '달'(Moon) '사보나롤라'(Girolamo Savonarola, 1452)를 연상케 한다. 어떻게 자신들이 저질러 놓은 부동산 부정부패 문제를 前 정권들로부터 유래된 '부동산 적폐'라고 뒤집어 씌울 수가 있는가! 뭔가 남들이 모르는 진실이 있는 것처럼 상황을 호도해서, 대통령이란 자가 시치미 딱 떼고 위선적인 얼굴로, 차기정권을 또 다시 정죄하고 있는 것이다. 자신이 얼마나 가소로운 존재로 평가받는 줄도 모르고, 그들만의 새로운 자연 상태에서의 '정의와 공정'을, 재차 국민들에게 억지로 강요하는 '블랙코미디 쇼'를 벌이고 있는 것이다.

하늘로부터의 '불의 심판'이라는 성서내용을 이용해서, 피렌체 시민들을 기만했던 사보나롤라는 거짓말도 너무 많이 하다 보니, 자기 스스로 믿음이 생겨나, 신의 은총을 받은 자신은 절대 불에 타지 않으리라 믿고, 스스로 불속으로 들어가서 타죽는 그런 블랙코미디를 연출했다. 이와 마찬가지로 대한민국의 '달 사보나롤라'도 자신이 타 죽을 지도 모른 채, 그저 누군가가 건네준 A4용지를 자기 최면을 걸면서 열심히 읽는다. "나는 정의와 공정의 화신이며, 이런 위대한 존재를 인민들은 절대로 비난할 수 없다. 나는 '달의 인민'들이 선택한 대한민국의 최고 존엄이다".

대한민국의 '달 사보나롤라'는 요상하고, 기이한, 몽상적인 전설과도 같은 이야기들을 주제로, 언어마술에 걸린 우민들을 대상으로 세레나데를 불러대는데, 뜻밖에도 그 결과가 나쁘지는 않았다. 지난 400년간 쌓아왔던 홉스(Thomas Hobbs)적 '자연 상태', 즉 '만인에 대한 만인의 투쟁 상태'를 극복하기 위한 인간의 위대한 헌신과 노력들을 한방에 무너뜨리고, '달 사보나롤라'의 주술대로, 대한민국이 그가 원하는 나름대로의 '새로운 자연 상태'를 만들어 가고 있는 듯 보이기 때문이다.

◇ **남쪽대통령과 우리나라**

지금까지 '달 사보나롤라'가 현혹한 새로운 세상을 위한 각본들을 한번 열거해 보자! "남과 북의 생명공동체", "한국과 중국의 운명공동체", "촛불혁명의 완수", "좀비민주주의", "주권자민주주의", "생성적 권력", "사람중심의 세상", "모두를 위한 자유", "국민의 삶을 책임지는 국가", "평범한 사람들의 세상", "민중들의 민주화성취", "형식적, 절차적 민주주의를 내버리고, 실질적 민주주의로 나아가자", "남쪽대통령과 우리나라", "민족의 자유", "우리민족끼리", 민족을 통한 한반도평화공동체의 구상", "어떠한 평화도 전쟁보다는 낫다", "종전선언부터 하자", 등등"...

단언컨대, '달의 블랙코미디' 주연인 文대통령 조차도 이런 내용들이 뭔지는 잘 몰랐을 것 같다. 예를 들어, 생성적 권력이 레닌의 '민주집중제'를 의미하고, 실질적 민주주의가 사회주의와 전체주의를 의미한다는 것을 자기 스스로 알았다면, 바보가 아닌 다음에야, 그렇게 대놓고 국민들을 현혹시키는 '여적죄(與敵罪)'를 저질렀을까 싶었다. 바로 자유대한민국이라는 존재 자체를 아예 없애버리고, 정치적으로는 전체주의, 경제적으로는 사회주의로 대한민국을 재창조하자는, 다시 말해 대한민국을 파괴하는 '반역죄'에 해당하는 내용들을, 기자회견

마다, 대국민연설마다, 대놓고 그렇게 순진무구한 얼굴로 했겠는가 싶었다. 그런데 자세히 과정과 내용을 들여다보면, '달의 블랙코미디' 연출가 모습이 뒤에 보인다. 文대통령이 A4용지로 얼굴을 가리고 읽어대었던 대부분의 아리송한 내용들은, 바로 文대통령 자신이 가장 존경한다는 좌파사상가 신영복의 사상과 깊이 접목되어 있음을 알 수 있다. 그러니까 '달의 블랙코미디' 주연 역으로 '달 사보나롤라'를 지정한 것은 바로 이 시나리오를 각본, 연출한 신영복 감독이 직접 배역을 정했다는 것을 알 수 있다.

◇ 죽은 통혁당이 살아있는 대한민국을 공격

'통혁당' 핵심중 한명이었던 신영복의 사상은 정말 그럴싸하고, 또 동화얘기처럼 아리송하다. 그래서 가랑비에 옷이 모두 젖듯이, 조금씩, 조금씩, 인간을 사회주의사상으로 저절로 물들도록 세뇌시키는 엄청난 파괴력을 갖고 있다. 최근 한명숙 전 총리의 범죄를 재심해야한다는 집권여당과 청와대의 집요한 블랙코미디도, 좌파들이 의도하는 통혁당의 정통성 회복과 결코 무관하지 않다. 별다른 의식 없이 블랙코미디를 지켜보는 관중들은 '달 사보나롤라'가 사용하는 언사의 '상징'(Symbol)과 '의미'(Sign)가 너무 달라서, 이를 이해하려면 진정 새로운 국어사전이 필요할 지경인데, 그 새로운 상징과 의미 내에서, '선택적 법적용'이란 '공포'와 '포퓰리즘'이라는 '최면'으로, 새로운 만인에 대한 만인의 투쟁 상황을 창조하고 있으니 그저 놀라울 다름이다.

이제 눈이 2개 달린 정상인들은 이들 눈이 하나 달린 '달 사보나롤라'를 추종하는 세력들이 다스리는 세상에서, 이들의 원칙과 철학을 학습당하는 과정에서 경험하는, '인지 부조화'와 '사회적 아노미현상'을 견디다 못해, 자기 스스로 눈 하나를 찍어내, 비슷한 병신이 되고자하는 또 다른 블랙코미디 현상을 만들어 내고 있다. 서울시장 선거에서 궁지에 몰린 여권이 9회 말 투아웃에서 마지막 역전을 노리고자, 병들어 쉬고 있는 이해찬 전 더불당 대표를 소환했다. 역시 새로 배역을 맡은 후안무치의 '해'(Sun) '라스푸틴'(Grigori Rasputin, 1869)이라는 '요승의 요설'은 또 한번 현란했다.

국토부장관이나 LH공사 사장 등, 이 정권을 책임지는 우두머리들은 청렴하고 문제가 없는데, 밑에서 항상 이런 부동산투기의 문제가 있어왔고, 이는 어제 오늘의 일이 아니었다고 프레임을 짠다. 역시 대단한 '역 프레임' 만들기 '신공(神功)'이 아닐 수 없다. 그 두꺼운 후안무치의 얼굴은 블랙코미디에서 악역을 맡기에는 제격인 것 같다. '해 라스푸틴'은 '달 사보나롤라'하고는 상호 보합 관계에 있다. 물론 신영복 감독이 연출하는 블랙코미디의 왕성한 주연 급 배우들이기도 하다. 이들은 해와 달이 역할과 노력을 같이 합치면, 온 누리를 다시 자신들이 다 장악할 수 있을 것이라고 스스로 최면을 건다. 그래서 그런지, 아직까지 여권에서 누구하나 이의를 제기하는 자가 없으니, 여전히 이들의 '정치 신공'과 '수직적 조직력'은 막강해 보인다.

◇ 피렌체의 청년 마키아벨리(Niccolo Machiavelli)

작은 도시국가들로 둘러싸인 15세기의 피렌체는 항상 프랑스나 스페인과 같은 대국들의 침략에 무방비 상태였고, 주변 공국들 간의 잦은 세력다툼으로 피렌체의 젖줄인 '아르노'강은 늘 피 빛으로 물들어 있었다. 도축된 소와 돼지의 내장들과 함께, 잘려나간 인간의 머리들도 둥둥 떠다니는 처절한 '아르노'강의 현장을 쳐다보면서, "자신의 영혼보다 조국 피렌체를 더 사랑했던" 청년 마키아벨리(Niccolo Machiavelli)는 공화주의적 군주제로 통일된 이탈리아를 꿈꾸었다.

로마의 공화주의를 강조하는 <로마사론>을 쓰다가, 마키아벨리는 갑자기

<군주론>을 집필한다. 운명(Fortuna)을 지배하는 지도자의 탁월함(Virtu), 피할 수 없는 시대정신(Necessita), 사자의 힘과 여우의 교활함, 목적을 위한 속임수와 위선 등, '이탈리아의 통일'이란 '공공선'을 위해 정치를 종교와 완전히 분리하여, 정치영역이 드러내는 특수한 현실적인 영역들을 새롭게 개척해 내었다. <군주론>에 담긴 직접적인 정치적 표현들이 대중의 관심을 잘 끌지 못하자, 시대의 천재 마키아벨리는 시민들의 관심유도와 계몽을 위해, '블랙코미디'를 쓰게 되었다. 불임치료제 '만드라골라'(Mandragola)를 이용해서, 개인들의 사적 이해관계와 상호 얽힌 욕망들을 승화해 낸다. 결국 근대적 군주제라는 '공공선'을 위해, 이런 저런 목적을 가진 사적이해의 존재들이 합심해서, 공공선을 달성한다는 결말을 피력한다. 공화주의를 통해서 귀족적 애국주의를 시민적 애국주의로 변화시킨 당대의 천재 마키아벨리가, 희곡까지 써가면서 시민들을 계몽시키고자 했던 그의 노력은, 죽을 때까지 공화국의 완성을 보지 못했던 마키아벨리의 안타까움과 슬픔으로 후대에 남게 된다.

◇ 위선과 기만, 사기와 거짓말의 '블랙코미디'

'달 사보나롤라'와 '해 라스푸틴'들을 비롯해서, 대중을 이용하거나 기만하고자 하는 모든 '현대의 선동가'(Demagogue)들은 여러 형태로 존재하는 마키아벨리 중 일부분을 반드시 이용한다. 그러나 그 수준은 천차만별이다. 마키아벨리의 '공공선(公共善)'은 통일된 이탈리아공화국에 있었지만, 이들 '달'과 '해'의 목적은 공화주의의 완전한 파괴에 있다. 그러니 '달 사보나롤라'가 불러대는 후 안무치의 세레나데는 오랫동안 대한민국이 쌓아왔던 양식과 상식을 파괴하고, 대한민국이 지켜내어야 할 자유민주주의와 법치를 무너뜨리는 위선과 기만, 사기와 거짓말의 '블랙코미디'일 뿐이다.

결국 '달'의 말로는 '사보나롤라'의 말로로, '해'의 말로는 '라스푸틴'의 말로로, 그렇게 그들이 심은 기만과 위선, 사기와 거짓말 그대로, 그 대가를 치루지 않겠나 싶다. 대한민국 역사 속에 잠시 존재했던, 웃지 못 할 '일개의 블랙코미디'로 말이다.

리베르타스, 2021년 3월 21일

지하정치

화천대유, 대선자금인가?
체제전복 위한 혁명자금인가?

천문학적 기획부동산 자금... 도대체 어디가 끝인가?
상식적인 일반국민, 체제파괴 혁명 사기꾼의 좋은 먹잇감!!
전 조폭 연루설, '그분' 진짜 정체가 궁금하다!

위례, 대장동, 백현동 등등... 성남시가 개입된 기획부동산 이익금이 지금까지 밝혀진 것 만해도 1조 5천억원을 상회한다. '그분'이라 여겨지는 '그분'의 발언처럼, 단군 이래 최대의 공영수익이 아니라, 역사상 최대의 부정부패 스캔들이 되었다. 영화계에서는 벌써 성남시 대장동 개발 건에 영감을 받은 한 감독이 '성남시'가 아닌 '안남시'란 이름으로, 그 분과 비슷한 주인공을 내세워, '아수라'라는 영화를 제작하여 상영됐던 바 있었다. 2016년 9월 28일 개봉했던 영화였지만 무슨 이유에선지 필자도 보지 못했을 정도로 흥행은 그리 좋지 않았다. 그 분의 '대장동사건'이 터진 후에 주위에서 언급되는 '아수라' 영화는 단순 영화가 아니라 다큐멘터리라는 사실을 최근에야 확인했는데, 그 내용은 한마디로 혀를 찰 정도로 '아수라판'이었다.

◇ 보통사람들이 세운 나라, 미국

지구촌 자유민주주의를 선도하고 있는 미국의 경우, 자유민주주의라는 공동체 체제를 확실하게 세우기 위한 체제전쟁 성격의 남북전쟁까지 벌였다. 그 결과 링컨대통령이 미국 자유민주주의의 가장 빛나는 상징처럼 대변되고 있다. 그러나 어찌 한 개인이 그 모든 것을 다 이루었겠는가! 미국이라는 자유민주주의 체제를 확립시키는데 일등 공신은 누가 뭐래도, 서부개척 역사 속에서 미국의 법치를 위해 수없이 죽어나간 연방보안관들과 연방판사들, 그리고 애국심 하나만으로 미국시민의 역할을 다해주었던 평범한 시민으로서의 '배심원'들이었다고 볼 수 있다.

현재 대한민국은 문정권이 들어서서 외교안보, 정치경제, 사회문화, 교육노동 등 모든 분야가 망가졌다. 그 위에 문정권과 생명공동체가 되어 버린 그분이 올라서서, 합법적으로 법치와 시민의 자유를 사라지게 만드는 완벽한 아수라판을 만들었다. 그래서 그런지 요즘 많은 수의 대한민국 시민들이 흘러간 웨스턴 마카로니 '서부극 영화'를 즐겨보고 있다는 얘기를 자주 듣고 있다.

혁명을 빙자한 도적떼와 화적떼가 창궐하고 있는, 양식과 상식, 법과 제도가 벼랑 끝에 서있는 작금의 대한민국 사회에서 자신의 목숨을 초개와 같이 버리면서, 흉악한 악당들을 쳐부수고 법과 제도, 정의와 질서를 실현시키는 영화 속 연방보안관들을 보고 있노라면, 상대적인 보상심리와 희열감이 대단히 커지라고 보여 진다. 그러나 이보다도 좀 더 구체적으로 미국의 제도를 공고화하고 발전시킨 배심원제도와 관련된 최근 영화들을 추천해 보고 싶다. 한편은 "타임투 킬"(Time to Kill)이며, 다른 한편은 존 그리샴의 베스트셀러, "사라진 배심원"(Runaway Jury)을 영화화한 "Runaway"이다.

무작위로 뽑혀온 배심원들 중에 생업이 너무도 바빠서 이를 피하려고 이런, 저런 핑계를 대는 사람들이 많다. 그러나 이 두 영화에서 재판을 담당했던 판사들은 이런 이기적인 배심원들에게 분명히 일갈한다. "당신들, 지금이 20세기니까 내가 말로 하지, 100년 전에는 이런 식으로 시민의 의무를 져버릴 경우, 연방보안관이 바로 쏴버렸어!!" 라고... 이 영화들은, 자유민주주의라는 마치 물과 공기와도 같은 공동체 체제야말로 독일의 침공에 맞서서 처칠이 영국국민들을 종용했던 "피와 눈물, 땀과 고통"을 통해서야 비로소 공고화되고, 발전해 나갈 수 있다는 중요한 사실들을, 극적인 범죄사건과 그 재판과정들을 통해서 시민들에게 암시하고 있다.

◇ 관직 공유카르텔의 성남시

한국영화 '아수라'에서는 그분이 조직폭력배를 동원한 부패정치꾼으로만 조명된 반면, 민주노총의 핵심기둥 중 하나인 소위 '경기동부연합'이란 조직과 운동권 주사파 (NL)출신 정치꾼들과의 연관성에 대해서는 전혀 언급하지 않고 있다. 새롭게 알아야 할 점은 그분이 2010년 성남시장으로 당선될 때, 당시 성남시와 용인시를 거점으로 하던 노동단체들의 압도적인 지원을 받았던 민노당 후보와 후보 단일화를 이루었다는 것과 이후 이들 세력들이 성남시 인수위원회에 대거 포진해, 향후 10년 이상 그분 주변의 주요 관직들을 독식했다는 사실이다.

원래 철거민들로 형성된 성남시는 이석기를 중심으로 경기동부연합을 움켜지고 있던 외대 용인캠퍼스 출신 주사파 세력들의 숙주지역이었다. 특히 통진당 해산 후 고립된 주사파 출신 노동운동권 세력들은 성남시를 완전히 자신들 손아귀에 넣었다. 이 세력과 연합한 그분의 주위에는 '대장동 사건'의 핵심인물인 정진상(남총련), 경기정책연구원장 출신 김OO(한총련), 경기농축산원장 출신 강OO(한총련), 경기갈등조정관 출신 구OO(한총련), 경기도지사 선거간사 출신 이OO(삼민투) 등등... 수많은 주사파 운동권출신들이 '관직카르텔'을 형성해서 포진했다고 '주간조선'은 밝히고 있다. 최소 핵심운동권 세력 14명 정도가 성남시 인수위를 통해 내부를 장악했고, 그 후 이들의 구체적인 정치행보는 핵심인물 몇 명을 제외하고는 수면 위로 잘 나타나지 않고 있다.

과거 통진당 사건에서 드러났듯이, 이들은 남북관계를 일심동체의 부부관계로, 김일성을 영원한 '민족의 태양'으로 숭배했던 사람들이다. 며칠 전 그분이 과거 자신이 저질렀던 4건의 범죄 사실들은 사회정의를 실현하기 위해 불가피하게 저지를 수밖에 없었던 일로 설명했듯이, 이들은 대한민국 체제전복이란 '대의'를 위해서는 모든 수단과 방법들이 합리화되어야 한다고 굳게 믿는 부류들이다.

◇ **혁명의 대의(大義)를 위해서라면...**

한번 돌이켜보자! 소위 '미투'사건의 가해자 대부분은 운동권 출신들이었다. 부정, 부패, 사기, 도적질, 성범죄 등등 이런 것들이 항시 떠나질 않았다. 만약 여기에 '살인행위'가 추가되면, 이는 도스토예프스키의 명작소설 <악령>에 나오는 주인공인 '스타브로긴'이 자행했던 극악무도한 행위들과 정확하게 동일시된다. 혁명가 교리문답을 쓴 당시의 살아있는 악령이었던 세르게이 네차예프(Sergei Nechaev)도 혁명이라는 대의를 위해서는 혈육관계를 이용하는 것을 포함해서, 모든 수단과 방법을 가리지 않고 철저하게 이용할 것을 강조하고 있는 것도 지금과 똑같다.

그분이 문정권의 정권연장을 이어줄 수 있는 여당의 대선후보로 선출되는 과정에서 대장동사건이 터졌다. 그럼에도 불구하고 문대통령은 별다른 소리 없이 그분에게 '축하 메세지'를 보내고, 모든 정부부처를 다 동원해서 그분을 적극 옹위하고 나섰다. 왜 그렇게 해야만 했을까? 이미 청와대 주사파 위정자들이 남과 북을 한 몸인 유기체적 생명공동체로 묶어 놓았듯이, 그분 옆에 포진한 주사파 측근들이 알게 모르게 그분과 청와대를 한 몸으로 엮어 놓았을 개연성이 아주 높다. 이미 민노총의 주력이 되었고, 성남시와 경기도청에 포진한 이들은 남과 북을 일심동체인 부부관계로, 김일성을 민족의 태양으로 떠받드는 그런 세력들이었으니 말이다.

◇ '북–중–문–이' 의 체제전복전(體制顚覆戰)

그렇다면 '조' 단위를 훌쩍 넘긴 부동산 투기자금의 확보는 사사로운 개인과 집단 간의 부정부패 문제를 넘어서는, 대한민국 체제전복을 위한 '혁명자금'이 될 가능성도 그만큼 높다. 현재 대장동사건과 연관된 상황들을 그래도 열심히 추적하면서, 그 뿌리를 파고 있는 자유애국언론들은 한 걸음 더 나가서 남과 북의 이념대결 차원에서 이 사건을 새롭게 분석해 내야만 한다. 따라서 그럴싸하게 중우정치, 우민정치, 금권정치, 도둑정치 등등 이런 말들로 아수라판 현상을 설명하지 말고, '체제전복전'의 차원에서 그분과 문정권 사이에 이루어져 있는 '생명공동체'로서의 '합심일체' 전략, 전술을 분석해 내어야 한다는 것이다. 그래야만 지하정치를 통해 외교·안보와 국내정치권을 완벽하게 잠식하고 있는 이들의 은밀한 삼각함수를 밝혀낼 수가 있는 것이다.

"북–중–문–리"로 이어지는 대한민국 체제전복전이 완벽하게 종식되어야만,

비로소 자유대한민국과 우리의 자녀들이 안전하게 미래를 꿈꾸며 살아나갈 수 있는 환경이 마련된다는 사실을 한시도 잊지 말아야 한다.

리베르타스, 2021년 10월 19일

'사람'과 '사람 중심의 세상'에 숨겨진 비밀

**북한의 백두혈통과 남쪽의 문 정권...
군과 관료, 시민사회 부패는 국가공동체 해체로 이어져..
청년 이승만의 초심(初心)과 건국정신만이 대한민국 살리는 길!**

◇ '사람'과 '인간'

순수 한글인 '사람'이란 단어는 세종대왕의 훈민정음에도 등장한다. 원래 '삶'에서 유래된 의미로 '사는 것을 아는 존재' 정도로 사람에 대한 풀이가 널리 인식되고 있다. 또 다른 순수 한글인 '마음'이란 단어가 항상 사람이란 단어와 붙어 다닌다. 마음의 파생어로는 '맞다'라는 동사가 있다. 다시 말해 '옳은 것을 옳다'고 정직하게 얘기하는 '생각' 정도로 나름 해석해 볼 수도 있겠다.

사람과 비슷한 뜻의 한자어로 '人間'이 있다. 인간은 '인생세간(人生世間)'이란 한자성어의 준말이기도 하다. '생각하는 존재들이 살아가는 모든 세상'을 말하는 것이다. 한글로써 의미와 뜻이 비슷한 사람과 인간을 영어로 표현해 보면, 상호 간의 의미와 뜻이 상당히 달리 나타난다. 사람은 'Man'이고, 인간은 'Human'이다. 전자는 원초적이고 동물적인 오만함이 느껴지지만, 후자는 뭔가 미성숙한 것처럼 보이지만, 겸손하고 온정적인 따뜻한 느낌이 있다. 또 전자는 신의 의지를 역행하는 존재로 여겨지지만, 후자는 신의 의지를 수반하는 존재로 받아 들여 진다.

동양철학의 중심인 공맹사상(孔孟思想)에서는 올바른 인간이 되기 위해 두 가지 사안을 필히 수양해야 한다고 강조한다. 하나는 '인(仁)'이며, 나머지는 '서(恕)' 이다. 이 두 한자를 풀이하면, 두 사람이 모이면 (人 + 二) 반드시 참을 '인'이 필요하며, '恕'(如 + 心) 즉, 상대의 처지를 이해하는, 사려 깊은 '배려'의 마음이 없이는, 모든 인간관계가 위태로울 수밖에 없다는 주장이다. 동서를 막론하고 '사람' (Man)이란 단어에는 뭔가 상징적이며, 종교적인 색채가 강하다. 사람이 살면서 생존을 영위해가는 힘이 '생명'이라면, 이 생명이란 단어의 근원은 '사람'이란 단어와 함께, 모든 동서의 종교적 신화들과 밀접하게 접목되어 있다. 그리고 그것은 '사람'이 '사람'을 통치하는 권력개념과도 긴밀하게 연관되어 있다. 멀리 갈 것 없이 북한의 '백두혈통'들은 자신들이 한민족을 대변하는 단군의 후손이자, 그의 직계자손임을 강조하고 있다.

◇ '메시아' 와 '어버이 수령'

하느님의 아들 환웅이 땅에 내려와, 사람이 되고자 하는 곰을 잉태케 해서 얻은 자손이 바로 단군이다. 하늘에서 동물밖에 없는 세상에 '사람'을 만들어 살게 했는데, 이 사람은 사람의 아들이자, 또한 신의 아들이 되어버렸다. 성경에도 사람의 아들이란 말이 나온다. 인자로써 완전한 신성과 인성을 가진 사람을 일컫는다. 복잡하고 아리송한 종교 속에 포함된 사람의 의미는 바로 그 사람이 인류를 구원할 '메시아'라는 뜻을 공통적으로 담고 있다. 이는 곧 사람의 아들인 메시아를 통해, 신과 사람의 관계가 어버이와 아들의 관계로 승화되는 것을 의미하기도 한다.

북한의 김일성이 만들어 낸 주체사상에는 이런 내용들이 다 들어있다. 단군의 직계자손이며, 메시아로서 역할을 담당하는 존재, 인민을 다스리는 권력의 주체로써, 하늘과 땅을 이어주는 만백성들의 어버이 수령이란 존재의미가 반복적으로 담겨져 있다. 김일성의 친모인 강반석과 목사였던 외삼촌 강양욱으로 이어지는 김일성 집안내력은 기독교적 사상배경을 품고 있고, 기독교적 메시아 사상이 바로 '주체사상' 안에 혼재되어 있다. 위대한 민족의 태양이며, 한민족을 위한 어버이 수령의 탄생을 돕는 거룩한 신화로 자리매김하고 있는 것이다. 그러니 운동권출신으로 북한의 주체사상을 신봉했던, 현재 청와대를 장악하고 있는 주사파 위정자들의 인식 속에는 '사람'이란 일반인들이 얘기하는 동서양의 철학 속 그 '사람', 다시 말해 인간으로서의 사람은 존재하지 않는다. 다만 그들이 신봉하는 진실이 드러내지 않도록, '사람'이란 명칭이 주는 모호함으로, 대한민국 국민들을 지속적으로 기만하고 속일 뿐이다.

◇ 문 정권의 '내로남불' 과 총체적 '부패상'

지금까지 文 정권이 보여주었던 권력지배와 통치양상을 자세히 들여다보자. '사람 사는 세상', '사람 중심의 세상'을 줄기차게 부르짖었던 文대통령의 말 속의 그 사람은 바로 文대통령 자신이었다. 지금까지 다른 청와대 주사파 위정자들이거나, 행정 권력을 휘두르는 그 어떤 권력기관의 수장도 '사람'이란 단어를 함부로 언급하지는 못했다. 왜 그랬을까? 그것은 북쪽의 '사람'을 받들 수 있는 남쪽의 유일한 '사람'이 文대통령이었기 때문이었다. 그래서 그런지, 이 위대한 무결점의 '남쪽 사람'은 지금까지 마치 유체이탈을 한 것처럼 당위적이고 좋은 얘기만 국민들에게 발표해왔다.

사실과 진실을 모두 왜곡한 채, 대한민국 국민들이 이상하게 생각하던지 말든지, 위대한 남쪽 사람으로서, 마땅히 해야 할 얘기들만 '내로남불'의 얼굴로, 기계적으로 반복해서 쏟아내었던 것이다. 왜 文대통령이 가는 곳마다 文의 추종자들이 담아내는 낯 뜨거운 찬사들과 이를 기꺼이 받아들이고 만족해하는 비상식적인 文의 행위들이 언론기사를 장식했을까? 글쎄 굳이 100% 맞지는 않는다 하더라도, 아마도 8~90년대 운동권시절 철저하게 몸에 익혔던 주체사상의 강령들이 작금에도 무의식적인 행동으로 반영되어 나타나는 것이라는 심증을 지울 수 없다.

이들 文 정권 주사파들도 내심 당면한 현실적 모순에 갈등하고 있는 것이 분명하다. 지상낙원이어야 할 북한의 처참한 현실이 그렇고, 제국주의 압제 하에 시름해야 할 대한민국의 위대한 발전상이 그렇다. 그래서 복잡한 혁명과 사람에 대한 생각은 대충 접고, 이참에 장악한 권력을 토대로 노략질을 일삼아 새로운 권력자와 자본가로 변신하기로 작정한 얼치기 위정자들이 대부분이다.

통치위정자로부터 말단 시민에 이르기까지 온갖 부정부패가 만연해 지다보니, 어쩌면 이들 주사파 운동권 스스로도 대한민국 체제파괴의 길이, 우연찮은 혁명의 길이 다시 보이는 지도 모르겠다. 왜냐하면 국가 내에서 군과 관료, 그 밖에 정치가와 시민사회 모두가 부패할 경우, 그 어떤 체제도 의미가 없어지고, 극심한 혼란 속에서 궁극적으로 국가공동체가 망하게 되기 때문이다. 부패에 절망한 국민들의 의식은 곧 바로 '무정부상태'로 나아가기 쉽고, 망가진 대한민국 속에서 절망한 국민들은 또 다른 메시아적 지도자를 찾게 되어 있다. 대한민국 헌정사 73년은 제쳐두고, 가장 혼란스럽고 어려웠던 시절이었던 해방정국의 상황으로, 작금의 상황이 되돌아간 것과도 같은 황망한 처지가 된 것이다. 그래서 文대통령과 주사파 위정자들에게도 김일성을 중심으로 하는 북한과의 단일연대를 도모할 수도 있는, 또 다른 기회들이 찾아올 수도 있다. 반면에 대한민국을 살리려는 자유애국시민들은 건국대통령 이승만의 초심으로 되돌아가야하는, 73년의 헌정사를 거스르는 기가 막힌 작금의 상황이 전개되고 있다.

◇ 청년 이승만의 '건국정신(建國精神)'으로 무장해야

지금 자유대한민국, 자유애국시민들에게 이승만 대통령과 같은 영웅은 기대할 수 없다. 그러나 그가 만들어 놓은 자유대한민국 헌정 73년이란 격동의 시대를 살아왔던, 삶으로써 체화된 헌정질서가 자유애국시민들의 심장 속에 또렷이 남아있다. 이것이 자유대한민국에 남은 마지막 희망이기도 하다. 대한민국의 3권과 시민사회를 장악하고 있는 남쪽의 그 '사람'은 '광주'와 '4·3'이 성역화 되었듯이, 앞으로도 지속적으로 모든 반대한민국·반체제 공산투쟁들을 독립운동 내지 민주화 운동으로 포장해서 대한민국을 질식시킬 것이다. 그리고 그 힘으로 '미제'와 '일제'를 몰아내고, 남북한 국가연합이나 연방제를 도모하려 할 것이다.

보궐선거의 승리에 취해서 정신을 차리지 못하는 '국민의 힘'이라는 제1야당과, 그래도 백척간두의 대한민국을 구하려는 결기로 당차게 나서고자 하는 양식과 상식이 살아있는 자유시민들은 대한민국 체제와 관련된 좀 더 깊은 이념적 사고가 긴요하다. 이와 함께 해방 후 완전히 좌경화된 반도의 남쪽을 자유대한민국으로 이끌었던 이승만의 초심과 그의 건국정신을 다시 한 번 깊이 되새겨야 한다. 자유대한민국을 다시 건국하겠다는 굳은 결의가 없고서는, 결코 당면한 이 난국을 헤쳐 나갈 수 없다는 사실을 말이다.

리베르타스, 2021년 5월 8일

장군(將軍)의 귀환(歸還)?

어떤 장군인지 제대로 알고는 있는지..
언론은 사실과 진실을 보도해야 함에도..
귀환을 선전하는 정부광고 포스터에 모든 진실 담겨있어!

대한민국 언론들도 문정권처럼 돌려차기식 간접화법의 홍보를 하려고 하는지, 매일 아프카니스탄 탈레반의 카불 점령과 이어지는 난장판사회에 대한 보도에만 여념이 없다. 아마도 문정권이 대대적으로 홍보했던 '홍범도 장군의 귀환'에 대해서는 당시 상황과 진실이 어떻고, 역사와 공산주의가 어쩌고, 하면서 짚어보려는 시도보다는 그냥 뭉개기로 한 것 같은 느낌이다. 그래도 일부언론에서는 탈레반과 북한을 빗대면서 슬쩍 제2의 사이공 얘기도 나오고, 이에 견주어 대한민국의 주적이 사라진 안보위기 상황과, 남북 생명공동체를 강조하는 문정권의 대한민국 역사에 대한 위선과 기만, 사기와 거짓에 대한 그럴듯한 암시를 표명하고 있는 듯 보여 그나마 다행스럽기도 하다.

일제시대 봉오동전투와 청산리전투에서 주도적인 역할을 담당했던 홍범도 장군의 유해가 대전 현충원에 안장되기 위해, 대한민국 건국 후 73년 만에 카자흐스탄에서 고국으로 돌아왔다. 김일성내각에서 장관을 역임했던 독립운동가 김원봉에 이어, 제2탄 형식의 선전·선동 형태로, 대한민국의 헌정질서와 독립, 건국역사를 완전히 무시하는 역사왜곡과 사기의 민족자주 선동, 선전극이 문정권에 의해서 또 다시 대대적으로 자행되고 있다.

작년 6·25 참전용사 유해 송환식에서는 갑자기 대한민국 애국가 대신 북한 애국가 전주가 슬쩍 나왔고, 작금에 국정원 원훈석과 경찰청 표지판에는 통혁당의 신영복 글씨체가 사용되고 있다. 이렇듯 여기저기서 가랑비에 옷이 다 젖도록 민족생명공동체를 앞세운 공산주의자들에 대한 보이지 않는 찬양과 종북의 대북공조 또한 전방위적으로 이뤄지고 있다.

◇ 자유시사변에서 대한독립군을 괴멸시킨 무리들

'장군의 귀환'이란 엄청난 제목에 나타난 홍범도 장군의 포스터는 1922년 '자유시'(스보보드니) 참변 이후 조선독립군을 와해시키고, 고려공산당을 소련의 적군에 가담하게 만든 홍범도장군을 치하하기 위해 레닌이 하사한 군복과 총을 옆구리에 찬 채로 모스크바에서 찍었던 사진을 그대로 실었다. 그러니까 문정권이 대대적으로 홍보하고 있는 이 사진에 홍범도 장군에 대한 모든 사실과 진실이 전부 담겨져 있는 것이다. 현재 레닌으로부터 하사받은 여러 부속품들은 사라지고 없고 권총집만 남아있다. 그러나 그때 그 생생한 기록들은 모두 살아남아서 홍범도장군의 공산주의 행적을 그대로 나타내고 있다. 자유시에서 적군에 가담하는 것을 거부했던 조선독립군들을 포위해 완전히 궤멸시켰던, 러시아 적군 제29연대와 조선자유대대의 전투에서 홍범도장군이 직접 개입했는지 여부는 확실치는 않다. 그러나 여러 가지 간접증거들을 종합해 보면, 홍범도장군의 가담설이 상당부분 진실로 드러나 있다.

공산주의자들을 배척하고 순수한 민족차원의 독립운동을 했던 윤봉길-이봉창의사, 그리고 홍범도와 함께 청산리전투를 승리로 이끌었던 김좌진 장군 등의 유해는 해방 후 바로 고국으로 돌아왔고, 건국최고훈장을 수여받았다. 그러나 홍범도장군은 1962년에서야 그의 순수한 독립운동만을 인정해, 2급 수준의 건국훈장을 수여했었다.

1931년 만주사변이후 창설된 만주국은 스탈린의 소련을 위협했고, 연해주 등지에서 활동하는 조선독립군 및 일본군 밀정사이에서 벌어진 암투는 점점 더 치열해져 갔다. 그런 와중에 스탈린은 1937년 갑자기 연해주에 거주하고 있던 조선동포 30만명을 중앙아시아로 이주시키는 명령을 내렸다. 그렇게 연해주 한인들은 하루아침에 중앙아시아 각지로 흩어져 동토에서 죽음의 공포와 싸우게 되었다. 당시 카자흐스탄 지역으로 추방되었던 홍범도 장군은 그 지역 고려인들의 정신적 지주가 되었고, 동토에서 살아남았으나, 1943년 사망했다. 만약 그가 좀 더 생존해서 해방을 보고 공산주의자 김일성과 서로 연결되었더라면, 6·25전쟁 이후의 평가는 지금보다 훨씬 참담한 처지에 놓였을 수도 있었을 것이라고 추정해 볼 수 있다.

◇ 광복절 기념행사 국기 옆에 나란히 걸린 한반도기

대전 현충원에 안장하기 위해서 묘역을 정리하는 16~17일 양일 동안 문정권은 홍범도 장군에 대한 국민애도기간을 설정하고, 대대적인 국민분향소와 온라인추모공간을 설치했다. 수많은 지자체단체장들이 이런 선전·선동에 동조하고 있고, 광복절 기념을 위해 걸린 태극기 옆에 생뚱맞은 한반도기들이 함께 펄럭이게 만들고 있다. 더불어민주당 소속 의원들이나 지자체단체장들은 이제 그 내면을 다 알고도 남으니까, 홍범도장군 추모에 열을 올리는 것이 전혀 낯설지는 않다. 그러나 북한을 주적으로 평생을 군에 몸담았던 육-해-공군의 일부 장군들조차 이런 민족적 낭만주의에 빠져서, 대한민국 체제와 헌정질서를 부정하는 '하나의 민족'이란 미명 아래, 한반도기를 함께 흔들고 있다는 것이 바로 벼랑 끝에 선 대한민국의 적나라한 현실을 대변하고 있다.

사자(死者) 명예훼손으로 고발된 전두환 전 대통령은 현재 고령의 나이에 지쳐있는 모습을 국민들에게 보여주는 반면, 엄청난 사기극이 곧 밝혀질 김원웅이라는 광복회장은 아직도 기세등등하게 '친일팔이'에 몰두하고 있다. 그는 광복절 기념식사에서 "이승만은 친일파고, 박정희는 민족반역자며, 전두환은 6월 민중항쟁으로, 박근혜는 촛불혁명으로 무너뜨린 위대한 "우리나라"를 민중들이 만들어 가고 있다"고 누구 보란 듯이 악을 쓰고 있다. 그리고 이를 흐뭇하게 지켜보는 문대통령의 미소야말로 마치 세 개의 눈과 다섯 개의 발, 두 개의 뿔을 가진, 신들조차도 물러서게 만들고, 울던 아이들도 곧 바로 울음을 멈추게 만든다는 희랍신화의 '종말의 사도'를 너무나도 닮아있는 듯 보인다. 어둠의 시간이 너무도 깊게 느껴진다. 아마도 이제 곧 새벽이 올 것을 알기 때문이 아닐까...

리베르타스, 2021년 8월 18일

자유의 가치가
전체주의의 노예가 된다면...

임기말 대통령의 엽기적인 지지율과 드루킹의 추억
'세상을 어떻게 바꿀 것인가'라는 마르크스의 물음에...
유사 전체주의를 꿈꾸는 자들의 종착역은?!

대한민국 국민들이 하나가 되는 올림픽의 함성조차도 사라진, 그야말로 한번도 경험하지 못했던 이상한 시대가 되었다며 가깝게 지내는 지인이 다급한 목소리로 물었다. 과연 대한민국 공동체에 대한 구심력이, 다시 말해, 체제에 대한 애착심이 이 정도로 타락하면, 향후 유사전체주의 사회가 곧바로 도래하는 것 아니냐고 말이다. 그러고 보니, 대한민국 월드컵 4강 신화를 만들 때의 함성, 올림픽 금메달을 향한 국가대표 선수들의 열정에 호응해 왔던 과거의 대한민국 국민들의 애착과 열정이 분명히 달라진 것은 틀림없어 보인다. 이렇게 변한 배경과 함께, 달라진 국민의식과 문정권이 뿌리 깊게 심어놓

은 종중(從中), 종북(從北)의 외연 확장이, 사회저변에서 너무나도 확연하게 작동하고 있는 것 같아 보인다.

◇ 또다시 불어대는 남북한 평화쇼

이러고 보니, 지금까지 성실하게 자신의 삶을 성공적으로 살아왔던 모든 대한민국 국민들이 축척해 왔던 자본과 지위, 나름대로의 자긍심과 명예가 하루 아침에 나락으로 떨어지고, 차세대의 미래가 망가지는 현실적인 걱정을 하지 않을 수 없게 되었다. 또 다시 '민족은 하나'라는 관념 위에 최근 불어대는 남북한 평화쇼와 수면 밑에서 진행되는 유사전체주의를 향한 법과 제도의 타락, 그리고 이를 이용한 체제 전환 시도들이 궁극적으로 개인의 자유를 말살하고, 가족 간에도 이념의 벽이 가로막는, 북한과 유사한 지옥 같은 전체주의 세상이 올 수 있지 않을까 하는 생각들로 밤잠을 설치는 국민들이 넘쳐난다.

왜 그렇게 생각하게 되었느냐는 필자의 질문에 지인이 가장 핵심적으로 지적한 사실은 현재 나타난 바, 대한민국의 여론조사와 통계 등이 완전히 조작되는 세상에서 앞으로 다가오는 대선도 제대로 된 선거를 치루지 못할 것이라는 점이 핵심이었다. 기실, 선거조작이나 공작에 의해서 정권교체가 실패할 수 있다는 우려와 걱정이 광범위하게 퍼져 있다. 여기에는 언론과 시민사회, 야당 측 대선후보들의 결기가 지나치게 타협적이며, 온정적이란 국민적 배신감도 적지 않게 작용하고 있다고 봐야 한다.

◇ 엽기적인 文 지지율과 드루킹의 추억

역사상 가장 악랄한 군주정 또는 전제정이든 간에, 인간의 의식주 행위 자체가 인간의 '자유의지'와 연관되어 있기 때문에, 나름의 모순된 "틈새자유"는 항상 존재했다. 그러나 가장 불행하고 불쌍해 보이는 자유의 축소는 바로 공화주의와 자유주의를 기초로 번성했던 한 사회가 급작스럽게 전체주의적 상황으로 바뀌는 세상에서 보여 지는 제 현상들이다. 환언하면, 부자로 살다가 이것저것 다 빼앗기고 억압받는 노예로 전락하는 그런 처지가 되는 불쌍한 상황을 말하는 것이다. 심리적으로 가장 비참한 노예의 인생이 되는 것이 바로 인간이 느끼는 최악의 지옥인 셈이다.

지난 세월 대한민국 대통령들의 임기 말 지지율을 상기해 보면, 대부분 20% 내외를 기록했다는 것을 쉽게 알 수 있다. 그러나 현재 문대통령의 지지율은 지난 대선에서 자기가 확보했던 41%의 지지율을 넘어서는 것으로 보이는 수치가 계속되고 있다. 정책실패와 부패, 체제 타락과 체제변형에 물들은 난감한 정치적 국면에서의 지지율이 이 정도라면, 아마도 상식 있는 국민이라면 상상하기가 참으로 힘든 사례다.

최근 국민을 탓하고 야당을 겁박하는 정부여당의 자세가 선거 국면을 맞이해서 조금 누그러지고, 뭔가 겉으로는 태연한척 자연스럽게 행동하는 것 같다. 하지만 그 아리송한 언사의 내면에는 여전히 북한식 제도를 추앙하는 유사전체주의가 착착 진행되고 있다는 그들만의 자신감과 이를 지켜보는 국민들의 우려가 뒤범벅이 되어 있다고 보여 진다.

사회문제를 지적하고 국민들의 올바른 인식제고에 기여해야하는 언론, 특히 주요 공중파 방송 3사는 먹방, 예능, 노래자랑 등으로 국민들의 정신을 형해화시킨 지 옛날이다. 정부여당은 말로만 섬기겠다는 우렁찬 기만 속에, 진작 국민들의 따가운 비평에는 귀 막고 눈 막은 지 오래다. 그저 눈앞의 이익을 위해 정권을 미화하는 마술피리의 역할을 담당해 왔고, 앞으로도 눈치껏 그렇게 하려고 하는 것처럼 보인다. 이런 언론의 어용(御用)성향은 야당조차 연성화시키는데 크게 성공했다. 시대변화를 화두로 등장한 30대 제1야당 대표는 탈이념을 부르짖으며, 자신이 누구를 대표하고 있는지도 모른 채 헤매고 있는 모습이니 기가 찰뿐이다.

◇ **닥치고 공격, 후퇴는 곧 죽음**

국민경제가 어찌되던 간에 탈원전, 소득주도 성장, 친환경산업, 부동산 정책 등에 편승했던 어용 시민단체 및 중소기업계열들은 이제 대한민국 경제의 당당한 기득권층으로 등장했다. 이들이 만들어 놓은 대한민국 이익카르텔은 전국 지자체장들을 통해 협동조합화 된지 오래다. 이런 상황에서 돌이켜보면, 세간을 뒤집어 놓은 펀드사기와 부동산 부패행위는 경제적 범죄행위를 넘어, 도덕과 제도가 무시되는 대한민국 체제파괴를 위한 반역조직에 대한 그들의 보상 개념으로 이해되었고, 실질적인 조직들에 대한 보상은 진작에 다 이루어 졌는지도 모를 일이다.

이제 대선을 위한 자금, 조직, 무조건적인 운동권이념으로 무장한 '닥공(닥치고 공격)'의 문정권이 그나마 남아 있는 비판언론들을 옥죄고, 코로나를 빙자한 정치공학 포퓰리즘으로 국민들의 정신을 더욱 몽롱하게 만들면, 내년 대선도 자신들이 지원하는 집권여당의 후보로 충분히 재집권하리라는 정권방정식이 무르익었다는 몽상 속에서 나름 크게 자만하고 있음직하다.

◇ **세상을 어떻게 돌려놓을 것인가...**

마르크스는 물었다. 세상을 '어떻게' 바꿀 것인가! 라고. 그런데 문정권 위정자들에게는 '어떻게'(How)라는 단어는 없다. 그냥 눈을 가린 채 무조건 '닥공'이다. 그래서 대한민국이 다 망가졌음에도 감출 수 없는 자신감에 찬 전체주의 권력형 '닥공'을 끊임없이 시도하고 있다. 이런 자신감은 과연 어디서 나오는 것일까? 이들도 '사즉생(死卽生)'의 이순신 리더십을 참고하고 있는 듯, 양식과 상식을 가진 일반 국민들은 도저히 이해불능이다. 그래서 한편으로는 무섭기도 하다. 모든 통치의 정통양식을 뭉개면서 슬금슬금 북한처럼 되어가는 문정권의 끝은 과연 어디일까… 대한민국은 다시 일어설 수 있을까… 잠 못 이루는 걱정과 우려가 꼬리에 꼬리를 문다.

  눈물겨운 노력과 열정으로, 올림픽에서 선전하고 있는 대한민국 태극전사를 비롯한 국가대표 스포츠영웅들의 '개인과 조국을 위한 헌신'이 그나마 위안이 되는 요즘이다…

리베르타스, 2021년 8월 4일

촛불정권의 위선과 기만,
이런 것이 'K-리더십' 인가?

공산주의자들의 위선과 기만은 이미 역사 속에서 입증!
정치는 결과에 책임지는 행위, 도덕적 심판으로 단죄할 수 없어!
유권자의 책임과 소명은 올바른 정치지도자를 선택하는 것!

변이 코로나바이러스의 창궐 속에서 온통 나라가 무너지는 소리들이 여기저기서 터져 나온다. 청해부대 장병들의 코로나 확진 사태에 대해서 엉뚱한 변명과 자화자찬으로 일관하다가, 빗발치는 국민들의 분노가 두려워서인지 문대통령은 사건발생 8일째에 와서야 슬그머니 자신의 트윗 계정에서 대국민 사과 비슷한 것을 언급했다. 하지만 연이어 터져 나온 드루킹 사건의 김경수 경남지사에 대한 대법원 확정판결에는 하나같이 침묵으로 일관하고 있다.

◇ 선거·여론공작은 현재 진행형

치명적인 선거공작이라는 경천동지할 현안에 있어서는 친문 성향의 유튜브 방송인들과 여당 국회의원들에게 모든 뒤 처리를 맡기고 있는 형국이다. 이런 상황임에도 문대통령 국정운영에 대한 여론조사 지지도가 40%~45%까지 올라가고 있다는 어처구니없는 결과를 내놓고 있으니, 가히 드루킹과 같은 공작들이 지금도 작동하고 있다는 의심을 지울 수 없다.

문대통령 특유의 '내로남불' 지도력은 이제 전 세계에서 유명하다. '내로남불'(Neronambul)이란 새로운 단어가 웹스터 단어사전에 추가되면서, 전 세계인들의 정치적 조롱과 냉소가 그들 일상의 재미를 더해주는 아주 좋은 가십거리가 되었고, 당연히 문대통령과 대한민국은 수많은 정치풍자 코미디언들의 재미있는 소재거리가 되어버렸다. 인류역사의 발전단계를 이해하고 진실과 사실에 입각한, 양식과 상식을 가진 지구촌의 지성인이라면, 이 희한한 아시아의 한 지도자가 품어내고 있는, 웃지 못 할 코미디 같은 자화자찬의 거친 아우라와 자기합리화에 빠져있는 그의 몽상적인 '강철 멘탈'에 경이로움을 느끼지 않을 수 없을 것이다.

반면 지도자의 위선과 기만, 거짓과 사기극에 속아온, 그래서 사회 속에 '신뢰(Trust)'라는 단어를 찾아 볼 수 없게 되어버린 대한민국 국민들로서는, 국제사회로부터 받는 이런 경멸과 조롱석인 대접을 허탈함과 모멸감으로 그냥 지켜볼 수밖에 없게 되었다. 지난 세월 한국민들은 정치보다는 경제에 각별한 관심을 보였고, 그래서 일상적 생업에 바빠서 정치지도자에 대한 어설픈 선택이 지금과 같은 재앙(災殃)을 초래하게 될 줄은 아마 꿈에서도 몰랐을 것이 분명하다.

'여의도 정치가'라는 사람들조차 국민을 이분법으로 완전히 분열시켜, 한국사회를 적대적인 대 혼돈 속으로 밀어 넣고, 급기야 이념의 도그마에 빠져 온갖 요상한 실험적 정책으로 나라의 존폐를 위태롭게 만들 줄은 생각조차도 하기 힘들었을 것이다. 아무도 책임지지 않는 엉터리 같은 정책결정들을 남발하는, 대한민국 건국 이래 처음 경험하는 추악한 정권의 현실이 국민 개개인에게 악몽과도 같은 고통으로 다가와 있는 것이 바로 지금의 대한민국이다.

◇ **지도자는 한 나라를 대표하는 상징적 인격**

정치인 문재인이란 한 인물이 주었던 첫인상은, 그저 생김새가 어리숙하면서 착하게 보여, 나름 상당히 한국적 문화습속에 맞는 그런 덕성을 가진 사람처럼 보였다. 아마 대부분의 국민들이 그렇게 봤을 것이다. 돌이켜보건대, 대통령 당선 후 근엄한 모습으로 국회 앞에서 취임식을 거행한 직후, 어떻게 자신이 읽었던 대통령 선서와는 정반대의 행위들을 매일같이 해대면서, 경제와 민생을 파탄내고 대한민국의 외교안보를 위태롭게 만들었는지 이제는 땅을 치고 자신들의 무책임한 선택행위를 후회해도 소용없게 된지 이미 오래다.

모름지기 한 나라의 지도자는 그 나라 국민들이 따르고 싶어 하는 선망의 대상이 되기 마련이고, 그렇게 검증된 인격과 살아온 인생은 국제사회에서도 그 나라를 대표하는 상징적 인격이 되는 것이다. 만약 그 반대의 경우가 될 경우에는 먼저 지도자 주변부의 관료와 여당정치가들부터 위선과 독선의 독배를 앞 다투어 마시게 되고, 급기야 위선과 기만의 최고정치지도자 뺨치는 타락한 국정위정자의 길로 가장 먼저 들어서게 되어 있다. 그리고 이들의 위선과 기만은 국민 속으로 파고들어, 견고한 똬리를 틀고, 마침내 위선과 기만, 사기와 거짓말이 가장 효율적인 기회주의적 처세술로 둔갑해, 그 나라의 국민정신을 완전히 갉아먹게 된다.

그 나라의 가장 기본적인 제도의 뿌리가 흔들리면서, 그 나라의 건국정신은 온데간데없이 사라지고, 국가체제의 기본정신이 증발해버리면서, 체제타락과 체제변혁이 동시에 일어나며, 끝내 체제전복이 완성되는 결과를 가져오게 되어 있다. 이것이야말로 역사적으로 볼 때, 공산주의를 꿈꾸었던 좌익혁명가들이 체제전복을 위해 사용해왔던 위선과 기만의 통일전선전술과도 너무나도 흡사하기 때문에, 과거 역사를 주시하는 모든 지식인들은 이를 항상 경계해 왔으며, 지금도 그 고삐를 늦추지 않고 있다.

◇ 문정권의 내로남불(Neronambul), 아시타비(我是他非)

문대통령과 얼치기주사파 위정자들이 이런 비상식적인 '내로남불'과 '아시타비(我是他非)'에 준하는 행동을 거리낌 없이 할 수 있었던 것은 자신들의 확고한 이념적 배경과 혁명가로서의 몽상적 신념이 뒷받침되지 않았다면 절대로 현실화 될 수 없는 불가능한 일이었을 것이다. 문대통령의 지난 4년 6개월에 걸친 통치기간 동안 얼마나 많은 체제타락과 체제전복을 위한 직, 간접적인 시도들이 있어왔던 가는, 대한민국 야당정치인들과 각종 언론인들은 그 속 내용을 다 알고도 충분히 남을 것이다. 그런데 문제는 이들이 알고도 사실을 제대로 밝히거나, 그 밝힌 내용을 근거로 국민들에게 진실을 알리려고 하지 않았다는 것이 작금의 암울한 현실이다.

대한민국 자유민주주의체제에서 정치지도자의 역할은 과히 절대적이다. 이성을 통한 고도의 절제된 신념으로 대한민국이 당면한 실존의 문제가 무엇인가? 또 이를 위해 자신은 무엇을 해야 하는가? 그리고 어떻게 할 것인가? 등을 스스로 물어야 한다. 이 물음들 속에 대한민국 지도자가 가져야 할 소명의식과 책임의식이 모두 다 들어가 있다고 할 수 있다. 대한민국이 당면한 문제를 제대로 인식하고 새롭게 대권에 도전하는 윤석열과 최재형은, 지금까지 밖으로 구체적인 표현은 하고 있지 않지만, 문정권이 시도하고자 했던 대한민국 자유민주주의의 타락과 파괴행위를 제대로 읽고 있을 것이다. 아직까지는 문 정권과 그 추종자들이 만들어 놓은 진지와 성역화가 견고해서 이를 정면으로 두드려 깰 상황은 아니라고 생각할 수도 있겠지만, 잊지 말아야 할 점은 문정권이 망가뜨린 대한민국 체제에 대한 처벌을 도덕적 기준으로 처리하거나 규정지어서는 절대 안된다는 점이다. 도덕적으로 나타난 과오들은 그저 부당한 일들에 대한 처벌만 받으면 되는 것이다. 그러니까 국민들이 공감할 지도자의 소명의식과 책임의식에 대한 평가는 전혀 존재하지 않는다는 점을 명심해야 한다.

◇ 대선의 시간과 국민의 책무

대한민국 헌정사 속에 이런 문정권의 탄생은 미래를 위한 대한민국의 여정에 좋은 밑거름이 되어야 한다. 그러기 위해서는 먼저 내년 3월 정권교체가 이뤄져야 하며, 그 이후에 문정권의 과오에 대한 준엄한 법치적 판단이 이뤄져야 한다. 이 과정들이 성공적으로 이루어진다면, 단언컨대 향후 대한민국에서는 더 이상 좌익전체주의 세력은 종말을 고할 것이며 새로운 차원의 대한민국 미래의 발전사가 노정될 것이다. 이런 대한민국의 미래상을 상기하며, 우리 국민들이 마지막으로 유념해야 할 사안은, 대한민국을 책임질 소명의식과 책임의식을 가진 정치지도자를 뽑는 행위 자체가 바로 반드시 실천해야 할 국민의 소명의식이라는 점이다. 깨어있는 대한민국 국민의 마지막 선택이 대한민국 존폐의 운명을 좌우할 '대선의 시간'으로 점점 더 가까이 다가오고 있다.

리베르타스, 2021년 7월 26일

간첩 잡는 국정원,
보이지 않는 '지하혁명당'에 해체?

국정원 '원훈석', 통혁당 신영복 서체로 교체
'한없는 충성과 헌신'... 어느 국가, 어느 국민을 위한 것인가!!
"나의 시작은 나의 끝이었다"며 형장의 이슬로 사라진 김질락!

내곡동 국정원 청사 입구에는 국정원 직원들의 애국결기와 충성심을 담는 엄청난 크기의 '원훈석'이 서있다. 정부청사치고는 적막하리만큼 조용한 주변 분위기와 순결을 나타내는 하얀색의 웅장한 건물들이 지금까지 목숨 걸고 대한민국을 수호해 왔던, 이름 없는 대한민국 수호천사들의 '헌신과 희생'을 자연스럽게 떠올리게 한다. 그리고 그런 숭고함을 다 모아서, 커다란 원훈석에 마치 큰 바위 위에 조각된 '혈서'처럼 쓰여진 짧고 굵은 한마디가, 국정원 청사를 방문하는 모든 외국인들과 대한민국 국민들의 심장을 뭉클하게 만든다.

그런데 그 원훈석의 내용과 글씨체가 또 다시 바뀌었다. 지난 4일 문재인 대통령과 박지원 국정원장이 나란히 서서 새로운 '원훈'석 제막식을 거행했다. 국회에서 개정된 국정원법이 새겨진 동판을 함께 들고, 뒤로는 새로 새겨진 "국가와 국민을 위한 한없는 충성과 헌신"이라는 새로운 원훈석을 배경으로, 즐겁게 파안대소하는 사진이 이를 지켜보는 대한민국 자유애국시민들의 심장을 모두 오그라들게 만들었다.

경악하지 않을 수 없는 그 결정적 이유는, '원훈석'에 새겨진 글씨체가 소위 '어깨동무체'로 잘 알려진, 그리고 통혁당 핵심으로 무기징역을 선고받았던 신영복의 글씨체로 쓰여졌기 때문이다. 문대통령 자신이 가장 존경하는 사상가로 신영복을 거듭 천명했던 사실은 잘 알려져 있다. 하지만, 모름지기 국가안보와 국가정보의 핵심을 다루는 비밀스런 국정원의 얼굴을, 대한민국 체제전복을 시도했던 인물의 서체로 바꾼다는 것은 앞으로 대한민국에 대한 '여적죄(與敵罪)'를 일상화하겠다는 선언과도 같아 보였다.

현재 대한민국 건국을 막기 위해, 해방정국이후 남로당 주도로 시도되었던 4·3사태, 여순반란, 대구폭동 등이 국민들의 무관심 속에서, 슬쩍 민중들의 '민주화투쟁' 양태로 미화되고 있다. 김일성 치하에서 장관직을 수행했던 공산주의자 김원봉이 민족영웅이 된지는 이미 오래다. 법을 교묘하게 선택적으로 전용하고, 자신들에게 유리하게 일방적으로 작동시켰기 때문에, '국가보안법'이 이미 무용지물이 된 지 오래나, 드디어 이제 국가보안법을 완전히 폐지하려는 의도가 국회에서 현실화되고 있기도 하다. 민생을 파탄에 빠뜨린 얼치기 주사파 정권의 마지막 수순이 법과 제도를 앞세워 대한민국을 합법적으로 접수하고, 기존 체제를 표시나지 않게 암묵적으로 전복해서, 지금까지 저질렀던 모든 자신들의 실정과 실책을 무마하려는 최후의 정치공학을 시도하고 있다고 보여 진다.

◇ 신영복은 과연 누구인가?

이런 희안한 일들이 태연스럽게 벌어지고 있는 지금의 대한민국은, 신영복이라는 공산사상가의 유령이 지배하는 국가라고 해도 과언이 아니다. 신영복은 1941년 생으로 서울대경제학과를 나와 육사교관을 하는 중에 서울대 문리대 선배인 김질락에게 포섭되어 통혁당에 가입하였고, 그 사건으로 무기징역을 선고받았다. 그리고 그는 '전향서'를 제출한 후 가석방되기까지 20년 8개월간 감옥살이를 했다. 1988년 출감 후, 1989년부터 성공회대학에 출강하기 시작해서, 사회과학부 교수를 거쳐 대학원장, 2006년 정년퇴직 후에는 성공회대 석좌교수로 2014년까지 활동하다가 2016년에 사망했다. 통혁당 당시 선배 김질락과의 대화내용에서 잘 나타나듯이, 신영복은 줄 곧 학생들에게 쉽고, 재미난 이야기 형태로 계급의식과 사회주의 사상을 심어주는데 심혈을 기울였었다.

신영복의 유명한 저서 제목에는 '더불어'라는 말이 항상 들어간다. 더불어 숲, 손잡고 더불어, 처음처럼, 그러다가 한 단계 올라서서 사람 사는 세상, 사람 중심의 세상, 사람이 먼저다, 이런 식으로 점점 발전해 나간다. 그의 쉽고 아름다운 얘기들은 '토끼와 거북이', '거북이와 코끼리', '온달장군과 평강공주', '어깨동무' 등등, 동화와 같은 이야기들을 사회주의 사상에 접목해서, '민중'들의 의식을 친사회주의형으로 전환시켰다.

◇ 남쪽 대통령의 함의(含意)

청와대 비서진 또는 현직 국회의원들 중에 신영복으로부터 직접 배웠던 제자들이 다수다. 그리고 '더불어민주당'이란 당명처럼, 정부 여당이 관련된 모든 사회문화 및 정치경제관련 사상적 정책방향성에서 압도적인 신영복의 영향력을 느낄 수 있다. 이제 청와대 내 영빈관을 포함해서 여러 장소에 걸려 있는 신영복체로 쓰여 진 액자들이 차고 넘쳐서, 드디어 국정원 본관 앞 '원훈석'에도 신영복체가 각인되고 있는 것이다. 그러니 사회주의자들이 추구하는 인민민주주의를 토대로 하는 현란한 통일전선전술을 고려한다면, '원훈석'에 새겨진 '국가'는 과연 어떤 국가를 말하는 것인지, 그리고 '국민'은 어떤 국민을 말하는 것인지 크게 그 진의를 의심하지 않을 수 없다.

남과 북이 생과 사를 같이하는 '생명'을 공유하는 민족공동체이고, 일제에 저항하는 1919년 상해임시정부가 진정한 건국이라면, 아직도 남과 북은 통일된 독립국가가 아닌 것이 된다. 그러니 국정원은 남과 북이 하나 되는, 연방이던, 연합이던지 간에 그런 민족통일국가를 만들기 위해 충성하라는 것일까? 엄연히 유엔회원국으로 남과 북이 현재 국제사회에서 개별독립국가로 등록되어 있는데, 이런 관계를 모두 무시하고 문대통령은 아직도 남쪽의 임시정부와 북쪽의 임시정부가 잔존하고 있다고 간접적으로 선언하고 있는 것이다. 그래서 그런지, 언젠가 문대통령이 남북정상회담을 핑계로 북한을 방문했을 때, 평양시민들 앞에서 자신을 '남쪽대통령'이라고 소개하는 과정에서, 그의 속마음을 딱 한번 제대로 보였던 적이 있다.

◇ 김질락의 "내 탓이요, 내 탓이요, 내 큰 탓이로소이다"

평생 아리송한 말만 했던 신영복과 달리, 자신의 셋째 삼촌이었던 김종태에게 포섭되어 김일성을 만난 후, 통혁당 주모자가 되었던 김질락은 체포 후 완전히 전향했다. 경상도지역 대지주의 아들이었던 김질락이 사회주의에 몰입하게 된 동기에는, 부친의 재산을 가로 챈 둘째 삼촌과 얽힌 가족사가 큰 영향을 미쳤다. 한때 미국유학을 꿈꾸고, 가족을 사랑했던 한 좌파지식인은 죽기 전에 <어느 지식인의 죽음> (원제 : 주암산)'이란 책을 쓴다.

'나의 시작은 나의 끝이었다'로 시작하는 내용은 "자신의 죽음을 증거로 북한을 고발하고, 북한으로 인해 무서운 죽음의 길에서 허덕이는 가엾은 영혼들을 깨우치기 위해서"라는 내용으로 마무리된다. 1972년 7·4 남북공동성명 이후, 바로 김질락의 사형을 집행해야만했던 긴박한 정치적 내용들은 아직까지 제대로 알려지지 않고 있다. 그러나 너무도 안타까운 것은 결국 대한민국 품으로 돌아왔던 김질락이 오늘날 살아있었다면, 대한민국 반역의 중심에 서있는 작금의 기막힌 '신영복 신화'는 결코 존재하지 못했을 것이라는 필자의 믿음이 줄곧 있어왔기 때문이다.

가족을 끔찍이 사랑했던 당대의 좌파지식인 김질락은 결코 공산주의자가 될 수 없었다. 체포되고 4년이란 세월이 지난 후에 갑자기 사형 집행이 결정되자, 그의 안타깝고 절절한 마음은 신을 마주보는 한 가톨릭 신자의 모습으로 되돌아간다. 그리고 하늘을 주시하면서 묵상한다. 모든 것이 "내 탓이요, 내 탓이요, 내 큰 탓이로소이다"(Mea Culpa, Mea Culpa, Mea Maxima Culpa)라고…… 이렇게 신을 섬기는 인간으로 되돌아온 김질락이 살아남아서, 자신이 포섭했던 신영복류들에게 이념과 진실의 참모습을 보였더라면, 아마도 각양각색의 얼치기 좌파들의 반역행위로 오늘과 같은 이런 비참한 대한민국은 존재하지 않았을 지도 모른다.

◇ 국정원의 수난사, 이제는 해체?

역사의 뒷모습이든, 사람의 뒷모습이든, 모든 뒷모습은 후회와 회한, 안타까움이 남기 마련이다. 그러나 과거에 대한 후회와 회한은 언제나 다가올 희망을 잉태한다. 그 희망은 '존재와 시간'의 문제를 품고 사는, 모든 유한한 인생들이 뿌리칠 수 없는, 신이 내리는 '숙제'이기도 하다.

국정원 본관 앞 원훈석은, 1961년 창설이후 줄곧 유지되어 오다가 김대중 정권때 처음으로 바뀌게 된다. 당시 철저히 파괴된 국정원은 이명박 정부를 거치며 수시로 탈바꿈하는 수난사 끝에, 이제 완전히 해체단계에 몰렸다. 신영복체로 바뀌기 전의 원훈석 표어에는 "소리 없는 헌신, 오직 대한민국 수호와 영광을 위하여"라고 쓰여 있었다. "대한민국 수호와 영광"이라니? 이것은 反대한민국 세력들이 가장 싫어하는 표어가 아니었을까? 그래서 이번엔 아예 지워버렸나 보다...

리베르타스, 2021년 6월 7일

안바뀌는 文정권,
역사상 착한 좌파 없었다!

'내로남불'로 포장된 오만과 독선, 위선과 기만, 결국 지옥을 만들어!!
美의회 문재인 청문회 빌미로 反美 기치 높이 드는 여당과 종북세력
尹, 올바른 지도자는 털어내어야 할 것 담대하게 털어내고 가야!!

서울과 부산 보궐선거에서 압도적인 국민 분노 폭발을 목격하고도 여전히 정부여당은 달라진 것이 없다. 아니 노골적으로 우리가 무엇을 잘못 했는가! 국민들에게 되물으면서 정권 초심을 유지한 채 계속 앞으로 밀고 나가야 한다고 주장하고 있다. 美의회에서 문 정권의 '대북전단금지법'을 규탄하는 청문회가 열렸다. 북한의 인권범죄에 문 정권이 동조하며 한국 민주주의를 크게 후퇴시키고 있다는 미 의회의 비난에 대해 여당은 내정간섭이라고 반발했다. 종북 시민단체들은 반미시위를 벌였다. 문 대통령은 총리를 비문진영 인사로 교체하고, 관료 위주의 개각을 시도했지만 여전

히 청와대에선 이광철 민정비서관과 같은 주사파 출신 세력들이 대세다. 이런 상황에서 달라진 총리와 장관들이 무엇을 할 수 있겠는가? 향후 그들 이름이라도 제대로 언론에 오르내리겠는가?

새 여당 원내대표로 가장 전투적인 문빠의원인 윤호중이 압도적인 표차로 선출되었다. 그는 국회 법사위원장으로 작년부터 공수처법, 임대차 3법, 공정거래 3법, 검찰개혁과 윤석열 검찰총장 쫓아내기에 선두에 섰던 인물이다. 온갖 궤변과 억지논리로 국민을 분노케 했던 골수이념주의자가 여당의 새 원내대표가 된 것이다.

◇ 여당 새 원내대표 윤호중, 골수이념주의자

결과적으로, 대한민국의 자살을 유도하는 것 같았던 문 정권의 기본정책들은 변화하지 않을 것임을 쉽게 알 수 있다. 앞으로 내년 대선까지 10개월 정도 남았다. 그 사이에 무슨 일들이 벌어질까? 한 가지 분명한 것은 文 정권 얼치기 위정자들이 또 다른 정치공학, 또는 사회공학적인 선전, 선동 술수를 부릴 것이고, 분노한 국민들은 이런 상황들을 온 몸으로 견뎌내야 한다는 사실이다. 정말 생지옥이 따로 없다.

한번 잘못 선택된 선출권력의 횡포가 이토록 잔인하고 무섭다. 결국 마지막 선택은 이들의 독재 권력에 굴복해서 기적을 담고 있는 대한민국 역사가 완전히 사라지고, 새로운 전체주의적인 역사와 전체주의 인간형들이 들어설 것인가? 아니면 이들 전체주의자들을 국민의 단합으로 영원히 대한민국 역사로부터 몰아낼 것인가? 하는 결단만 남아 있을 뿐이다. 대한민국 건국 이후 지난 73년 동안 자유민주주의가 체화된 양식과 상식을 가진 대한민국 국민들은, 정말 두 눈을 부릅뜨고 문 정권의 폭정을 목격했다.

◇ 입으로는 공정·정의, 실제로는 사기, 기만

입으로는 공정과 정의, 평화와 자유, 평등과 사람 사는 세상을 달고 살면서 이들이 얼마나 위선과 기만, 거짓과 사기술수에 능한지 보았다. 인간의 한계와 겸손을 상실한 이들이 자신들의 이익과 이념공유 카르텔을 이용해서 대한민국의 법치와 상식을 어떻게 도륙하는지, 이들이 만들어내는 개미지옥이 어떠했는지도 경험했다. 프랑스혁명 이후 역사를 고려해 보면, 마르크스-레닌이즘을 숭배하는 좌파들은 사이비종교 광신자거나, 아편중독자와도 비슷한 역사적 흔적들을 남기고 갔다는 것을 잘 알 수 있다. 자신들의 사상적 오류를 시인하지 않고, 세상을 도덕적으로, 이념적으로만 재단했던 좌파들은 결국 세상을 거대한 '수용소군도'로 만들었다.

이념대결로 인한 국가 간의 전쟁, 또는 내부적인 혁명 때문에 20세기는 붉은 피로 물들었다. 1-2차 세계대전을 비롯해서 소련과 중공의 폭정으로 인류는 거의 2억 명에 가까운 희생을 감수해야 했다. 객관성과 합리성을 상실한 채, 세상과 소통하지 못하는 사상은 억지와 아집일 뿐이었다. 그런 좌파들만의 몽상적인 유토피아적 신념은 세상을 생지옥으로 만들고도 남았다.

◇ 좌파들의 유토피아적 신념은 세상을 생지옥으로 만들어

이런 역사적 경험으로 인해, 이제는 프롤레타리아 폭력혁명으로 모든 억압된 사람들을 해방시켜야 한다는 구호는 더 이상 사용하지 못한다. 폭력혁명은 완전히 지양되었다. 그런 상황에서 민주주의로 민주주의를 파괴하려면, 다시 말해 시민사회를 통해서 체제를 전복하려면, 결국 기만과 위선, 사기와 거짓말로 선전하고 선동할 수밖에 없다. 이를 위해서 반드시 필요한 도구가 바로 '내로남불'이다. 사실 '내로남불'이란 희대의 수식어도 '문학적 표현'이 다분하고, 그

내용의 구체성이 떨어지기 때문에, 쉽게 희화화하거나 현학적인 표현의 대상이 될 수 있다. 그렇기 때문에 좌파들은 이런 식의 표현을 갈구하고, 여기에 헷갈리는 엉터리 같은 사상적 의미를 얼기설기 갖다 붙인다. '내로남불'의 좌파적 인식은, "인간의 능력과 관계없이 무조건 일정량의 일이 정해져야하고", 또 무조건 "인간의 욕망에 따라 원하는 만큼의 이유 없는 분배가 시행되어야 한다"는 '허위의식'의 유토피아를 기가 막히게 합리화한다.

◇ '내로남불' 에는 독창성 존재하지 않아

그래서 정치는 그들만의 선과 악으로, 그리고 적과 아군으로 갈라져야 하며, 과거와 현재가 반드시 함께 공존해야 한다고 주장한다. 따라서 '내로남불'에는 인간의 자발적인 성취와 미래를 위한 '독창성'은 절대로 존재하지 않는다. 코페르니쿠스(Nicolaus Corpernicus)적 발상'이란 말은 태양계를 돌고 있는 지구의 모습을 처음 소개했을 때 나왔던 충격에서부터 유래한다. '지구가 스스로 돈다'는 '회전'이란 말의 영어표기는 'Revolution'이며, 이는 혁명이란 뜻의 'Revolution'과 그 표기가 같다. 그러니까 코페르니쿠스적인 발상 정도 되어야, 과히 혁명적이란 뜻이 된다. 이런 관점에서 볼 때 '내로남불' 좌파들의 사고는 결코 혁명적이지 않고, 오히려 수구 반동적이다.

◇ 레이몽 아롱과 장 폴 샤르트르의 대결

프랑스 지성계의 두 거두 레이몽 아롱(Raymond Aron)과 장 폴 사르트르(Jean Paul Sartre)는 1905년에 함께 태어나, 명문 파리고등사범학교 (ENS)의 동기생이 되었다. 그리고 2차 대전 당시에는 프랑스 레지스탕스 활동을 같이 하기도 했다. 프랑스 지성계 좌와 우를 대변했던 이들 둘의 관계는 공교롭게도

'한국전쟁(6. 25)'을 놓고 크게 대결하게 된다. 결국 사르트르가 주장했던 한국의 '북침설'과 한국과 미국에 의한 '의도된 전쟁'이란 가설들이 허위로 밝혀졌다. 오랫동안 좌파들로부터 '낙인찍기'와 '따돌림'으로 고생했던 아롱이 끝내 승리를 거두었다. 하지만 프랑스 좌파들은 '침울하고 재미없는 아롱과 함께 옳은 것보다는, 활발하고 거침없는 사르트르와 같이 틀리는 것이 더 낫다'는 궤변을 낳았다.

최근 프랑스 최고 좌파헌법학자 올리비에 뒤아멜이 오랫동안 의붓아들을 성폭행해 왔고, 그 의붓아들의 친부였던 베르나르 쿠슈네르는 이모와 동거하며 오랫동안 불륜을 벌였다는 사실이 밝혀졌다. 그리고 더욱 놀랄 사실은 이런 사실들을 다 알고 있었던, 한때 쿠바의 피델 카스트로 정부였던 친모가 이 모든 것을 그냥 묵인하고, 덮고 살았다는 사실이다.

◇ 〈대가족〉에서 폭로된 프랑스 좌파들의 위선

〈대가족〉이란 책으로, 자신의 가족사에 얽힌 진실을 폭로한 카미유 쿠슈네르 파리대학교수는 골수 좌파집안이었던 자신의 친부, 의붓아버지, 친모, 그리고 성폭행당하며 살아야 했던 자신의 친동생에 대한 진실을 적나라하게 밝혀 전 세계를 놀라게 하고 있다. 한국사회를 포함해서 동과 서 그 어디를 가든지 간에, 좌파들의 정신세계는 참으로 '내로남불'이라는 생각이 든다. 그래서 단언컨대, 선량한 좌파는 세상 그 어디에도 존재하지 않는다. 앞으로 10개월도 채 남지 않은 대선 시간대에서, 보수우파가 한국사회 뿌리 깊은 좌파들의 '진지'들을 깨부수기는 정말 쉽지 않을 것이다. 보수야당이 지리멸렬하고 있는 상황에서, 새로운 대권지도자로 등장한 윤석열 전 검찰총장 또한 영웅적인 정치지도력을 발휘할 가능성이 그다지 높아보이지는 않는다.

◇ 윤석열, 두 전직 대통령 구속에 대해 분명하게 답변해야

다만 바란다면, 타락한 정치가들에 대한 '진정성'에 목말라하는 대한민국 국민들에게 분명하게 털고 갈 것은 털고 가는 모습을 보여야 한다는 점이다. 윤석열은 문 정권의 명령으로 두 전직 대통령을 적폐로 몰아 정죄한 것에 대해 분명하게 정직한 답변을 해야 한다. 검사로서의 직분수행이라는 한계와 대한민국 헌정과 체제파괴라는 정치적 영역에서의 현실적 문제들을 솔직하게 인정하고, 적폐수사에 대해서 국민들의 양해를 먼저 구해야 한다. 이런 행동이야말로 정직한 우파가 '내로남불'의 좌파와 확연히 다른 점이다. 이런 태도가 결국 주권자인 국민들의 마음까지도 끝내 얻을 수 있게 만드는 대선승부의 결정적인 요인이 될 것이다.

더자유일보, 2021년 4월 21일

'자유민주주의'라는 혁명의 칼

반역(反逆)의 감성, 법치(法治)의 열정 이길 수 없어!
체제 파괴자들, 강력한 법치로 다스려야...
아시아 선도하는 위대한 대한민국의 여정 시작하자!!

진보좌파든 보수우파든 관계없이, 인간의 열정(Passion)이 모든 시대를 움직여왔고, 앞으로도 움직여 나갈 것이 분명하다. 국가통치를 위한 좌-우 지식인들 간의 끊임없는 대립과 갈등이 '정치'라고 말한, 정치사회학자 칼 만하임(Karl Mannheim)의 논지에는 두 가지 의미가 함축되어 있다. 하나는 지식인들이 추구하는 자신들의 이념과 가치에 대한 끝없는 열정이고, 나머지는 좌우간 권력은 결국 소수가 장악한다는 냉혹한 현실이다. 좌파들이 갖는 권력에 대한 열정은 거칠고 야비하다. 기존의 체제를 뒤집기 위해서 좌파들은 인간의 양심을 저버리는 위선과 기만, 거짓과 사기행위도 전혀 마다하지 않기 때문이다. 그래서 이들의 권력욕에 대한 열정은 결국 유토피아적 사회주의를 빙자한 흉악한 전체주의적 1인 독재체제로 항상 귀결된다.

반면, 오랜 세월에 걸쳐서 인간의 이성적 판단과 각고의 제도개선 노력에 기인한 보수우파들의 열정은, 느리지만 인간의 양심에 부합하는 감동적인 '법치'(Rule of Law)의 세상을 창출했다. 시대를 넘어서는 계몽주의 철학자들의 이성에 기인한 열정은, 모든 국민들이 국가의 주권을 대변하는 "상징적인(Symbolic) 주권자"로 존재하는 가운데, 그 국민들의 주권을 위임받은 소수의 대표자들이 법치를 통해 제한된 기간 동안 국가를 통치하는 "자유민주주의체제"를 만들어 내었다.

◇ **삼권분립(三權分立)은 자유민주주의의 근간**

강대국 또는 다른 도시국가들과의 잦은 전쟁으로 수시로 도륙당해야만 했던 자신의 조국 '피렌체'를 구원하기 위해서, 마키아벨리(Niccolo Machiavelli)가 소망하고 꿈꾼 열정은 바로 군주국을 넘어서는 공화국의 완성에 있었다. 또한 통치계약과 점진적인 사회계약을 통해, 입헌군주국을 향한 열정을 쏟았던 로크(John Locke)는 입법부와 행정부로 권력이 양분되는 자유주의국가를 만들어 내었다. 결국 군주정-민주정-전제정의 정치적 실태를 파악하고, 희랍과 로마제국에서 부각되었던 인류의 제도적 장점들을 바탕으로, 근대국가의 법치를 완성시킨 프랑스철학자 몽테스키외(Charles-Louis de Montesquieu)는 그의 저서 '법의 정신'(Espirit des Lois)에서 입법·사법·행정, 즉 삼권분립을 통한 자유민주주의 체제의 근간을 마침내 완성하게 된다.

이제 근대인들은 통치 권력이 1인의 소유권으로 전락했던 전근대시대를 '야만의 시대'로 규정하고, 권력이 분할되고 위임되는 자유민주주의 체제의 추구를 '문명의 시대'로 설정하고 있다. 그래서 야만과 문명의 그 선명한 구분을 '법치'의 원활한 사회통용에 두고 있는 것이다. 그러면 '법의 통치', 즉 '법치'란 무엇인가? 국민의 주권을 위임받은 국민의 대표들이 의회에 모여서 만들어 내는 법을 통해, 국가가 통치되는 것을 말한다. 개별국민, 즉 개인의 자유와 평등·천부인권을 철저히 보장하며, 국가내부의 모든 국민들이 '법 앞에 평등한 권리'를 보장받는 국가사회를 말한다.

◇ 법치(法治)와 애국심(愛國心)

일상에서 법치가 선사하는 감동적인 법철학적 열정의 한 장면을 엿보자! 수십 명을 연쇄살인 한 흉악범이 있다하더라도, 바로 형장에서 즉결처분하지 않고 1심부터 3심을 거쳐서 최종적으로 판사의 합당하고 합리적인 판결을 거친 후에, 그 흉악범의 죄를 마침내 단죄한다. 극악무도한 죄에 대한 인간적인 분노와 감정을 억누르고, 죄인에게조차 그가 가진 "천부인권"을 존중하면서, 법의 정신에 입각한 최종적인 판결단계를 거치는 것이다. 이런 과정은 죄인 당사자는 물론, 이를 지켜보는 국민들도 자신들의 삶과 인간으로서의 도리를 성찰하게 만드는 준엄하고 놀라운 감동적 결과들을 만들어 내게 되어 있다.

국민-즉 개인의 자유와 가치, 실질적인 생존권, 재산권, 행복추구권 등이 법치를 통해서 지켜질 때, 그리고 그런 자랑스러운 제도를 가진 국가의 발전이 개인의 발전과 함께 할 때, 그 국가의 구성원인 국민들은 자신들이 속한 국가에 대한 무한대의 '애국심'을 느끼게 되는 것이다. 이런 '시민적 애국심'은 나치즘과 파시즘으로 빠졌던, 혈족관계로 이어지는 문화적, 또는 낭만적 민족주의하고는 큰 차이가 있다고 할 것이다.

미국에서 자유민주주의체제를 삶으로 체화했고, 사상적 기저까지도 완전히 이해했던 이승만 건국대통령의 노력으로 대한민국이 자유민주주의체제로 건국한지 73년이 되었다. 그 동안 대한민국의 헌정질서와 법치는 수많은 대내외적인 어려움 속에서도 지속적으로 유지되고 발전해 왔다. 그러나 대한민국 사회 속에 내재된 공산사상의 뿌리가 어떻게나 집요했던지, 21세기 지구촌의 흐름에 반하는 문재인정권이란 야만적이고 반동적 정치세력들이 등장하게 되었다. 이들은 자율적인 시민사회를 구성하는 개인-시민-국민의 이름을 부정해 왔다. 집단적인 사회구조를 지향하는 인민-민중-민족 등을 강조하며, 남과 북이 하나의 '생명공동체'라고 주장하기에까지 이르렀다.

◇ 북한노동당의 서기실과 청와대 비서실

이들은 지난 4년 6개월 동안 대한민국의 법치를 부정하고, 권력을 자신들의 소유개념으로 인식하며, 합법을 가장한 법의 선별적 적용을 통해 자유민주주의 체제의 근간을 무너뜨렸다. 소위 '주체사상'파 출신 운동권들이 장악한 정권이라서 그런지 몰라도, 이 정권의 국가운영 패턴은 놀랍게도 북한정권의 형태와 닮아있다. 이는 지금까지 약 24개 정부부처 장관들은 누군지도 잘 모르는 가운데, 마치 북한노동당 서기실처럼 청와대가 중심이 되어서, 온갖 정치공작과 사회공작이 선도되어 왔기 때문이다.

특히, 문대통령은 지난 대국민 담화 또는 여러 형태의 기념식 축사를 통해서, 여러 형태의 아리송한 좌익 이념적 구호들을 무차별적으로 투사했다. '촛불시위'가 혁명이며, 그래서 '생성권력'을 존중해야 한다고 외쳤다. 그리고 근거도 없는 '좀비민주주의', '주권자민주주의'를 강조하며, 형식적 민주주의와 과정적 민주주의를 넘어서 실질적 민주주의를 구가해야한다고 떠들어 댔다. 그런데 과연 대한민국 국민들 중에, 누가 이 말을 제대로 알아들을 수 있었겠는가! 문대통령인들 제대로 알고 떠들었을까? 정치사상가의 눈에는 그저 한심하고 기가 막혀보였다.

문대통령의 말을 한번 풀이해보면, 촛불 주권자는 촛불을 든 사람들만이 유일한 '인민'이며, 그 밖의 대한민국 국민과 시민들은 존재가치가 없는 '사물(Things)'이나 '짐승(Animals)'에 불과하다는 관점이다. 그리고 형식적 민주주의는 법치를 앞세우는 입헌적 민주주의이자 좌익들이 강조하는 시민중심의 '부르주아'민주주의를 의미하는 것이며, 절차적 민주주의는 정당제도에 근거한 의회민주주의와 선거민주주의를 말한다. 그리고 실질적 민주주의는 모든 인민이 상호 평등한 사회주의적 전체주의제제를 말하는 것이다. 마지막으로 강조한 '생성적 권력'은 소비에트공화국을 건설했던 레닌의 핵심 통치방법이었던 '소비에트형 민주집중제'를 상징하고 있다.

평소에 대놓고 문대통령이 신영복이라는 통혁당 출신 공산사상가를 가장 존경한다고 말했듯이, 신영복이 강조해왔던 아리송하고 온화한 간접적인 화법으로 국민들에게 계급의식과 사회주의사상을 전파해야 한다는 그의 선전, 선동전술을 그대로 문대통령이 따랐던 것이 아닌가 하는 깊은 의구심이 드는 장면이다.

◇ 윤석열과 최재형의 운명

지혜의 여신인 '미네르바의 부엉이'는 황혼에 가서야 운다고 했든가! 대한민국을 역사 속에서 지우고자 작심한 문정권의 만행에, 국민들이 극도로 분노하는 가운데 작심하고 문정권에 저항하는 인재들이 속출하고 있다. 그 중에서도 윤석열 전 검찰총장과 최재형 전 감사원장이 국민적 기대와 관심을 모으고 있다. 공교롭게도 이 두 사람이 공통적으로 내건 저항의 명분은 바로 자유민주주의체제의 근간인 '법치'다. 더 이상 문정권이 저지르고 있는 법치훼손을 그냥 둘 수는 없다는 입장인 것이다. 또 이 두 사람의 공통점은 바로 문정권 스스로 이들을 검찰과 감사원의 수장으로 임명했다는 점이다.

현실적으로 보면, 윤석열과 최재형의 대권을 향한 과정은 참으로 험난하다. 문정권은 이미 대권을 위한 자금과 조직은 물론이고, '포퓰리즘'을 통해 전체주의로 향하는 이념들을 사회전반에 만연시키고 있다. 대한민국 사회전반에 걸친 反대한민국 세력의 '진지화'와 '성역화'의 공고화는 설사 정권을 뺏긴다 하더라도, 차기정권의 작은 실수를 명분으로 언제든지 정권과 체제를 위협할 만한 정치·사회적 환경을 만들어 놓고 있다.

◇ 위대한 대한민국 여정에 명운 걸어야

이 같은 열악한 정치적 환경 속에서 시작해야하는 윤석열과 최재형으로 대변될 범야권 후보들은 어떤 태도와 방법으로 싸워야 할까? 쉽지 않지만 답은 있다. 포퓰리즘을 통한 정치선동과 체제파괴의 선전 선동에 맞서서, 가용한 가장 '혁명적 권력조치'(Revolutionary Use of Power)를 사용해야 한다. 이것을 통해서 사회공작에 물들어 있고, 감성팔이에 젖어 있는 대한민국 국민들을 감동시켜야 한다. 바로 그 해답은 분명하고, 정확한 '법치의 적용'이다.

이미 윤석열과 최재형 모두 자유민주주의 '혁명의 칼'인 법치를 가용할 수 있는 충분한 국민적 명분을 확보한 듯하다. 밤하늘의 별처럼 헤아릴 수 없는 문정권의 죄악들을 법치의 명분으로 하나하나 밝혀 나간다면, 대한민국 국민과 양심적인 언론들은 반드시 '법치'와 '열정'에 호응하리라고 본다. 악을 선으로 선도하는 행위를 통해 공감한 국민들은 향후 두 번 다시 얼치기 좌익전체주의자들의 사회공작에 넘어가지 않을 것이며, 오랫동안 자유민주주의체제를 번성시킬 것이다. 그 결과는 한반도의 자유통일로 반영될 것이고, 동아시아 전체국가들을 선도하는 위대한 일등국민으로 재탄생할, 영광스런 대한민국의 여정으로 나타날 것이다.

리베르타스, 2021년 7월 12일

낭만적 민족주의가 불러 올 체제탄핵

우리민족끼리 통일정책, 공산세력의 환상이자 기만!
자유민주주의의 가치 확산은 대한민국의 책무!!
정체성 상실한 민족공조, 극한 대결 유발 필연적!!!

서독 빌리 브란트(Billy Brandt) 총리의 동방정책은 서독이 일방적으로 동독을 흡수통일 하겠다는 정책의지의 발로는 결코 아니었다. 소련에 의한 동구유럽 공산화 확산을 막고, 동-서독 간 일정한 세력균형정책의 유지 및 분단의 관리차원에서 실행되었던 중장기 정책이었다. 이후 베를린장벽이 무너지면서 동독이 공산주의를 버리고 자유민주주의체제로 전환될 때까지, 서독은 단 한번도 동질적인 게르만민족으로서 동-서독의 민족통일 타당성을 주장했던 바가 없다.

◇ 혈족적(Ethnic) 민족관념을 벗어난 독일정신

다만 동독은 피를 나눈 게르만 민족국가로서 동-서독 통일을 쟁취해야한다고 가끔 언급하긴 했지만, 그 강도는 과거의 독일정신(German Geist)을 강조했던 혈족적 민족관념과는 상당히 거리가 멀었다. 동독과 서독이라는 2개의 독립국가로서 상호간의 존재를 인정했고, 그 바탕 하에서 통일을 향한 외교적 노력을 경주했다. 동독이 표방했던 여러 형태의 외교적 정책 중에 한 일환으로, '민족통일'이라는 전술적 접근법도 그 속에 포함되어진 것이다. 동독국민들은 동독의 공산체제이념이 무너진 후, 자발적으로 국민투표를 통해서 체제전환을 이루었다. 동-서독 간 동질적인 체제 형성을 근거로 상호 수평적인 통일관계가 성취되어질 수 있는 정치적 상황이 형성되었던 것이다.

현재 대한민국은 文대통령이 직접 나서서 대한민국의 체제 정통성을 혼란스럽게 만들고 있다. 남-북한이 유엔으로 대변되는 국제사회에 동시 가입을 했던 두 개의 독립적인 개별국가임에도 불구하고, 입만 열면 혈족적 '민족'을 강조하고 동시에 대한민국 체제정통성을 부인하는 역사왜곡 현상을 부추기고 있다. 일제에 저항했던 민중들의 저항민족주의를 강조하면서, 대한민국이 일제친일파들이 세운 태어나지 말아야 했던 정치체제라고 암시하고 있다. 또 북한으로부터 대한민국을 지켜내었던 국가영웅들을 토착왜구 또는 친일파로 몰아서, 이들을 조롱하는 민중적 선동을 자행하고 있다.

따라서 일제에 대항했던 중국의 국-공 합작형태의 독립운동을 빗대어, 지난 세월 남한 내 공산세력들이 자행했던 모든 反대한민국적 반역행위들을 민중들의 민주적 저항운동으로 변질시키고 있다. 분명히 남북한 체제대립이 지난 70년간 존속해 왔고, 공산전체주의와 자유민주주의 체제사이에서 그 어떠한 낮은 단계의 연방이나 국가연합도 현실적으로 불가능하다는 것이 엄연한 현실이다.

그럼에도 불구하고, 文정권은 줄기차게 '우리민족끼리', '민족은 하나다'라는 북한의 통일전선전술에 동조하고 있다. 특히 文정권은 남북한 '민족개념'을 정치체제와 시민사회의 자율성을 뛰어 넘는 최 상위 개념의 정치이념으로 규정하고, 일방적으로 대한민국의 정체성을 허물고 있다.

◇ '형식성'(Nominal)과 '목적지향'으로서의 헌법가치

인류역사의 경험과 모든 정치원론들은 "체제가 다른 두 국가가 연방을 형성하거나, 국가연합을 형성한 사례는 전무하며, 이론적으로도 불가능한 사실이다"라고 강조하고 있다. 체제를 무시한 채, 민족이란 개념을 앞세워 통일정책을 추진할 경우, 그 끝은 반드시 흡수통일을 전제로 한 '전면전쟁'(Total War)으로 귀결된다. 대한민국 헌법은 대한민국을 한반도내 유일한 합법정부이며, 그 영토는 한반도와 부속도서로 규정하고 있다. 하지만 건국이후 지난 73년의 대한민국역사 속에서 6·25전쟁을 비롯하여, 현재까지 남과 북은 국가생존을 건 격렬한 체제대립 중에 있다.

따라서 헌법의 내용은 "형식성"(Nominal)과 "목적지향"이라는 관점에서 존재하며, 현실세계는 남(ROK)과 북(DPRK)이 유엔에 동시 가입되어 서로 다른 개별국가로 상호대립하고 있음을 인정할 수밖에 없는 것이 엄연한 현실이다. 1991년 유엔가입과 동시에, 남-북 간 체결되었던 남북기본합의서와 대한민국정부의 민족통일 3단계 정책은 결과적으로 대한민국 위정자들이 얼마나 정치적 낭만주의에 빠져있었으며, 북한의 체제성격과 군사적 위협을 애써 외면하려 했는지를 보여주고 있다. 이런 비현실적이며 관념적인 정치적 낭만주의에 기인하여, 급기야 자유민주주의라는 대한민국의 체제를 탄핵하려는 종북·종중의 文정권이 탄생할 수 있었다. 文정권은 민족이란 마술로 완전히 대한민국의 정체성을 파괴해버렸다. 북한이란 주적개념이 사라졌고, 남과 북의 경계를 가르는 국경선 개념도 흐릿해졌으며, 중국에 대한 경계의식도 부차적으로 사라지게 만들었다. 국정원 원훈석에 이어서, 서울경찰청 표어까지도 소위 '신영복'체로 바꿈으로써, 대한민국 수호의 영혼을 깡그리 망가뜨리고 있다.

◇ 야권후보군의 통일정책, 가치와 철학의 부재

더욱 안타까운 것은, '우리민족끼리'라는 표어 앞에서는 야권의 대선후보들도 분명한 자기 철학이나 생각을 밝히지 않고 있다. 언론들도 손 놓고 있는 것은 매일반이다. 대한민국이 분단을 극복하고, 동아시아를 선도할 선진국가로 나아가기 위해서는 반드시 넘어야 할 남북한 간 체제대립 문제임에도 불구하고, 그 어떤 기자나 언론사도 '민족'과 '체제'문제에 대해서 별 다른 관심을 보이지 않는다. 이전에 해왔던 관성대로만 움직이고 있는 것이 작금의 암울한 현실이다.

대한민국이 북한 핵위협으로부터 자유로워지고 진정 한반도 통일을 지향한다면, 민족이라는 북한의 통일전선전술에 넘어가지 않아야 한다. 두 개의 분리된 주권국가로서 남과 북이 국제사회를 매개로 마주하는 것이 한반도 평화와 통일을 위한 첫 번째 단추인 것이다. '민족국가'(Nation-State)는 한민족(Nation)이 한 국가(State)를 형성한다는 말이다. 그런데 여기서 민족은 피를 나눈 혈족적인 생명공동체 관계가 아니고, 그 국가의 가치와 이념 및 체제를 공유하는 국민이자 시민을 말한다. 그러므로 북한은 북한체제를 공유하는 민족, 즉 '김일성 민족'이다. 반면에, 대한민국은 자유민주주의와 시장경제를 공유하는 대한민국 민족(국민)인 것이다.

한 국가공동체의 '체제'(Regime) 인식은 국가생존문제와 직결되기 때문에 너무나도 중요하다. 다시 말해, 인간으로 치면 생명보전과 직결되는 '물'과 '공기'

와도 같은 존재인 것이다. 만약 대한민국의 정통성을 망각한 채, 대한민국이 추구하는 체제적 가치를 상실할 지경에 이르면 대한민국은 완전히 역사 속에서 사라지게 된다. 또한 그 속의 대한민국 국민들도 누구나 할 것 없이 다 함께 소멸하게 되어 있다.

이런 절체절명의 위기 속에서 윤석열과 최재형 등으로 대변되는 야권의 대선후보들은 완전히 새로운 시각의 한반도 통일전략을 국민에게 전할 수 있어야 할 것이다. 민족이란 환상에서 벗어나, 현실적으로 적실성 있는 한반도 통일정책을 이 기회에 전파시켜야 한다. 민족통일의 관념을 깨고, 남북기본합의서를 재조정하며, 체제를 달리하는 독립된 국제사회의 개별국가로 남과 북이 마주할 수 있도록 대한민국의 통일정책을 급선회시켜야 한다. 그 답은 바로 남북한이 개별국가로 분리된 상황에서, 가장 현실적인 한반도 통일정책을 구체적으로 가시화시키는 것이다. 그것을 '분리를 통한 통일정책'(Unification Through Separation Policy) 이라고 명명할 수도 있을 것이다.

타임지(TIME) 표지모델로 재등장한 文대통령의 사악하고 간교한 '대북 메시지'를 곱씹으며, 너무도 늦은 감이 있지만 이제라도 자유대한민국 생존을 위한 '구국의 결단'을 내려야 한다.

리베르타스, 2021년 7월 19일

무지한 개인들의 지옥, '내로남불'

개인주의의 의미를 모르는 개인의 비극!!
개인주의, 민주주의, 휴머니즘으로 완성되는 "인간"
한탕주의 도박 세계, 사지로 내몰리는 청년들...

인류최초의 전자계산기를 발명한 천재과학자 파스칼(Blaise Pascal)은 12살에 삼각형원리를 발견하고, 확률론을 전개했으며, 14살에 이미 프랑스 학술원 정회원이 되었다. 후세에 그는 수학자, 과학자, 발명가, 문학가, 심리학자, 철학자, 그리고 도박사로도 이름을 크게 남기는 특별한 계몽주의 철학자로 기억되고 있다. 파스칼이 32세 되는 해에, 지금으로 치면, 교통사고와 비슷한 '마차사고'를 경험한다. 크게 충격을 받은 파스칼은 3년 이상 외출을 삼가며 집에 칩거하면서, 오로지 '신(God)' 하고만 대화한다. 그렇게 해서 탄생한 수상록이 바로 '팡세'(Pensees)다.

인간의 본성을 관통했던 파스칼은 '바벨탑의 허무'를 감당 못하는 인간은 연애, 정치, 권력투쟁, 전쟁과 같은 '기분풀이' 놀음을 하는데, 허무한 일상을 가장 쉽게 잊기 위한 효과적인 기분풀이로 '도박'(Gambling)을 얘기하고 있다. 사형수로 죽음의 공포와 위기를 넘나들었던 러시아 문호 도스토예프스키(Fyodor Dostoevski)도 사망하기 직전까지 도박의 유혹을 평생 뿌리치지 못했다. 아마도 자신과 비슷한 죽음의 공포를 경험했던 파스칼의 인생이 그에게도 큰 영향을 미친 것이 아닌 가 사려 된다.

◇ 가상화폐라는 도박

文정권의 부동산 정책 실패로 순식간에 '벼락거지'로 내몰린 대한민국 청년들이 가상화폐라는 도박에 빠졌다. 5천만 인구 중 1할이 넘는 560만 명이상이 수백조규모의 가상화폐거래를 하고 있다는 통계소식은 양식과 상식을 가진 정상적인 대한민국 국민들을 크게 걱정하게 만든다. 단군 이래 최대의 경제적 풍요를 누린 대한민국 젊은 세대들이 기성세대들보다는 훨씬 합리적이고, 논리적 사고를 할 것이라는 필자의 믿음에도 크게 균열이 갔다. 그러나 이런 경제적 사행심리를 정부차원에서 선동하고, 뭔가 인간의 합리적 사고에 오류가 생기도록 유도했다면, 문제의 심각성은 더 커진다.

가상화폐를 관리해야할 금융당국자가 사표를 내고 가상화폐기업으로 이직하는, 마치 탄광의 '막장'과 같은 기막힌 상황 뒤에, 그 어떤 악마가 미소 짓고 있을지 심히 두렵다. 불과 몇 년 사이에 대한민국사회는 진정 근본적인 뿌리부터 흔들리고 있다. 파스칼의 말처럼 '생각하는 갈대'인 인간은 이성과 감성으로 구성되어 있고, 이성보다는 감성의 영향을 더 크게 받는다. 독재자의 얼굴에 붙은 파리 한 마리가 전쟁을 일으킬 수도 있고, 클레오파트라의 코가 조금만 더 높았어도 인류 역사가 완전히 바뀌어졌을 것이라고 강조하는 파스칼의 내면에는, 그만큼 인간의 결정들이 순간적인 감성의 영향을 받기가 쉽다는 의미가 내포되어 있다.

◇ 개인주의와 개인

　근대의 탄생은 개인의 탄생과 맞물려 있지만, 이성을 기반으로 하는 개인주의(Individualism)가 제대로 이해되지 못하는 사회에서의 개인은, 한낱 감성적이며 이기적인 동물에 불과하다. 그래서 자연 상태에서 자기 생존권을 계약을 통해 보전 받으려는 개인은 자유롭고 평등한 개인들 간의 계약에 동의하고, 정치적 결정에 참여하는 권리를 행사함으로써 비로소 '시민(Citizen)'으로 태어났다. 또한 더 이상 나누어 질 수 없는 개인(Individual)이라는 독립적이고 독창적인 영역에서 인류보편의 휴머니즘(Humanism)을 추가로 보유하면서, 개인은 비로소 배려와 관용을 내재한 '인간'이라는 보편적인 존재로 도약하게 되었다.

　칸트(Immanuel Kant)의 이성론을 강조하지 않더라도, 개인이 개인주의를 제대로 인식하기 위해서는 자율성과 평등을 강조하는 민주주의적 사고와 타인에 대한 관심과 배려를 기본으로 하는 휴머니즘의 조화가 필수적이다. 개인주의를 이해하는 공동체의 구성원인 개인이 시민으로, 인간으로 거듭나기 위해서는, 그 변화의 역동성 사이에서의 간격을 메워주는 이성적 판단이 절대적으로 필요하며, 그 이성적 판단은 바로 개인의 자유 관념과 일치된다.

　포퍼(Karl Popper)는 개인주의를 집단주의와 대비하고, 이기주의를 이타주의와 대비하면서, 개인주의가 자유와 평등의식, 그리고 휴머니즘을 상실할 경우, 바로 지독한 이기주의로 빠질 수밖에 없다고 강조하고 있다. 죄의식을 상실한 이기주의에 빠진 공동체는 반드시 배타적 집단주의로 나아갈 수밖에 없으며, 결국 근대국가의 주체인 개인, 시민, 인간의 '자유'(Freedom)는 소멸하게 된다. 굳이 전체주의적 사회주의자들의 이념노선과 그들의 '통일전선전략'을 거론하지 않더라도, 체제의 가치를 상실한 채 물질주의에 빠진, 다시 말해 개인주의를 상실한 개인들로 구성된 공동체 속에서는 자유민주주의의 가치와 휴머니즘으로서의 인권(Human Right)은 존재하지 않는다.

　마치 가상화폐시장이 국가의 미래를 상징하는 것처럼 속이고, 이런 시장에 참여하는 것이 아담 스미스(Adam Smith)가 강조하는 '보이지 않는 손'으로서의 '비사회적 사회성'을 창출할 수 있다고 거짓말하고 기만한다. 하지만, 이미 '자애심'이 아닌 극도의 '이기심'으로 형성되고 있는 가상화폐시장에서 개인의 이익추구가 사회전체의 공동이익으로 반영되어 나타날 가능성은 전무 하다고 할 것이다.

◇ **중산층의 몰락, 청년층의 파멸**

　文정권은 이미 부동산정책과 과부하가 걸린 세금정책으로 중하층(Low-Middle Class)과 중산층(Middle Class)의 몰락을 주도했다. 그리고 이제 가상화폐로 저소득층(Low Class)과 청년층(Young-Adult Class)들을 파멸시키고 있다. 일찌감치 대한민국의 기득권층을 제거하고 새로운 그들만의 기득권층을 형성하기 위해서 엄청난 규모의 이익카르텔을 형성했고, 그 과정에서 부동산과 가상화폐를 부상시키면서 이른바 치고 빠지는 전략으로 이미 엄청난 자본을 축척한 것으로 보여 진다.

　지속되는 文정권의 진영논리와 국정운영에 대한 오만과 편견, 그로 인해 확대되고 있는 '내로남불'과 '아시타비'는 이제 대한민국 사회 깊숙한 곳으로 파고 들어, '인지부조화'로 인한 심각한 '아노미현상'을 발생시키고 있다. 이제 각종 사회정책의 실패로 폭발하는 민심은 분노로 바뀔 수밖에 없으나, 이미 조직과 자본을 장악하고 있는 文정권이 그 분노의 불길을 유산자와 무산자의 대결국면과 같은, 또 다른 이념대결의 사회문제로 전환시킬 가능성도 크다. 결국 최종판단은 개인, 시민, 국민들이 할 수밖에 없는데, 이미 개인주의를 상실한 개인들로 구성된 대한민국에서 文정권의 사악한 체제타락과 체제전환시도를 확실히 읽어내고, 정확하게 분노의 화살을 그들에게 되돌릴 수 있을지는 분명치 않다. 그래서 시간이 갈수록 불안한 마음이 가중되는 것을 감추기가 힘들다.

하지만 명심하자! 전체주의적 사회주의자들은 언제나 개인주의를 이기주의와 동의어라고 강조하는 사실을, 그리고 인지불감의 내로남불형 '불공정(不公正)'과 '불의(不義)'를 항상 '공정(公正)'과 '정의(正義)'로 포장하는, '악령(惡靈)'들이라는 사실을 말이다. 그들의 드러난 '집단주의'와 '내로남불' 속에서 개인, 시민, 인간은 충분히 올바른 정답을 찾을 수 있다고 믿는다.

리베르타스, 2021년 5월 31일

文정권의 횡포...
'보나파르티즘' 등장 불러

**감추고, 속이고, 대못박기에 여념이 없는 文정권!
권력형 부패, 총체적 아노미, 국가폭력에 정당성 부여!!
윤석열, 어떻게 싸울 것이며 무엇을 할 것인가!!!**

필자가 영국유학 당시, 어렵사리 돈을 모아 쉽지 않았던 스칸디나비아 국가들을 여행했던 적이 있다. '백문불여일견(百聞不如一見)'이라고 필자는 두 가지 광경에 크게 놀랐다. 하나는 엄청난 노르웨이 산맥에 이리저리 터널을 뚫으면서, 사통팔달(四通八達)의 도로들을 만들어 내는 노르웨이의 터널 공법이었다. 둘째는 고공하는 실업률로 삶의 의지를 잃어버린 핀란드 젊은 청년들의 알코올 중독으로 인한 높은 자살률이었다.

◇ 북유럽 청년들의 놀라운 자살률

당시 핀란드 6백만 인구 중 30%정도가 수도인 헬싱키에 살았고, 경제력과 국가투명성 정도에서도 단연 앞서나가는 선진국가였지만, 문제는 핀란드 젊은 이들의 정신세계가 우울했고, 많이 아팠다. 헬싱키 관광지 여기저기에서 아침부터 술에 취해 쓰러져 있는 청년들이 적지 않았고, 술 취한 청년들의 자살률은 여행객의 상상을 초월했다. 보다 못한 핀란드정부가 청년들에게 일주일 중 화요일 하루에만 술을 팔아야 한다는 비민주적인 결정을 내릴 정도까지, 청년들의 알코올문제가 심각했다. 마치 영혼을 상실해버린 것 같은 핀란드 청년들의 모습에 필자도 그 원인을 다시 한번 캐묻지 않을 수 없었다.

주된 원인은 바로 지나친 포퓰리즘(Populism) 복지제도에 따른 청년들의 미래에 대한 '상실감'이었다. 노력해도 미래가 없는 사회, 잔뜩 미래세대에게 빚만 지우는 기성세대, 적당히 일하지 않고 놀아도 제공되는 청년 실업급여 등등... 삶의 지표를 상실한 핀란드 청년들은 그래서 술 취했고, 그렇게 쉽게 인생을 포기했다. 물론 핀란드정부는 이런 사회문제를 직시했다. 그래서 복지제도를 축소했고, 전국적으로 수많은 정신상담사들을 고용해서 적극적으로 청년들의 심리상태를 개선해 나갔다. 그 결과, 2천년대 이후로는 명실공히 선진국으로서의 건전한 국가위상을 다시 회복할 수 있었다.

◇ 공산전체주의 사회에서의 고통과 삶

20세기 역사 속에서 청년들이 자살하던 시대는 많았다. 특히 소련의 압제에 시달리던 체코, 헝가리, 폴란드 등 동구권에서의 청년자살률은 극단적으로 높았다. 당연히 그 이유는 소련의 압제 하에서, 미래를 상실했던 젊은 세대들의 고통과 삶의 '좌절감'이었다. 그런데 20세기 동구(東歐)와 북구(北歐)라는 유럽

지역에서의 역사적 갈등 상황 속에서 존재했던, 그래서 한강의 기적을 만들어 내었던 대한민국하고는 질적으로나, 사회문화적으로도 너무나 먼 나라들의 이야기여야만 하는 그런 문제들이 文정권 말기인 현재의 대한민국에서 심각하게 벌어지고 있다.

이미 양식과 상식이 파괴된 지 오래고, 각종 권력형 부정부패와 타락한 정의와 공정이 '내로남불'의 일방적인 정신세계에서 '수호(守護)'되고 있는 대한민국이 되어 버렸다. OECD회원국 중에 유일하게 미래세대를 희생시키는 폭발적인 포퓰리즘과 대한민국의 자살을 유도하는 것 같은 외교안보와 정치경제정책들은 대한민국 청년세대의 '정체성'과 '방향성'을 완전히 상실케 만들었다. 지금까지 언론의 지적을 받았던, 그래서 '여적죄(與敵罪)'의 처벌이 불가피할것으로 여기지는 원전 폐기, 울산선거 조작, 종북적 대북정책 등은 고사하고, 여전히 부동산, 가상화폐, 불법 정치자금과 연관된 수많은 권력형 비리에 대한 수사행위가 방해받는 세상이 되어버렸다. 하지만 박범계 법무장관의 대대적인 검찰숙청작업을 통해 한마디로 '검수완박(검찰 수사권 완전 박탈)'으로 내몰리게 된 것이다.

◇ 감추고, 속이고, 대못 박는 文정권

필자 또한 당면한 모순된 현실이 이렇게 참아내기 어려운데, 한창 피어나야 할 젊은 세대의 실망, 절망, 상실감, 위기감은 언급할 필요가 있겠는가 싶다. 심각한 사회적 아노미현상을 경험하면서, 사회적 정의와 공정을 상실한 젊은 세대는 분명히 뒤르켕(Emile Durkheim)이 강조하는 그런 종류의 '사회적 자살' 위협을 느끼지 않을 수가 없을 것이다. 대한민국 자살유도자들은 모든 것을 숨기고, 거짓말하면서, 위선적·기만적인 몸짓으로 자신들은 자나 깨나 대한민국을 위한 활동을 하고 있다고 강조하고 있다. 그리고 그 명분으로 모든 정책분야에서 소위 '대못'들을 박고 있다.

이 정도 되면 국민들의 정권에 대한 사회적 분노가 하늘을 찌를 수밖에 없다. 그런 분노는 또 다른 정치적 극단을 불러일으키기 마련이다. 의회민주주의국가 내에서 이런 극단적 현상에서 또 다른 극단적 현상으로 이어지는 과정들 사이에서, 자주 거론되는 이론이 바로 '보나파르티즘'(Bonopartism)이다. 흔히 나폴레옹 I세의 배경을 업고, 1842년 혁명이후 대통령으로 등장한 나폴레옹의 조카, 루이 나폴레옹(나폴레옹 III세)이, 결국 쿠데타를 통해 제2공화정을 제거하고, 황제로 등극한 현상을 일반적으로 '보나파르티즘' 현상으로 설명하고 있다.

◇ 대한민국의 '보나파르티즘' (Bonopartism)

대한민국의 현대사속에서도, 어설픈 식자들의 농간으로 인해 박정희 전대통령의 리더십이 보나파르티즘으로 쉽게 언급되기도 한다. 외국에서도 어렵지 않게 드골이나 대처, 심지어 레이건이나 최근의 트럼프 전대통령에 이르기까지 '보나파르티즘'이란 정치적 수사(Rhetoric)로 묘사되는, 특정 정치적 리더십들을 쉽게 찾아 볼 수 있다. 그러니까 민족주의와 군국주의, 자유주의와 전체주의, 사회주의와 자본주의, 혁명과 반혁명, 공화국과 군주국 등의 정치체제 정도에서, 보나파르티즘은 한 몸에 두 얼굴을 가진 '키메라'(Chimera)의 존재감 정도로 쉽게 구분되고, 맘대로 이해되어지는 부분도 있다.

대한민국을 자살케 하려는 文정권發 사회적 '아노미현상'은 분명히 文정권 스스로 국민들이 보나파르티즘에 대한 향수를 느끼도록 만드는 '사회공작'이 저변에 깔려 있다고 보여진다. 이들은 보나파르티즘 자체를 권위적 중앙집권체제하에서, 합법적 폭력을 가용한 '철권통치' 또는 '군사독재체제'로 이해하고 있기 때문이다. 지난 30년 동안의 '민주팔이'로 구축된 사회적 '진지'와 '성역화' 결실물들이 당당하게 자신들을 지지해주고 있기 때문에, 현재 자신들이 저지르고 있는 이 '좌파적 보나파르티즘'(Left Bonapartism)을 더욱 강화하고 싶어 한다.

그래서 이에 대한 우파적 보나파르티즘(Right Bonapartism)과 반발이 집단적인 사회폭력현상으로 나타나기만을 학수고대하고, 마치 가두리 양식하듯 고기 떼들이 그물 망 안으로 들어가기만을 기다리고 있는 것처럼 보여지기도 한다. 의회민주주의를 신봉하지만 국회의원, 언론인, 관료와 군인, 기업인 등등의 사회적 엘리트들이 사분오열하고 있다. 자유와 인권에 대한 가치가 상실되고 있으며, 계층을 대표할 대표자 또한 획일적인 평등의식으로 말소되는 과정에 있다면, 분명 국민들은 이런 혼란을 바로 잡아줄 '보나파르트'(Bonaparte)의 출현을 기대하기 마련이다. 이런 상황에서 대한민국 국민들의 기대는 필자의 생각으로 윤석열 전 검찰총장으로 모아지고 있다는 느낌이다. 적폐청산이라는 미명 아래 전직대통령들을 구속하는 등, 文정권에 부역한 사실을 국민들이 다 알지만, 文정권 얼치기 위정자들의 범죄를 단죄할 수 있다는 '기대' 또한 동시에 존재하고 있는 것도 사실이다.

◇ 윤석열 전 검찰총장에게 국민이 바라는 것은...

대한민국 국민들이 윤석열에게 원하는 것은 아주 간단하다. 정권을 교체해서 문재인과 그 일당들을 정죄(定罪)해 달라는 거다. 그렇게만 된다면 X파일이고 뭐고, 그의 가정사 문제쯤은 아무런 상관이 없다는 것이다. 그런데 文정권 얼치기 위정자들은 바로 이점을 노리지 않을까? 만약 윤석열이 의회정치와 정당을 무시하고, 독자적인 기반으로 전 국민의 열망을 담아서 개인적 차원의 강력한 정치적 리더십을 행사할 경우, 이는 文정권이 원하는 우파 보나파르티즘이 구축되는 것을 의미하는 것일 수도 있기 때문이다...

리베르타스, 2021년 6월 28일

文정권,
죽음의 굿판을 걷어 치워라!

남북한 유엔 동시가입이라는 역사적 사건...
대한민국 번영과 북한주민의 생존을 위한 결단적 선택!!

지난 4월 서울과 부산 지방선거 참패이후 文대통령의 발자취가 가관이다. 한미정상회담이후 런던 G7 참석에 이르기까지, 기존의 '돌부처'같은 '내로남불'의 페이스는 간데 없고, 한마디로 '중구난방(衆口難防)'이다. 그래도 꼭 한 가지 북한에 대한 구애는 여전히 '일편단심(一片丹心)'이다. 그런데 문제는 이런 文정권의 눈물겨운 노력에도 불구하고,

북한이 묵묵부답(默默不答)이라는 점이다. 북한은 오로지 미국의 동태만 살피면서 슬금슬금 미국과의 대립 또는 대결국면을 대비한 '기 싸움'에 몰입하고 있을 따름이다. 하기야 남쪽 정부에게 온갖 악설을 다 퍼부어도, 북을 향한 일편단심이 가실 줄이 없으니 이제 더 이상 '남쪽 정부'는 고려할 대상이 아닌 셈이다.

◇ **국제정치와 진정한 평화의 추구**

조지 오웰(George Orwell)의 '1984' 내용처럼, 전쟁 상태도 평화로 '세뇌' 시킬 수 있다고 보는지 文대통령은 입만 열면 몽상적인 평화타령이다. 원래 국제사회에서 평화상태의 개념은 국가 간의 자율성과 평등을 전제한 채, 경쟁관계는 인정하되 종속과 억압을 부정하는 일종의 '세력균형(勢力均衡)' 형태가 지속되는 상황을 말한다. 인류의 근, 현대사를 보면 평화야말로 얼마나 깨지기 쉬운 유리잔과 같은 존재인지를 잘 알 수 있다. 현재 영·미권으로부터 출발한 자유민주주의체제의 핵심인 인권이 인류보편의 가치로 받아들여지고 있고, 가공할 핵무기라는 공포의 균형자(Balance of Horror)의 존재로 인해, 지구촌 평화가 역사상 가장 긴 장기간의 불편한 '영화(榮華)'를 누리고 있다.

그러나 인간의 본성을 기초로 하는 국제사회내의 국가 간 관계는 아직도 현실주의적인 권력 본성이 여전히 남아서, 유리잔 같은 평화의 시대를 늘 위협하고 있다. 물론 20세기를 거쳐 21세기를 살아오면서, 국가의 경계를 허무는 세계화의 시대도 있었다. 유럽이나 북아메리카에서의 국가경계를 초월하는 지역협력 등이 나타나지 않았느냐고 눈을 부라리며 물을 수도 있다.

다시 말해, 국제정치에서도 국가 간의 경쟁을 초월하는 다자 간의 거래와 협상, 나아가 조약과 제도협력을 통한 국가 간 '윈-윈 전략'(Win-Win Strategy)으로서의 자유주의적 접근방법들이 존재했고, 지금도 여전히 막강한 국제정치와 국제사회를 설명하는 이론으로서의 중요한 한 축으로 받아 들여 지고 있는 것도 명징한 사실이다.

◇ **'적성국가(敵性國家)' 북한과 '중견국가' 대한민국**

홉스(Thomas Hobbs)적인 '국제사회의 자연상태'(State of Nature)를 거래와

계약, 조약과 제도를 통한 자유주의적 접근으로, 보다 안정적인 국제사회를 유지하고 있다는 데에 이견은 없다. 하지만, 인류발전사를 통해 일어났던 수많은 전쟁과 그 참담한 현실적 경험은 여전히 인간의 본능인 권력욕과 함께, 국제정치에서 결코 배재될 수 없는 가장 기본적인 변수로 인식되어야 한다. 그러므로 현실주의적 관점에서의 지정학적 운명, 국가이익, 권력추구라는 절대 불변의 변수는 지금도 무정부적인 국제사회의 본질에서 국가의 생존을 걱정해야 하는 모든 중소국가들에게는 피해갈 수 없는 운명처럼 작동하고 있는 것이다.

미, 일, 중, 러 4대 강대국에 둘러싸여 있으며, 특히 북한이라는 '적성국가(敵性國家)'를 대면하고 있는 '중견국가' 대한민국은 절대 강대국 사이에서 '균형자' 역할을 자처해서는 안된다. 당연히 지구촌 최대 강대국이며, 국제규범의 '선도자'(Rule-Maker)인 미국과의 오랜 혈맹관계를 목숨처럼 중시하며, 슬기롭게 살아야 하는 것이 자명한 현실이다. 이렇게 '명약관화'(明若觀火)한 지리적, 국익적, 국가생존적 차원에서의 기본적인 국제정치적 인식을 무시하고, 오로지 관념적이고 몽상적이며, 비현실적인 대외정책을 고집하고 있는 文정권의 이면에는 뭔가 대한민국 국민들에게는 차마 밝힐 수 없는, 그들만의 비밀이 분명히 있다고 볼 수밖에 없다.

◇ 영구분단 책동 분쇄와 분신정국(焚身政局)

1980년 신군부의 등장과 광주에서의 소요사태 이후 전개된 소위 운동권의 '민주팔이' 과정에서, 대한민국에 불어 닥친 '한민족', '한겨레', '신토불이', '외세배척', '민족은 하나다', 등등의 북한 주도 구호들은 당시 대학 운동권 전체를 뒤덮는 대세로 존재했다. 이와 함께 당시 운동권을 장악한 소위 민족해방 (NL)파가 '1987년 체제'를 집도하면서, 대한민국 운동권에 대한 평양의 영향력도 그

만큼 극대화되어 나타나지 않을 수 없었다고 보여 진다.

1990년 소련이 무너지면서 냉전체제가 해체되고, 기아상태의 중공이 서방세계에 손을 내밀면서, 양쪽으로부터 등거리외교를 해온 북한이라는 공산국가는 최대의 위기를 맡게 된다. 당시 공산종주국이었던 소련은 물론, 중공과도 관계개선에 적극적으로 나선 대한민국은 냉엄한 국제정치의 근본을 망각한 채, 대부분 '민족통일'이라는 낭만적 사고에 우호적이었다. 적당히 북방외교를 통해 공산권들과 수교하고, 소련과 중공을 통해 북한을 압박하면, 궁지에 몰린 북한이 '민족'이란 미명아래 저절로 민족통일과정으로 나올 줄 쉽게 생각했던 것이다. 이미 주체사상을 골자로 중소 등거리외교를 해가면서, 북한만의 자립갱생 구도와 입지를 철저히 구축해 놓은 북한은, 대한민국 도처에 비밀스럽게 깔아놓은 자신들의 조직망을 적극적으로 확대해 나갔다.

그런데 갑자기 북한은 절벽에 부딪히며 당황했다. 대한민국에도 국제정치의 본질을 이해하고, 민족을 넘어서서 자유민주주의로의 체제통일을 기획하는 선각자들이 있었기 때문이었다. 이들은 갑자기 소련과 중공을 이용해서, 남북한이 더 이상 특수 관계가 아닌 국제사회의 개별독립국으로 존재해야 함을 강조했다. 이들은 남북한 유엔 동시가입을 추진함으로써, 특히 유엔안전보장이사회 5개 강대국의 승인을 받아, 남북한이 각각 개별국가로서의 입지를 공고하게 구축하도록 만들어야 한다고 봤던 것이었다.

이들의 기획대로 국제사회에서 남북한 유엔동시가입 과정은 순조롭게 진행되었다. 그러나 북한은 소련과 중공의 태도를 비난하면서, 대한민국의 대화 제안에는 일체 응하지도 않았고, 시종 묵묵부답으로 대응했다. 그런데 갑자기 이 시기 동안에 한국사회 내부에서는 예기치 못했던 과격한 소요상태가 발현하였다. 소요의 명분은 인권과 노동문제였지만, 소요에 합류한 운동권 대학생들의 요구는 '한반도 영구분단 반대'였다. 소위 '분신정국(焚身政局)'으로 대변되는 1991년 4월 26일~6월 29일 기간 동안, 총 2361회의 대규모 시위가 발생했고, 그 과정에서 노동자와 학생 총 13명이 사망했다.

이미 1990년에 한국은 소련과 수교했고, 중공과는 그 해 수교를 향한 무역대표부를 설치했기 때문에, 언제든지 대한민국의 단독 유엔가입은 가능한 상태였다. 상황이 북한에 절대적으로 불리해지자, 북한은 6월말에 갑자기 유엔가입을 선제적으로 선언하게 되었다. 그와 함께 한국사회 내 대규모 소요도 순식간에 수그러들었다. 당시 한국 운동권은 소위 '주체사상파'로 불려지는 'NL 계'가 장악하고 있었고, 여러 명의 운동권 대학생들이 '한반도 영구분단 절대반대'를 외치면서, '분신자살'하였다. 이 광경을 목도했던 좌파사상가 김지하 시인은 이들을 향해 '죽음의 굿판을 걷어치우라!'고 일갈했었다. 당시 김지하 시인에 쏟아졌던 좌파운동권의 '집중포화'로 그는 자발적으로 우경화로 돌아섰고, 그 후 정치와 시민운동을 멀리하고 자연과 향촌에서 여생을 보내고 있다.

◇ '어느 동맹국도 민족보다 나을 수는 없다?'

남북한 유엔 동시가입 후, '한민족' 또는 '우리민족끼리'를 외쳤던 북한은 그 명분을 상실하면서 참으로 난감해졌다. 그리고 이어지는 경제적 궁핍과 국제적 고립으로 거의 대한민국이 북한을 압도하는 상황이 지속적으로 전개되었다. 그러나 기가 막히게도, 대한민국 내부에서 '민족은 하나다'와 '우리민족끼리'라는 구호가 다시 되살아 나왔다. 그리고 이와 동시에 북한도 '민족공조론'을 강하게 들고 나왔다.

김영삼의 문민정부는 통합이란 미명 아래, 좌파 재야인사들을 대거 제도권으로 영입했다. 그리고 북한의 핵개발문제로 미국과의 갈등이 고조되고 북침 가능성이 전개되자, 김영삼 전대통령은 그 유명한 '어느 동맹국도 민족보다 나을 수는 없다'는 명구를 남겼다. 김대중과 노무현정권을 거치면서, 제도권에 대거 진출한 주사파 운동권 출신들은 급기야 지금의 문재인정권을 창출했다. 그리고 文정권 4년 6개월 동안 대한민국 73년 헌정사에서 한번도 보지 못했던 反대한민국, 친중, 종북정책 위주의 위험천만한, 마치 대한민국 자살을 유도케 하는, 국제정치적 곡예를 펴고 있다. 주사파 운동권시절 외쳤던 그들의 '삼민투(三民鬪)' 정신을 이제 조국, 추미애, 박범계 등등 그 밖의 청와대 주사파 위정자들이 그대로 간직한 채, 차곡차곡 대한민국 해체를 위한 노력들을 진행시키고 있는 것이다.

◇ **기적의 대한민국과 자살하는 남쪽정부**

이제 이들의 과거와 현재, 그리고 미래를 아는 자유대한민국 애국시민들은 강하게 물어야 한다. 한민족이라는 전대미문의 낭만적 사고가 자유민주주의체제보다 더 중요하며, 생명공동체라는 남북관계의 특수성으로 인해, 북한이 죽으면 대한민국 국민도 따라서 죽어야 하는지를 말이다! 그리고 결정적으로, 자유대한민국 국민들이 북한과 같은 전체주의적 사회주의 독재사회에서 함께 살아갈 수 있는 지를 말이다! 文정권 '586' 주사파 운동권 '꼰대'들에게 극도로 분노하고 있는 20~30세대들이 과연 어떤 통일을 원하는지 여론조사를 통해서라도 물어볼 필요가 있으리라 본다. 왜냐하면 앞으로의 대한민국은 바로 이들이 끌고 가야 하고, 앞으로의 남북통일도 바로 이들이 만들어 낼 한반도 통일이기 때문이다.

마치 퀸터 그라스(Guntes Grass)의 '양철북'(Die Blechtrommet)에 나오는 성장을 멈춘 주인공처럼, 주사파 운동권 강령에 몰입되어 있는 文정권 주사파 위정자들은 이제 대한민국 자살을 유도하는 죽음의 굿판을 걷어치워야 한다. 그리고 최소한이라도 성찰하는 인간의 자세로 되돌아가기를 바란다. 진정 그대들은 기적의 대한민국 앞에 고개숙이거나, 그런 나라를 자살케하는데 분노한 국민에게 단 한번이라도 반성의 자세를 보여줄 의사는 없는가? 진심으로 묻고 싶다...

리베르타스, 2021년 6월 21일

탈레반과 얼치기 주사파는 일란성 쌍둥이

**사고의 게으름은 무지와 무능을 낳고...
가치의 도그마는 공포를 낳고...
결국 양아치 혁명가로, 전체주의로 향할 수밖에!!**

거창하게 고상한 철학을 한답시고 일상에서 거들먹거릴 일은 전혀 없다. 말이 좋아서 철학이지, 철학은 바로 '인간의 생각' 그 자체이기 때문이다. 일상에서 흔히 사용되는, 타인을 폄하하는 말 중에 가장 많이 쓰이는 것이 바로 '골이 비었다'는 표현이다. 골이 비었다... 이를 직역하면 생각이 없다는 말인데, 양식과 상식, 오랫동안 과거로부터 지켜왔던 지혜와 관습을 완전히 무시한 채, 무지와 무능이 충만한 자신만의 '언사'를 거리낌 없이 해댄다는 말이기도 하다.

희랍철학자 아리스토텔레스는 인간을 '사회적 동물' 또는 '정치적 동물'로 규정했다. 이 말은 인간이라는 동물이야말로 자신이 처한 공동체를 벗어나, 이기적이고 살벌한 자연 상태에서는 결코 쉽게 생존할 수 없는 그런 나약한 존재라는 의미를 내포하고 있다. 그래서 함께 살아가는 공동체와 그 공동체의 가치가 중시되었고, 이런 관념은 이천년의 세월이 흐른 후에 서양에서 국민이 주인이 되는 '근대국가'의 형성으로까지 발전해 나갔다.

◇ 군집(群集)의 지혜와 정치의 기술

인간의 생각과 가치, 그리고 이와 연관된 실존적 문제인 삶과 생존이 충돌하는, 즉 사회 속 인간관계의 갈등 해결 장치로 작동하는 '정치'에 대한 역할과 연관된 그리스 신화를 한번 들여다보자. "태초에 제우스가 자신의 형상대로 인간을 멋지게 만든 후에 지상에 내려 보냈더니, 겉보기는 아주 좋았지만 나약한 인간들은 모든 육식동물들의 좋은 먹이 감이 되어, 거의 멸종상태에 빠지게 되었다. 제우스는 이 문제를 지혜의 여신 아테나와 의논했고, 그 결과 제우스는 인간에게 '군집'하는 지혜를 주었다. 그 후 인간들은 세력을 형성하고 부족을 이루어, 동물들을 모두 지배하는 지존의 동물이 되었다. 그런데 더 큰 문제가 발생했다. 인간의 권력욕과 지배욕은 수많은 부족전쟁으로 번졌고, 그 결과 인간끼리의 살육전쟁으로 인해 이전보다 더 참혹한 멸종단계에 이르게 된 것이다.

마음이 급했던 제우스는 또 다시 아테나를 불러서 수습 안을 마련케 했는데, 이것이 바로 '정치의 기술'(Art of Politics)이란 지혜를 인간들에게 주는 것이었다. 서로 다른 생각과 가치를 소통하고, 이를 합리적인 제도로 풀어나가는 정치의 기술을 익힌 인간들은, 더 이상 멸종단계에 들지 않고 크게 번성했다. 그런데 또 다른 문제가 발생했다. 정치를 통해 번성한 인간들은 그 축적된 힘으로 하늘궁전에 이르는 바벨탑을 쌓았고, 신들을 모두 물리치고 자신들이 신이 되고자 했던 것이다. 결국 제우스는 바벨탑을 무너뜨리고, 인간들에게 인간의 죽음에 이르는 허무를 항상 생각게 만드는, 즉 '바벨탑의 허무함'을 늘 지니고 살아야 하는 '한계의식'을 심어주었다." 물론 이런 신화의 내용들은 희랍의 신인 제우스가 유대의 하나님, 동양의 부처, 인도와 중동의 힌두와 이슬람 등과 같은 종교의 이름으로 얼마든지 대신 쓰여 질 수도 있을 것이다. 이 신화의 근본적인 핵심은, 인간만이 가용할 수 있는 정치의 기술로 끝없는 권력욕을 펼칠 경우 그 끝이 매우 참담하기 때문에, 이를 절제하고 다수를 위한 중용의 길을 선택할 수 있는 현명한 생각들을 발전시켜나가야 한다는 것이 역사 속에 존재했던 모든 '고전의 지혜'라는 얘기를 하고 싶은 것이다.

◇ 소수의 엘리트와 권력

현재 인공지능(AI)까지 등장한 엄청난 과학기술의 발전은 현대인의 편리를 추구하는 일상을 완전히 지배하고 있다. 그런데 인간들이 알아야 할 중요한 문제는 이런 과학기술의 문명기재들은 인간들이 각자가 처한 공동체와 제도를 원활하게 운영하기 위해 보조적인 수단으로 활용되는 것이지, 이것이 인간의 운명을 결정짓는 주도적인 결정요인은 되지 못한다는 사실이다. 결국 정치권력을 추구하는 소수의 권력자들이 끊임없이 내리는 자신들의 정치적 결정으로 현재 지구촌내 주권국가의 이름으로 존재하는 개별공동체와 서로 상이한 제도들의 실존적 운명이 결정되고 있다는 엄연한 현실을 받아들여야 한다.

소수의 권력자를 '엘리트(Elite)'라고 표현하듯이, 권력을 장악한 소수의 위정자들은 반드시 엘리트로서의 자질과 기질을 품고 있어야 한다는 얘기가 된다. 그러니까 일반인이 이런 엘리트로 재탄생하기 위해서는 엘리트가 될 수 있는 그런 양식과 상식을 아우르는 철학적·합리적·숙의적 사고, 즉 '생각의 능력'을 지속적으로 발전시켜나가야 한다. 한마디로 깊게 성찰하는 인간의 생각들을 끄

집어 낼 수 있는 지도력이 있어야만 공동체와 제도의 운영 또한 보다 원활하게 유지될 수 있다.

문명의 척도가 낮은 야만적인 위정자가 다스리는 공동체와 법제도일수록 인류의 보편가치와는 당연히 멀어지게 된다. 작금의 지구촌 위에 존재하는 인간의 무지와 무능, 한마디로 '골이 비어있는' 위정자들은, 물론 나름의 정치·문화적 습속에 따른 변명거리들이 다 있겠지만, 상상외로 차고 넘친다. 그러나 대한민국의 안팎과 관련된 야만적인 두 부류를 굳이 들라고 한다면, 이는 아프가니스탄의 '탈레반'과 문정권의 '얼치기주사파 위정자'들이라고 말하고 싶다. 아비귀환속의 카불을 장악한 탈레반(파슈토어로 "학생"을 뜻함)은 이름과는 걸맞지 않게 대부분 '문맹(文盲)'이다. 다시 말해, 몇 명의 이슬람지도자들이 내리는 강령에 자신들의 삶과 생명을 모두 희생하는 그런 부류들이다. 동시에 현재의 문정권 위정자들도 1980년대 운동권적 사고와 조직의 강령화된 지도지침에 의해서, 자신들의 삶과 생명을 모두 희생시키는 아프가니스탄의 탈레반들과 아주 흡사한 부류들이라고 하겠다.

◇ **탈레반의 문맹과 주사파의 도그마**

인간의 생각이 단절된 '이념'은 반드시 도그마로 빠지고, 현실을 부정하는 망상적 사고는 본인들의 의사와 다르게 자신들을 과대망상의 혁명분자로 만들 수밖에 없다. 자신들의 무지와 무능은 대중들에게 공포로 다가오고, 이런 집단적 공포는 전체주의적 사회로 가는 지름길이라는 사실을 알면서도, 겉으로 이를 외면한 채 국민들에게는 절규하듯 사기를 치고 있다. 아예 생각 자체를 잘라내 버린 소설 <양철북>의 주인공처럼, 무지와 무능의 반문명적 위정자들이 문명사회에 내놓을 수 있는 자신들의 필살무기는 그저 위선과 기만, 사기와 거짓말뿐일 것이다.

　현재 자유대한민국은 이런 저급한 아류들에게 눌려서 기를 못 펴고 있다. 수권능력을 갖추고 있어야 하는 제1야당은 엘리트로서의 생각도 지나치게 이기적이고, 몰가치적이어서 뜻있는 국민들의 기대에 크게 못 미치고 있다. 그리고 한때 위대한 지도자들과 함께 이룩한 '한강의 기적'이란 역사적 사실과 자부심을 생각 속에서 아예 지워져 버린 것 같은 상당수 대한민국 국민들의 공동체와 제도를 대하는 양태 또한 이기적이고, 몰가치적이어서 통탄스럽기는 매 일반이다. 제대로 된 자유진영들의 연대적 협력으로 내년 대선에서의 정권교체를 통해 한국형 탈레반들을 몰아내지 못한다면, 대한민국 국민들은 조국이 언급했던 "가붕개"(가재-붕어-개구리)거나, 아니면 흔히 인터넷에 회람되는 '개와 돼지'의 수준으로 떨어질 수밖에 없다. 국민이 생각할 수 없는 '사물'(Things)이나 '동물'이 되는 순간, 국가는 어김없이 국민을 '노예화'하게 된다.

　국회의장에게 'GSGG'라고 막말하는 판사 출신의 더불어민주당 의원 정도에게 짓눌려서, 자유대한민국을 자살하게끔 만들고자하는 부류들을 국민들이 몰아내지 못한다면, 대한민국 국민으로서 부여받은 역사적 권리와 자부심, 그리고 소중한 개인의 자유가치를 영원히 포기해야 하는 날이 필히 오고야 말 것이다.

리베르타스, 2021년 9월 7일

국내정치

안보(安保)가 곧 인권(人權)이다!

국민의 생명을 지키는 국가안보야말로 최대의 인권이슈!
벼랑 끝 외교 펴는 북한 핵무기는 인류의 재앙!!
북한 핵은 대한민국 국민 생사가 걸린 최대 인권문제

◇ 마키아벨리의 고뇌, 공화국으로의 통일…

인간이 처해 있는 대내외적 모든 현실적 상황들을 고려해서, 변치 않는 '상수(常數)' 즉, '진리(眞理)'를 얘기할 때, 이를 현실적인 '효율적 진리'(Effective Truth)라고 말한다. 이 말의 기원은 5백년 이상 올라간다. 왜냐하면 이는 르네상스시대 공화국으로서의 피렌체를 꿈꾸었던 천재 철학자 니콜로 마키아벨리(Niccolo Machiavelli)의 말이기 때문이다. 종교적 신념과 뜬금없는 하늘의 계시가 정치를 지배했던

당시의 세상은 각종 전쟁의 연속이었고, 그 속에서 죽어나가는 민초의 고통은 말로 형언할 수 없었다. 죽음과 시대의 고통을 막아낼 무슨 방법이 있어야 했는데,

마키아벨리는 그래서 공화국으로서의 이탈리아 통일을 소망했다.

당시로서는 그 누구도 상상하지 못할 기발했던 담대한 희망이었다. 그래서 마키아벨리는 이를 위해 로마사(史)를 끌어왔다. 신체적으로는 게르만을 능가할 수 없었고, 철학적 지혜로는 그리스에 미치지 못했으며, 군사력으로는 카르타고를 이기지 못했던 로마가 끝내 대제국을 형성할 수 있었던 배경으로, 로마의 호민관, 집정관, 민회로서의 원로원이 다스리는, 소위 '복합정치체제'를 대중들에게 피력했던 것이다.

그 유명한 마키아벨리의 <군주론>은 상징적인 내용들로 가득하다. 그다지 길지도 않은 소책자에 담겨져 있는 마키아벨리의 사상은 해석하는 이들의 주관적인 생각들이 난무할 수밖에 없고, 그 결과 현재의 지구상에는 수백 개의 마키아벨리즘이 존재하고 있다. 이 이야기는 잘 알지도 못하면서 자신들의 선전, 선동, 또는 나름의 철학적 논리에 대한 명분을 세우기 위해, 자신들이 마음내키는 대로 마키아벨리를 끌어와서 이용했다는 얘기도 된다. 마키아벨리는 죽기 전까지 절대자에 대한 신앙을 포기하지 않았지만, 철저하게 종교를 정치로부터 배제시켰다. 당면한 현실적 상황을 십분 고려해서, 현실정치가 당면했던 문제들을 타개할 수 있는 직접적이면서도 효율적인 '진리'를 추구했던 것이다.

19세기부터 작금에 이르기까지 시대를 주름잡았던 '맹장(猛將)'들의 안주머니에는 마키아벨리의 <군주론>이 들여져 있었다. 클라우제비츠, 로스베르크, 롬멜, 패튼, 몽고메리, 드골, 아이젠하워, 맥아더 등등, 수천, 수만의 부하병사들이 죽어나가는 전쟁의 한 복판에서 그들이 필요로 했던 마음의 위안은 바로, 가장 현실적이며 효과적인 진리를 추구했던 마키아벨리가 주는 '지혜의 위안'이었을 것이다. 비록 천재의 논리에 대한 충분한 이해는 부족했더라도 심리적으로는 상당한 도움이 되었을 것이라 믿어의심치 않는다.

◇ **도스토예프스키의 성경과 군주론**

제정 러시아에 저항하는 혁명분자로 체포된 후, 사형당하기 일보직전에 시베리아유형으로 감형되었던 도스토예프스키(Fyodor Dostoevsky)는 8년이 넘는 시베리아유형에서 성경책을 한 줄도 빠짐없이 다 외웠다. 그래서 이후 살면서 그는 아침에 일어나서 마치 제비뽑기하듯이, 또는 점을 치듯이, 무작위로 성경의 한 페이지를 펴서 그 내용이 그날 실현될 점괘인양 믿고 살았다.

아마도 피와 살이 튀는 전쟁터에서 이들 장군들도 아침에 일어나 마키아벨리의 <군주론> 한 페이지를 펴서, 그 날의 점괘로 사용했을 가능성이 꽤나 높지 않았을까 하는 생각도 든다. 그들이 <군주론>을 제대로 알던지 모르던지 간에, 마키아벨리가 강조했던 운명의 여신을 때려잡는 '탁월함' 또는 '기백'인 '비루투'(Virtu)는 바로 '전사의 용기'를 의미하는 것이었으니까, 아마도 대규모 전쟁을 치루는 모든 장군들은 그 어떤 상황에서도 그들이 가장 크게 필요했던 덕목으로 '전사의 용기'를 얻고자 했을 것이다.

◇ **통제 불능의 북한 핵, 대한민국 '문명세계' 파괴**

美국무부가 북한인권 문제를 거론하며, 文정권의 대북정책을 비난하고 나섰다. 북한 핵을 이고 사는 대한민국이 북한 핵문제와 인류보편가치가 담겨 있는 북한인권 문제를 지나치게 간과하고, 從北, 從中으로 딴청을 피우고 있기 때문이다. 북한은 이미 2017년에 핵무기의 소형화, 다종화, 경량화라는 3종 세트를 완성한 것으로 평가되고 있다. 또 해를 거듭할수록 핵무기 숫자는 크게 늘어나고 있다. 이미 북한은 대한민국과 자유우방을 충분히 위협할 수 있는 핵무기를 보유했기 때문에, 최근에는 핵개발에 들어갔던 국가예산을 다시 재래식 무기 확장에 투입하고 있다는 정보가 지배적이다.

북한 핵문제가 심각한 것은 국가존폐의 위기에 처한 '소국'(Small Country)이 핵무기를 갖고 있다는 점에 기인한다. 소위 핵보유국 'P5'라는 강대국들은 핵무기 관리가 안정적이다. 그러나 국제테러지원국이며, 강대국을 대상으로 '벼랑 끝 외교'를 펼치는 소국인 북한이 핵무기를 잘못 관리할 가능성은 너무나도 크다. 만에 하나라도 그 핵무기 한 개가 서울 상공에 터질 경우에는 대한민국이라는 '문명세계'는 바로 사라지게 된다.

　이점에서 대한민국 위정자들은 마키아벨리의 현실적이며, 효과적인 진리라는 문제의식을 재고해야 한다. 국민의 생존이야말로 국가존폐의 문제이며, 국민의 생명을 지키는 것이 최고의 '인권문제'이다. 이런 절대 절명의 인권문제를 놔두고, 지금 대한민국의 위정자들은 과연 어떤 생각을 하고 있는 것일까? 정말 현재의 대한민국 국민들은 북한 핵문제를 국방문제, 방위문제로만 생각하는 것은 아닐까? 아마도 그럴 가능성이 아주 높다. 그렇지 않고서야 대한민국의 존폐가 기로에 서 있는 북한 핵문제를 이렇게 무사안일하게, 강 건너 불구경하듯이 너스레를 떨면서 딴청을 피울 수는 없는 것이다. 또한 대한민국의 국방을 담당하고 있는 국방장관과 일선 장군들이 이렇게 태만하게 국가안보를 취급하고 있는지, 그리고 국가안보와 '주적(主敵)'에 대한 국방백서하나 제대로 나오지 않는 상황을 만들 수 있는지 도저히 설명이 안된다.

　이제 생각을 바꾸어야 한다. 대한민국 국민의 생명과 함께 지금까지 쌓아왔던 기적의 문명사를 한방에 날려버릴 수도 있는 북한 핵문제야말로, 바로 대한민국 국민들의 생사가 달린 다급한 인권문제가 아닐 수 없다. 북한 주민들의 인권문제도 있지만, 이상하게 뒤틀어져 버린 북한 핵문제로 인해서, 대한민국 국민들의 인권문제가 망각되고 있는 것을 새로운 발상으로 국제사회에 강력하게 제시해야 한다. 북한 인권문제와 북한 핵으로 인한 대한민국 국민들의 인권

문제를 연계해서 유엔을 비롯한 국제사회에 널리 알려야 한다. 인류보편가치로서 한반도에 내재되어 있는 너무나도 다급하고 현실적인 인권문제를, 자유대한민국 국민들이 떨쳐 일어나서 이제라도 모든 것을 제대로 바로잡아나가야 할 것이다.

리베르타스, 2021년 4월 16일

일그러진 영웅...
586 주사파의 본 모습

이탈리아 공산당 창시자 그람시가 이들을 평가한다면...
치졸한 공작정치로 집권연장만이 살길이라 생각해!
지식인의 타락과 이익, 완전히 관변화된 시민사회

현 정권 등장 내내 몸서리치게 느껴왔던 동일한 감정의 연속이지만, 또 한번 새롭게 기가 막힌다. 궁지에 몰린 문정권이 무척 다급한 모양이다. "찌라시" 수준의 첩보 기사를, 유력언론사도 아닌 요상한 선동형 인터넷 언론매체가 발표했던 그런 내용을 검찰과 공수처가 받아서 야당의 유력 대선후보를 전광석화처럼 입건했다. 대한민국 국민들은 조국-추미애-박범계로 이어지는 현정권 법무  부장관들이 지난 2년 동안 윤석열 전총장을 찌라시 수준의 첩보로 몰아붙여 놓고, '검찰개혁'이라는 위선과 기만의 정치적 명분으로 정국을 난장판으로 만들었던 사실들을 모두 기억하고 있다. 급기야 야당의 유력 대선후보를 제거하

기 위해서, 국정원장까지 등장한 막장드라마가 펼쳐지고 있다.

◇ '찌라시' 정치 쇼의 결말

지난 날 조국과 관련된 학습효과를 생각한다면, 공교롭게도 무능한 자들의 위선과 기만의 정치 사기쇼는 분명히 당사자로 지목된 윤 전 총장의 반사이익과 함께, 결국 땅을 치며 후회할 찌라시 정치쇼로 끝날 것으로 충분히 예상된다. 그래도 내년 대선을 앞둔 정권의 일그러진 '초상(肖像)'은 살아야 하겠기에, 윤석열이 아닌 그 옆에서 얼쩡대는 아류들이 희생양으로 처리될 가능성이 아주 높아 보인다.

첫 번째는 공익신고자 신분이라는 '조성은'과 '박지원' 국정원장이 '화(禍)'를 피하기는 어려울 것이며, 이어서 이진동 '뉴스버스' 대표도 거의 동일한 수준이라 여겨진다. 그리고 한동수 감찰부장과 공수처장 등이 수면 밑으로 들어가야 할 것 같고, 야당 측에서는 김웅 의원 정도가 된서리를 맞을 가능성이 높다고 하겠다. 결과적으로 최고의 수혜자는 오히려 고발사주 주범으로 지목된 윤석열 대선후보가 되지 않을까… 그러고 보니, 이게 다 문대통령의 그 유명한 베스트셀러 자서전 <운명이다>의 내용 흐름과 얼추 기승전결이 맞아 들어가는 것 같기도 하다.

◇ 그람시와 마키아벨리

한때 필자는 문정권 주사파 위정자들이 그람시(Antonio Gramsci)의 이론을 기초로 하는, 1) 성역화를 근거로 하는 진지전 2) 좌파집단들의 결속과 연대를 통한 기동전 3) 관변단체화 된 시민단체들을 통한 합법적인 체제전복전 등의 성공가능성을 크게 우려했던 바 있었다. 그러나 작금의 블랙코미디 같은 작태들을 보고 있노라니, 그저 그람시가 문정권 주사파 위정자들을 크게 비웃다 못해, 동정할 것 같다는 생각마저 든다.

그래도 이탈리아 공산당의 창시자 그람시는 통일된 이탈리아공화국을 꿈꾸었던 마키아벨리(Niccolo Machiavelli)의 이론에 심취했던 인물이었다. 그는 마키아벨리를 자신의 '현실적 유토피아' 완성을 위한 이론적 스승으로 모셨다. 물론 후대에 해석되는 수백 가지가 넘는 여러 형태의 마키아벨리론과 그람시의 생각을 비교한다면, 그람시만의 자기생각으로 마키아벨리를 악용했다고 치부할 수밖에 없지만 말이다.

1980년대 중후반 '전대협'이란 주사파 '민족해방'(NL계) 학생운동권은 각 대학의 학생회를 접수했다. 그 과정에서 먼저 공산주의 혁명이론에 매진했던 '민중민주혁명'(PD계) 학생운동권을 제압했다. 북한에서 사용되는 '연대투쟁'·'보급투쟁' 등의 용어들을 사용하면서, 학생회 활동비용 명목으로 학내 커피머신 보급권 업자들을 겁박(?)해서 빼앗은 뒤에, 대학축제 활동이나 거짓의 시위자제 등을 명목으로, 대학 학생처를 농락하여 상당한 자금들을 확보했다는 전언들이 파다했다.

◇ 종속(從屬)-종북(從北)의 전대협

이렇게 축적된 자금들은 학생운동에 관심이 없었던 대다수의 학생들을 기만하고, 반미·반제·민족해방 연대투쟁을 위해 알차게(?) 사용되었다. 과거의 화석화된 '종속이론'을 외치면서 동맹을 종속으로 보았고, 이웃국가를 제국주의 침략자로, 주적인 북한을 생사고락을 함께 해야 하는 피붙이로 인식하면서, 이에 반하는 모든 대상들을 자신들의 주적으로 삼았었다. 그래서 1987년 6월 10일은 이들의 대한민국 '혁명원년'이 되었다.

위선과 기만, 거짓과 사기전술로 자유대한민국이 자신들에게 부여했던 자유·평등·민주·인권 등을 거짓명분으로 악용해 이용함으로써, 오늘의 정권장악에까지 이르고 있다. 정권을 장악한 후에도 21세기를 넘어서는 급변하는 국제정세와 한반도 문제 그리고 과학기술의 발전으로 인한 지구촌 산업생태계의 변화는 결코 이들의 관심 대상이 될 수가 없었다. 오로지 연방이든 국가연합이던지 간에, 한민족은 통일되어야 한다고 믿고, 北이 강하게 요구하면 대한민국의 국가주권도 얼마든지 포기할 태세다. 화석화된 머리에서 나오는 통치역량은 애초에 존재하지 않았기에 처음부터 위선과 기만, 사기와 거짓으로 국민들을 대해왔다. 이제 양식과 상식을 가진 대한민국 국민 그 어느 누구도 이들의 말을 진심으로 믿지 않는다.

현재 진보좌파 지식인중에 反문재인정권 기치를 내걸고 사회운동에 박차를 가하는 사람들이 늘어나고는 있지만, 아직도 침묵하고 지켜보는 좌파지식인들이 대다수다. 그래서 묻고 싶다. 한때 그대들은 진보와 민주라는 눈부시고 아름다운 깃발을 세우지 않았던가! 그리고 그 깃발의 소리 없는 아우성을 마음속 깊이 동경하지 않았던가! 절대 잊지 못할 푸른 해원을 흔드는 그대들의 영원한 '노스텔지어' 손수건은 이제 완전히 사라지고 잊혀 진 것인가!

◇ **타락한 시민사회의 자화상**

이익단체 또는 관변단체화한 좌파 시민단체의 허망한 모습들을 보면서도 침묵하는 그대들은, 과연 지금 얼마나 타락한 영혼의 자화상을 목도하고 있는가! 1987년 '호헌철폐'와 '자유'·'민주'를 외치면서 젊음을 불태웠던 슬프고도 애달픈 마음들은 다 어디로 갔는가! 그 시절의 시대정신과 간절했던 염원을 통째로 주사파 사기꾼들에게 '탈취(奪取)' 당하고도 계속 침묵한다면, 그대들이 내걸었던 '기상'과 '깃발'은 모두 새빨간 거짓이 아니었겠는가!

건국 후 73년 동안 좌와 우의 양날개짓으로 자유대한민국이 여기까지 발전해 왔다. 그러나 지금 문정권 주사파 위정자들은 자유대한민국의 헌정질서를 유린하고, 자유민주주의의 범주를 넘어서 체제전복의 완성을 꿈꾸고 있다. 2016년 말 박근혜 정부에 대한 사기탄핵 후, 586 주사파 세력이 거짓과 위선으로 정권을 장악하는데 일조했던 그대들... 소위 양심적인 좌파지식인들이 이제 나설 때가 되었다. 다소 늦은 감이 있지만, 진정 그대들이 늘 주장해왔던 맑고, 곧은 자유대한민국을 위한 이념의 표상을 이제는 세상에 보여줘야 하지 않겠는가!!

리베르타스, 2021년 9월 14일

대권후보 윤석열이 가야할 길!

**국제정치가 국제관계의 일부라고 믿고 있는 배운 바보들!
'국민약탈' 맞다, 하지만 국민주머니 보다 더 큰 위협은?
尹, 미국과의 관계정립 서둘러야!!**

흔히 한반도 5천년 역사 속에서 나타났던 수많은 '외적의 침략과 그 침략의 시간들을 평균해보면, 아마 3~4년에 한번 정도로 크고 작은 외침을 받았을 것이라며 쉽게 얘기들 한다. 그런데 그것이 어떤 뼈저린 고통의 역사를 말하는 것인지에 대해서는 그저 무덤덤하고 관심들이 없는 듯하다. 그래서 그런지, 한국 내 국제정치학자들도 대부분 국제정치가 국제관계의 일부분이라고 늘 강조하며, 마치 국제정치를 '국제사회학'정도로 보려는 경향이 강하다.

◇ **배운 바보(Educated Idiots)들의 착각**

피상적으로 보면, 국가, 개인, 다국적기업, 국제NGO, 'WTO'(국제무역기구)

또는 'NPT'(핵확산금지조약) 등과 같은 국제조약들과 '유엔' 등 다양한 행위자들이 포함되는 '국제 레짐'(International Regime)에 대한 연구가 국제정치보다 포괄적이다. 또한, 그 위에 국제사회의 사회문화적 역동성을 받아내는 국제관계가 성립된다고 보는 것이 '배운 바보'(Educated Idiots)들이 믿고 있는, 작금의 국제정치에 대한 일반적인 이해일 것 같다.

인간의 권력본성과 비유되는 독특한 국가본성이 내재되어 있는 국제정치의 세계를 이해하기 위해서는 그 무엇보다도 정치사상이 중요하다. 그래서 생존과 권력, 힘과 힘의 균형이라는 독창적인 고유영역을 가진 국제정치를 행태주의나 기능주의 등과 같은 기계적인 분석을 통해 쉽게 이해하려고 해서는 안 된다. 겉으로는 주권국가 간의 평등한 관계가 강조되고 있는 것 같지만, 그 속은 수직이고, 상당히 무정부적이다. 그렇기에 지금도 지정학적 운명, 국익, '힘의 추구'라는 국제정치의 3대 '상수'는 여전히 꿈틀되고 살아 움직인다. 특히 강대국 정치세계로부터 피해갈 수 없는 중소국가들의 국가생존과 운명을 좌지우지한다. 그러니 '국제정치는 국내정치의 연속성 위에 존재한다'는 그럴듯한 계량적 형태의 '연계이론'(Linkage Politics)은 미국과 같은 패권적 지위에 있는 국가에게만 적용될 수 있는 일방적인 내용이 아닐 수 없는 것이다. 하기야 대량살상무기의 발전으로 수천만명이 죽었던 1차 대전을 치르고 나서야 인류의 전쟁관이 달라졌지만, 인류가 당면한 시대를 반영해온 국제정치이론들은 항상 영속성을 상실한 채 늘 임기응변적이었다.

트럼프행정부 당시 등장했던 '자유주의적 헤게모니'(Liberal Hegemony)라는 국제정치의 이론적 논쟁점도 바이든 행정부 등장과 함께 슬그머니 희미해 졌다. 그러나 자유주의사상에 기초한 영·미식 국제제도주의와 독일에서 미국으로 유입된 현실주의적 이론기조는 여전히 미국의 대외정책에서 자연스럽게 균형

점을 찾고 있다. 그 결과 다소 부드럽지는 않지만, 여전히 미국의 글로벌 정책이란 '그랜드전략'(Grand Strategy)을 위해 이론적으로 반영되어 지고 있다. 환언하면, 미국 학자들 주도의 이런 이론들이 아주 엉터리는 아니라는 말이다.

◇ 文정권이라는 '국제정치 바보들'의 행진

문제는 미국의 동맹국인 한국의 국제정치에 대한 인식이다. 그리고 文정권이라는 '국제정치의 바보'들이 정권을 잡은 데는 이들 못지않은 국제정치에 대한 국민적 몰인식이 존재하고 있었다. 어쩌면 구한말부터 이어져 내려온 억장 무너지는 국가흥망사로부터 조금도 배우지 못한 채, 이렇게 국제정치를 무시하는 그런 종류의 국민들이야말로 정말 역사의 신으로부터 벌을 받기 딱 좋은 국민들임에는 틀림이 없다. 아무리 작금의 대한민국이 당면한 시대정신이 '이기주의'와 '물질주의'라고 하더라도, 목숨을 부지하고 살아있어야만 이기적인 물질도 추구할 텐데 이를 구별하려는 인식조차 전혀 없다.

아마도 주어진 독립에서부터 미국과 해외의 도움으로 한국전쟁에서 생존했던, 그 관습과 안이함이 대한민국 국민들의 뇌리 속에 강하게 작동하고 있는지도 모르겠다. 그리고 이런 점을 탁월하게 잘 이용했던 文정권 종북세력들의 사회·정치공작의 괴이한 능력이 위력을 떨쳤기 때문일 것이다. 하지만 지난 세월에 위대한 정치적 리더십으로 국민을 설득하고 계몽시키면서, 국가안보를 지켜내고 산업화를 성공시켰던 사례도 있지 않았던가! 그러니 열정과 책임감, 그리고 시대를 관통하는 통찰력을 가진 정치지도자를 다시 만나면, 분명히 새로운 '변화의 모멘텀'(Turning Momentum)을 만들 수도 있겠다 싶다.

지난 4년 반 文정권의 통치기간 속에서 이들이 저지른 가장 큰 죄악은 대한민국을 '무장 해제' 시킨 일일 것이다. 국정원, 국방부, 통일부, 검찰과 경찰 등

대한민국의 안보를 책임지는 부서들은 모두 와해되었다. 무너진 안보기강과 제도권에 들어선 종북주의자들이 불러대는 '백두혈통'에 대한 충성심은 이제 대한민국에서는 뉴스거리도 아니다. 물론 文정권 위정자들은 직접적인 언사를 회피하고 교묘하게 상황을 기만하거나 거짓말로 자신들의 행위를 덮고 있다. 그러나 바보가 아닌 다음에야 두 명의 청춘남녀가 예식장을 마련하고 식사대접을 위한 요리사들을 초빙하며, 이런 저런 꽃과 예물들을 마련한다면 이들이 필히 결혼한다는 청첩장을 돌리지 않더라도, 두 사람이 결혼한다는 사실을 삼척동자도 충분히 미루어 짐작할 수 있는 것이다.

◇ **현재는 북한의 핵문제와 인권, 야만과 문명의 대결 시점**

전후 대한민국과 함께 산업발전과 교역, 그리고 안보를 다 같이 공고화시켰고, 대외적으로 북·중·러로 대변되는 북방 3각 연대에 대한 세력균형으로 한-미-일 3각 연대를 도모해 왔던, 가치와 제도를 함께 공유해오던 해양우방국들은 작금의 북을 향한 文정권의 복심과 미-일에 대한 대응 양태를 파악하고 내심 경악을 금치 못하고 있다. 특히 북한이 고도화 시키고 있는 핵문제는 한반도는 물론이고 동북아와 세계를 또 다른 재앙으로 내몰 수 있는 절대 절명의 안보 위협요인인 것을 미·일 양국과 자유우방국들은 하나같이 공유하고 있다.

그럼에도 불구하고, 북한 핵의 당사자인 대한민국 대통령이 전혀 비상식적인 행위를 기획하고 있다는 사실을, 국제사회 모두가 비상한 경계의 눈초리로 보고 있는 이 비극적 현실은 결코 뜬금없는 일은 아니다. 이 정도 되면, 文정권을 저지하고 새로운 정권창출을 도모하는 야권 측의 지지율 1위 대선후보는 당연히 국민의 생명을 책임져야 하는 국가안보 문제를 가장 중요하게 강조했어야 했다. 그리고 이 관점에서 북한 핵문제의 심각성을 필히 언급했어야 옳다.

물론 '국민약탈' 정권이란 표현으로, 대한민국이 오랫동안 지켜온 양식과 상식을 파괴하면서 아예 대한민국을 자살시키려는 간악한 무리들에 대한 응징은 적절했다고 본다. 이 사악한 무리들로 인해 국민을 걱정하는 윤석열의 진정성은 충분히 보여주었다는 점에서는 추호의 의심도 없다.

그러나 국가와 국민의 생명을 지키는 일이 첫 번째 임무인 대한민국 대통령이 되겠다고 하는 사람은 무엇보다도 국가와 국민의 생명을 보위하는 안보문제를 언급해야 하는 것이다. 특히 文정권 자체가 종북 주사파정권이라면 반드시 북한 핵과 인권문제를 강조하면서, 차기 대통령으로 등장할 자신을 믿고 따르는 국민들을 안심시켰어야 했다.

물론, 평생을 특수부 검사 생활을 해왔던 인물에게 고도의 국제정치적 감각을 요구하는 것은 무리일 수도 있다. 그렇지만 지정학적 운명과 국익 및 권력정치에 가장 민감해야 하는, 한마디로 대한민국의 생사가 국제정치 문제에 걸려있기 때문에 그 어떤 대권후보도 국제정치적 안목을 갖추어야 한다는 것은 가장 기초적인 자격의 문제다. 이제라도 늦지 않았다고 본다. 북한 핵문제와 북한인권 문제를 언급하면서, 가능하다면 조속한 시일 내로 미국과의 관계정립을 위한 일정을 만들어여 한다, 그런 가운데 일본과 대화·토론하는 정치적 행보도 함께 보여줘야 한다.

◇ 생사여탈권을 쥐는 국가운명 결정자로서의 대통령

대통령 즉, 행정부의 수반을 영어로 'Executive Power'(집행권)라고 부른다. 아마도 윤석열 개인은 지금까지 'Administrator'(행정가)로 살아왔겠지만, 대통령이 되고자 하는 순간부터 소위 'Execute'(사형을 집행하다) 할 수 있는 사람으로 변해야 한다. 사형을 집행하려면 본인 스스로도 목숨을 내놓아야 한다는 이야기이기도 하다. 다시 말해, 이순신의 '사즉생' 리더십으로 나가야 한다는 얘기다.

　이같은 집행권의 행사와 이를 둘러싼 국가 간 대결의 아레나(Arena)는 '국가이성'(Raison d'Etat)을 강구했던, 마키아벨리로부터 지난 5백년의 피비린내 나는 국제정치 역사 속에서, 가장 어렵게 찾아볼 수 있는 인간의 탁월한 지혜(Virtus)의 대결장이기도 하다. 윤석열 후보는 바로 그 속으로, 대한민국을 지키는 검투사(Gladiator)가 되어 국제정치라는 콜로세움으로 지금 들어가야 한다. 대한민국의 생존과 그 국민에 대한 무한대의 책임과 의무가 함께 엮인, 자신의 '명징한 운명'을 단 한 순간도 잊어서는 안될 것이다.

리베르타스, 2021년 7월 5일

윤석열 대 이재명 구도로
개헌논의 잠재우자!!

문, 민중의 비상하는 의지는 혁명으로 이어져야 하나?
최악의 대통령되려는 몸부림, 대통령제 개헌 유도하기!
"윤석열 대 이재명 구도"로 개헌논의 잠재우자!!

    4.19 기념축사와 이어지는 20일 청와대 수석회의에서 발언한 문 대통령의 놀라운 정신승리에 다시 한번 입이 딱 벌어진다. 작금의 정국상황으로 미루어 조금 달라질 기미도 있었을 텐데, 여전히 아주 심각한 얼굴로 참모들이 써준 A4용지를 그대로 읽어대고 있다. 그래도 오랫동안 잠 못 들고, '혼밥' 먹는 자신의 처량한 신세를 나름 승화시켰는지, 뜬금없이 세칭 '난닝구'시인이었던 '김수영' 시인의 한 구절, "혁명은 고독하다"는 말을 하면서, A4용지 위로 한번 눈을 부라렸다.

    4월초 제주 4.3기념식에 참석해서, "분단을 넘어서 통일을 갈망했던 민중들의 외침을 국가권력이 무참히 짓밟았다"며 북한 노동당이 얘기하는 것과 똑같은 발언을 한지 채 2주도 지나지 않았다. 이번 4.19 기념식에서는 지금까지 강조해 왔던, 그 아리송한 '실질적 민주주의'라는 말은 쏙 빼고, 슬쩍 '더 성숙한 민주주의'라는 구호를 외쳤다. 문 대통령은 '자유'라는 말을 서두에 넣고, 일단 국민을 안심시킨 다음, "민중의 비상하는 의지는 혁명으로 이어져야 한다"며, 아주 교묘한 '언어교란전술'을 쓰고 있다.

◇ 민중의 비상하는 의지는 혁명으로 이어져야

결국 대한민국의 주류세력을 교체하고 대한민국 체제를 전환하려는 자신의 일관되고 줄기찬 노력을 자신의 이념과 이익카르텔을 공유하는 인민과 민중들은 반드시 알아줘야 한다는 듯이, 마지막으로 '혁명은 고독하다'라는 말로 마침표를 찍었다. 지금까지 얼치기 주사파 위정자들이 운영했던 문 정권 4년은 독재와 부패, 무능과 기만, 사기와 거짓말의 연속이었다. 그런 너무나 뻔뻔했던 '아시타비', '내로남불'의 마지막 전략방향성이 이제 분명하게 대한민국 체제 '혁명'이라는 것이 밝혀지고 있다. "민중의 비상하는 의지는 혁명으로 이어져야 한다"는 문 대통령의 발언이 그 방점을 찍어주고 있는 것이다.

무슨 혁명이냐고 캐물으면 촛불혁명을 강조하는 것이라고 슬쩍 비켜갈 것이다. 그러나 촛불혁명이 고독한가? 뭔가를 숨기는 자는 앞뒤가 잘 맞지 않는다. 4월 20일 이어졌던 청와대 수석회의에서 문 대통령의 A4 용지 연설문은 또 한 번 무능의 극치, 꼴찌의 '정신승리'다운, 문재인이라는 '남쪽사람'의 정신세계를 적나라하게 다 보여주었다. 그는 "국민의 질책을 염두에 두고"라며 슬쩍 연막탄을 깔면서, 역사에 길이 남을 정신승리의 위대한 발언을 또 한번 했다. "우리 정부는 마지막까지 '부패'하지 않고, 마지막까지 '유능'해야 한다"고 말이다. 이 유체이탈도 유분수인 대국민 메시지는 아마도 영원히 한 대한민국대통령의

"흑역사"로 길이 남을 것이다.

◇ 文, 괴벨스의 메시지 교란과 거짓선동 활용

문 대통령의 선동방식은 선전선동의 대가였던 히틀러 치하의 괴벨스가 노렸던 메시지 교란과 거짓선동 방식과 유사하다. 괴벨스의 치고 빠지는 선동전략이 문의 교본 노릇을 하고 있는 것 같은데, 괴벨스와 비교해도 그 이해의 수준이 낮아도 너무도 낮다. 아니면 대한민국 국민들을 아예 '개와 돼지'(Animals) 또는 의식이 없는 '사물'(Things)로 보는 것으로 밖에는 이해가 되지 않는다. 문 대통령 정신승리 최고의 결정적 한방은 온 나라가 정권의 부패와 무능, 백신문제와 경제적 어려움으로 들끓고 있는데, 또 뜬금없이 세계최고의 방역시스템과 경제적 성과를 자화자찬했다는 점이다.

정말 제정신이 아닌 다음에야 어떻게 이런 말을 청와대 수석회의에서 지금 이 어려운 국내적 상황에서 할 수 있는지, 도저히 그의 정신세계가 가늠이 안 된다. 그런데 한편으로는 알지 못할 두려움과 걱정들이 밀려온다. 왜냐하면 첫째로 문 대통령의 '무지 쇼'와 메시지 전달에 함축된 아리송한 내용들이 지나치게 '대한민국의 파괴 또는 소멸'이라는 일관성을 띠고 있다는 점이다.

◇ 文연설문의 암호와 상징들

둘째로 이들의 정치공학과 사회공학이 지금까지 결코 만만치 않았는데, 왜 이렇게 터무니없이 빈틈을 많이 보이는가 하는 점이다. 결국 이들만의 암호(Code)와 상징(Symbol)들이 분명히 있어서 일반 국민들의 인지(Sign)과정과는 전혀 다른 이들만의 비밀스런 인지세계가 존재하는 것이 아닌가 하는 두려움이 깊게 남는다. 양식과 상식을 가진 정상인으로서는 제대로 알 수도 없고, 증명해서 내보이기도 힘든, 그런 사악하고 추악한 물밑영역에 대한 근거 없는 두려움 말이다. 혹시 어이없는 내로남불과 자화자찬을 계속하는 문 대통령의 무능을 국민들에게 계속 상기하도록 만들어서 최악의 대통령이라는 이미지를 계속 띄워 다시는 이런 대통령제를 지속하지 말아야 한다는 암시를, 그래서 헌법개정을 해야 한다는 당위성을 국민들에게 심어주고 있는 것이 아닌지 의심스럽다.

최근 김종인이라는 '기인'이 언론을 통해서 윤석열과 '국민의힘'당을 떼어놓으려고 하면서, 대통령제의 폐단을 강조하고, 새로운 개헌에 대한 군불을 지피기 시작했다. 마찬가지로 더불어민주당의 정세균 전 총리도 이에 동조하는 언론플레이로 열심히 군불을 때고 있다. 김종인이 윤석열의 국민의 힘 입당을 막고, 더불어민주당과 국민의 힘 사이의 제3지대에 그를 묶어놓자는 의도는 분명히 청와대와 공조된 개헌가능성과 향후 대선구도 변화과정에서의 '혁명적 밀약' 관계로 연관시켜 볼 수 있다.

◇ 김종인의 윤석열 접근 시도

이런 분위기의 원인은 만약 윤석열이 국민의 힘에 입당할 경우, 윤석열은 별다른 어려움 없이 내년 대선에서 대통령에 당선될 가능성이 아주 높기 때문이다. 그렇게 윤석열이 대통령이 되면, 먼저 문 대통령, 더불어민주당, 전라도출신들, 좌파진지와 성역화된 시민단체들, 그밖에 문 정권에서 빌어 붙어먹던 모든 부패한 자들이, 전부 '적폐'로 몰려 처단될 가능성이 아주 높아진다. 그래서 현재의 문 대통령과 얼치기위정자들은 "살을 내어주고, 뼈를 취하는" '육참골단' 전략을 취하면서, 자신들의 기득권을 유지하려고 안간힘을 쓰고 있을 것이다.

◇ 내각제 개헌 시도 가능성

　스스로 대통령이 될 수 없는, 단지 자신들의 권력만을 영속시키고 싶은 권력의 부나방들이 다 모여서, 갑자기 여론을 호도해서, 개헌을 유도할 수도 있을 것이다. 이들 중에는 '조중동'의 사주들도 포함되어 있기 때문에 더욱 그 심각성과 위험성을 크게 느끼게 된다. 결국 '혹세우민'을 밥 먹듯이 하는 이들은 개헌명분으로 케케묵은 동서갈등의 화해, 남북 간 평화통일, 남북 경협, 화합과 협치, 이런 것들을 여야 양대 정당과 주요 언론 및 방송, 문 대통령과 청와대가 함께 노래 부르도록 만들 것이다. 그렇게 되면 그렇지 않아도 '포퓰리즘'에 약하고, 자유에 대한 '지력'이 달리는 대한민국 국민들은 짧은 시간대 안에 모두 다 넘어갈 수밖에 없는 참담한 상황을 만들 것이다.

　그런데 이게 무슨 조화인지, 자세히 개헌유도자들의 면모를 들여다보면, 개헌을 향한 여야 정치나팔수들은 모두 그 출신배경에 '전라도'를 깔고 있다. 남북한 평화통일 노래가 다시 한번 북의 도움을 받아서 울려 퍼지면, 남북경협, 종전선언, 평화협정, 전작권 반환, 미군철수 등과 같은 현 문 정권이 진행하는 일들이 좀 더 현실적인 명분을 갖고, 신속하게 진행될 수 있을 것이다. 만약 그렇게 된다면, 문 정권이 그렇게 학수고대하던 남북한 국가연합 또는 연방제를 실현시키자는 국민적 호소문들이 매일 차고 넘치게 될 것이다.

◇ 윤석열, 빨리 대선 로드맵 확정해야

　결국 자신들만의 권력유지를 위해 매국행위를 한 자들의 말로는 정치공학에 뛰어난 좌파들이 대한민국 체제를 전복하도록 결정적인 정치적 공헌을 한 '희대의 반역자'로 자리매김할 것이다. 이런 비극적인 시나리오를 현재 윤석열은 파악하고는 있을까? 자유대한민국 반란세력들을 몰아내기 위해서는 한시바삐 윤석열은 대선에 대한 자신의 로드 맵을 확정해야 한다. 그리고 가능한 국민의 힘 안에서 야권 정치지도자들 모두가 모인 가운데, 국민의 힘의 기득권을 내려놓은 '국민경선' 형태로 대권후보를 선출하는 정치적 시나리오들을 가시화시켜야 한다.

그렇게 되면, 더불어민주당도 이재명으로 단합하지 않을 수 없게 된다. 이재명 대 윤석열이란 '대결구도'는 일단 개헌으로 국민을 기만하는 권력의 부나방들을 잠재우고, 대한민국의 대통령제를 지속시킬 수 있는 가장 강력한 국민적 동원력을 확보하게 만들 수 있음을 명심해야 한다.

더자유일보, 2021년 4월 28일

尹, 목숨 걸 시대정신은 "체제수호"

조국의 개헌시도, 인민민주주의 향한 교묘한 술책
'사람중심의 세상'은 수령중심의 전체주의 사회
윤, 전사의 용기로 자유대한민국 체제파괴자들을 응징하라!!

뜻밖에도 적지 않은 자유애국시민들이 아직도 '인민민주주의'에 대해서 잘 모른다는 사실에 경악한다. 민주주의라는 단어가 들어 있어서 그런지, 이것을 대한민국 국시인 자유민주주의와도 견줄 수 있는 그런 다양한 민주주의의 한 종류 중 하나로 인식하는 사람들이 놀라울 정도로 많다. 다시 말하면, 대한민국의 국민 또는 시민들이 국시인 자유민주주의에 대해서도 잘 모르는 것처럼, 자유민주주의의 내용과 극단적으로 반대 의미를 갖고 있는 인민민주주의에 대해서도 잘 모르고 있다. 아예 이런 이념의 의미와 역사에 대해서 관심조차 없는 것으로 보인다. 참으로 큰일이다...

문 정권 집권초기에 왜 조국이라는 민정수석이 헌법에 '자유'를 뺀 개헌을 도모했는지? 그 내용을 보면, 자유민주주의가 그냥 무덤덤한 민주주의가 되고,

그 민주주의는 슬쩍 인민민주주의로 흐르도록 유도되었다.

그 기만적인 정치 과정들을 대한민국 국민들은 당시에 마치 속는 것 같은 '감' (Intuition)은 잡았지만, 제대로 된 의미와 뜻은 잘 몰랐던 것이다. 이것이야말로 대한민국의 자유민주주의를 뭉개고, 인민민주주의로 가는 분명한 대한민국 체제전복을 위한, 합법을 가장한 '개헌시도'였다는 것을 알아야 한다. 이는 다른 말로 바로 '혁명'이었던 것이다.

◇ 조국의 개헌시도

그렇게 얼치기 주사파 文 정권 초기의 개헌시도는 수많은 애국시민들의 반대에 부딪혀서, 다행스럽게도 좌절되었다. 그러나 작금의 대한민국 국민들은 이런 사실들을 모두 다 잊어버리고 그냥 어렴풋이 기억만 하고 있다. 그러니 여전히 인민민주주의가 어떻게 공산주의자들과 깊은 연관을 갖고 있는지? 이것이 레닌과 스탈린이라는 소련공산주의자들이 내세웠던 일종의 '통일전선전술' (United Front)의 일환이라는 사실에 대해서는 잘 알려고 하지도 않는다. 그러니 지금 체제가 넘어가는 판인데도 다들 별 관심들이 없다.

북한의 주체사상을 집도했던 황장엽씨의 회고록에 따르면, 북한에서 인민민주주의(People's Democracy)를 '사람중심의 민주주의'로 자신이 번역했더니, 김일성주석이 몹시도 좋아했다고 한다. '사람 중심', '사람 사는 세상', '처음처럼', '더불어 사는 세상', 이런 모든 표현들은 북한지도자 김일성이 압도적으로 선전, 선동했던, 주체사상의 핵심 '이념지표'였다. 그런데 이런 단어들은 대한민국에 살면서 최근에 수많은 언론방송을 통해서 문 대통령과 청와대를 통해 반복해서 들어보았던 기억들이 너무나도 흔하다. 북한에서 '사람'은 바로 백두혈통인 김일성 일족을 의미하는데도 말이다...

◇ '사람 중심의 세상'은 수령이 지도하는 전체주의 사회

그러니까 북한에서 '사람 중심의 세상'은 바로 김일성일가를 중심으로 돌아가는 세상, 즉 전체인민의 머리인 '수령'이 집도하는 전체주의적 사회를 말하는 것이다. 마르크스의 역사발전과정은 자본주의의 모순으로 발생한 프롤레타리아혁명으로 바로 공산사회주의로 발전해 나간다고 강조하고 있다. 그러나 볼셰비키혁명을 성공시키고, 소련을 탄생시킨 레닌의 눈에는 자본주의사회에서 바로 혁명을 통해 공산사회주의로 넘어갈 수 없는, 반봉건적 상태에 있는 국가들이 대부분이라는, 국제사회의 현실이 고통스럽게 들어왔던 것이다. 그래서 레닌은 이런 반봉건상태의 국가에서 노동자, 농민, 소상공인, 소시민, 지식인 등, 여러 사회계급이 함께 참여하는 '인민민주주의' 과도기를 중간에 설정했다. 이를 발판으로 프롤레타리아 독재체제라는 완결단계로 들어가야 한다는 이론을 만들어 낸 것이다.

공산당 일당체제를 완성하기 위해서 여러 형태의 '쁘띠부르주아' 정당들을 만들고, 이들이 공산당을 옹호하는 일종의 '위성정당' 노릇을 하도록 제도적 장치를 고안한 것이 바로 혁명과도기적 단계로서의 인민민주주의가 되는 것이다. 스탈린은 동부유럽의 선도국가였던 헝가리와 체코 같은 나라와 농민이 주를 이루는 중국 같은 아시아 국가들은 마르크스의 역사발전단계를 그대로 적용할 수 없다는 것을 일찌감치 직시했던 것이다.

◇ 인민민주주의는 결국 공산사회완성을 위한 기만전술

그래서 스탈린은 프롤레타리아 독재국가를 형성하기 위한 일종의 '기만전술' 즉, '통일전선전술'로서 인민민주주의를 이 국가들에게 강제로 적용시켰던 것이다. 레닌은 인민민주주의를 노동자, 농민, 소상공인, 소시민, 지식인 등에 의한

'혁명적 민주주의독재체제'라고 이름 짓기도 했다. 그러니 붕어빵에 붕어가 없듯이, 인민민주주의에는, '생각 없는 바보'(Idiot)들이 상상하는 그런 입헌적, 자유적, 사회적, 형식적, 절차적 민주주의는 단 한 점의 그림자도 없는 것이다.

인민민주주의를 표방하고, 동구권을 공산화시켰던 스탈린의 전략은 항상 보수우파성향의 정당인들을 파시스트로 몰아 처형하고, 중도성향의 정당인들을 변절자로 몰아 처형했으며, 마지막으로 공산당 내부를 숙청해서 소련식 공산당 체제를 완성시키는, 마치 주물을 완성하듯이, 판에 박힌 과정들을 따랐다. 이런 도식은 중공이나 북한에서도 비슷하게 벌어졌던 역사적 사실들이다. 동서의 모든 역사가들은 분명하게 이런 과정들을 기억하고 있다. 문 정권의 얼치기 위정자들은 초기부터 여러 좋은 의미를 가진 대한민국 단어들을 '문둥병'들게 만들었다. 상징조작, 언어교란, 인지부조화를 통한 "정신적 세뇌전략"을 공중의 새들을 향해 기관총을 난사하듯이 무차별하게 쏘아대었던 것이다.

◇ 문 정부, 좋은 의미의 단어를 독점하며 왜곡시켜

그래서 그런지 필자도 어느 순간부터 정의, 공정, 세월, 민족, 한 등과 같은 단어들을 본능적으로 멀리하는 심리적인 단계에 이르고 있다. 이들이 얼마나 엉터리로 좋은 단어들을 병들게 만들고, 저주를 퍼부었든지, 문 정권 내내 글을 쓰거나 말로 무언가를 표현할 때, 본능적으로 이런 단어들을 피하게 만드는, 정말 소름끼치는 놀라운 재주들을 이들 악마들은 가졌던 것이다. 문 정권 내내 매일같이 쉽게 듣는 단어는 인민, 민중, 민족, 사람 등이었다. 반면에 대한민국 자유민주주의체제에서 흔히 얘기되어야 하는 국민, 시민, 인간 등과 같은 단어들은 참으로 듣기가 힘들었다.

북한 김씨 일가가 그렇게 좋아하고, 북한 헌법에도 여러 차례 언급되는 '사람 사는 세상'을 좋아하는 문 대통령과 청와대에 포진된 위정자들의 진정한 정체는 과연 무엇일까? 그렇기 때문에 박근혜, 이명박 두 전직 대통령 구속에 대한 답변을 윤석열은 어떤 형태로든 분명히 해야 한다. 그들이 원하는 사람 사는 세상은 과연 어떤 체제이어야 하는가? 왜 그렇게 막무가내로 친북, 종북해야만 하는가? 베트남식 민족통일을 원하고 있다면, 남북연방제 연합을 통한 인민민주주의로 가는 것이 아마도 이들의 궁극적인 목표일 것 같아 보인다.

◇ **윤석열, "당신은 왜 대통령이 되고자 하는가?"**

이제 대한민국의 모든 기자들은 윤석열에게 물을 것이다. 왜 대통령이 되고자 하는가? 라고, 왜 문 정권이 임명한 검찰총장직을 버리면서, 대한민국 헌정 수호를 위하고, 법치를 바로 세우겠다고 했는가? 또 왜 오랫동안 대한민국이 구축해 왔던 상식과 양식이 살아있는 그런 세상을 만들어야 한다고 했는가? 라고 말이다...

윤석열은 이렇게 답해야 한다. "일단 검찰공무원으로써 대한민국 국민들을 위해 소신을 다해서 열심히 일했다. 직위고하를 막론하고 죄가 있으면 잡아넣는 것이 대한민국 검사라고 생각했다. 그런데 그런 역할이 문 정권의 정치적 술수에 이용당하는 것인 줄은 미처 잘 몰랐다. 그래서 본의 아니게, 대한민국 헌정사에 오점을 남기게 된 점이 있었다면, 정말 유감으로 생각한다"고 말해야 한다. 또 "검찰총장을 그만두고 정치판으로 향한 것은 헌정질서를 바로 잡고 법치를 바로 세우는 것도 중요하지만, 문 정권이 시도하고 있는 체제탄핵과 체제전복을 막기 위해서였다. 자유민주주의 대한민국체제가 변화하고, 궁극적으로 사라진다면, 그 속에 헌정질서도, 법치도 다 함께 사라질 수밖에 없지 않은가! 본인은 이를 막기 위해서 죽을 각오로, 국민들을 각성시키고, 대한민국체제를 수호할 작정이다!!"고 강조해야 한다.

◇ "대한민국 주적인 북한을 죽음을 무릅쓰고 막겠다"는 결의

그래서 "대한민국은 지금 북한과 '체제경쟁'을 벌이고 있으며, 대한민국의 '주적'은 북한이고, 북한의 핵미사일은 언제든지 대한민국을 겨냥해 날아올 수 있음을 대비해서, 이순신의 '사즉생'의 각오로 이를 막아서야 한다"고 당당하게 대답해야 한다. 이어 "체제와 가치가 다른 중국이 한미동맹관계를 결코 능가할 수는 없으며, 일본과는 안보와 경제를 실용적으로 협력할 수 있는 미래의 동반자로 함께 가야 한다"고 말해야 한다. 이런 윤석열의 솔직함과 미래비전이 대한민국을 다시 살릴 수 있다. 또 압도적인 국민들의 지지를 받아, 내년 대선에서 승리할 수 있는 새로운 대한민국의 시대정신을 만들어 낼 수 있는 것이다.

마키아벨리가 강조했던 운명의 여신인 '포르투나'(Fortuna)를 때려잡는 힘은 냉철하고 정교한 술책이 아니라, 바로 비루투스(Virtus), 남성적인 '전사의 용기'다. 이 전사의 용기로 미친년 치맛자락같이 날뛰는 운명을, 자유대한민국을 무너뜨리려는 자들을 두드려 잡는 것이다. 윤석열이 중심을 잡고 목숨을 내건 채, 버텨내지 못한다면, 대한민국은 점점 더, 앞서 언급했던 레닌과 스탈린이 강조했던 '인민민주주의'의 단계로 빠져들 수밖에 없다. 그러면 대한민국의 헌정질서와 법치, 양식과 상식이 모든 것도 다 함께 사라지게 된다...

더자유일보, 2021년 5월 3일

尹·崔, 이준석 기대 말고
목숨 걸고 文과 싸우라!

진지화, 성역화 되어 있는 좌파세력 만만치 않아!
문정권과 투쟁하지 않는 제1야당, 희망이 보이지 않아!
윤과 최, 주요 언론이 관심가질 때 종중, 종북세력 치고 나가라!

성장이 아니라 퇴보를 거듭하는 갈라파고스 섬의 원시도마뱀들과도 같은 퇴행적 '수구반동'이 된 주사파 위정자들의 지난 국정 운영 양태를 놓고, 이런저런 말들이 많다. 문 정권 4년 6개월 동안 사회적 진지구축과 진지의 성역화과정을 경험하면서, 이들이 얼마나 집요하게 장기간의 시간을 갖고, 사회공작을 실행해 가는지를 여실히 경험했을 것이다. 만약 이들이 정말 갈라파고스 섬의 도마뱀이고 얼치기 이념을 추구하는 몽상적 유토피아를 꿈꾸는 좀 모자라는 인간들이라면, 당연히 문정권의 5년 역사는 역사의 진행 속에서 잠깐 드러난 얼치기 '모노드라마'로 끝나야 하는 것이다.

◇ 민노총의 3개 주력, 금속노조 · 전공노 · 언노련

그런데 그렇지 않을 것 같다. 한 예를 들어보자. 오는 10월에 총파업을 예고하고 있는 110만 회원의 민주노총은 3개의 주력부대로 구성되어 있다. 대기업 중심의 "금속노조", 교육공무원인 전교조와 일반 공무원들을 포함하는 "전공노", 그리고 이러저런 얼치기 120여개의 언론사들이 다 들어가 있는 "언노련" 등이다.

이 정권 들어서만 10만명도 더 늘어난 공무원조직은 사회주의형 새로운 인간형을 '이익카르텔'이란 물질주의적 이기심을 중심으로 형성하고 있다. 자라나는 세대를 사회주의형 인간으로 재개조하는 전교조의 이념교육과 그 만행은 점점 더 세력과 영향력을 확대하고 있다. 민주노총의 5대강령 중에 '노동자해고금지' 조항을 빼면, 나머지 4대강령이 모두 종북성향의 정치적 강령이라는 사실은 너무나도 잘 알려져 있다. 그러니까 한마디로 민주노총은 노동자의 권익을 위하는 노동조합이 아니라는 말도 된다. 민주노총의 한 예만 보더라도 대한민국의 좌경화는 노골적이다. 그 밖에도 종북좌파 시민단체를 중심으로 확장되고 있는 이들의 이념과 이익카르텔 중심으로 형성되고 있는, 사회네트워크는 일반인의 상상을 초월한다.

과거 사회전체 2-3%정도의 정신 나간 종북, 종중, 좌파네트워크는 이제 전체인구 20% 안팎을 상회한다. 어쩌면 이보다도 더 확장되어 있는지도 모르겠다. 그래도 80%의 정상적인 국민들이 있지 않는가? 민주적으로 선거를 통해서 이들을 소외시키고, 정상적인 법과 제도를 되찾아오면 되지 않는가! 라고 얘기할 수도 있겠다. 그러나 필자의 생각은 이것 또한 지나치게 무사안일에 빠진 "낭만적인" 정치적 사고일 뿐이다. 한 예를 들어보자. 20명의 착한 남녀학생들이 공부하고 있는 교실에 칼을 든 정신 나간 괴한이 두 명 쳐들어오면, 평온했던 교실의 환경은 어떻게 되겠는가? 한마디로 피투성이의 난장판이 될 것이다. 그리고 대부분의 경우, 그 두 명의 괴한들로 인해서 나머지 착한 학생들은 제압당하고 결국 인질이 되고 말 것이다.

◇ 문정권과 투쟁하지 않는 야당 의원들

그러면 이 상황에서 어떻게 해야 하나? 살기 위해서 맞서서 싸워야 한다. 이들은 집단적 사고와 수직적 조직 속에서 언제든지 인신공양까지도 마다하지 않는 강력한 이념과 이익의 카르텔을 형성하고 있다. 이 난공불락의 성채를 깨부수려면 당연히 이에 상응하는 결사적인 대결이 불가피하다. 결과적으로 희생이란 이름의 '고통과 피'는 피할 수 없다. 그럼 누가 유혈투쟁을 하나? 당연히 국민의 힘 정당 소속의 야당국회의원들이 해줘야 한다.

대선을 7개월 앞둔 대한민국의 운명은 이제 정점에 도달하고 있다. 그러니까 국민을 대표해서 언론의 중심에 서 있는 야당 국회의원, 특히 야당 대선후보 주자들이 이 고통스런 역할을 맡아줘야 한다. 특히 윤석열과 최재형 후보는 몸을 던져야 한다. 주변 정치참모들에게 휘둘려서는 안된다. 먼저 크게는 사회 내 종중, 종북, 좌경화된 이념과 이익카르텔부터 먼저 깨부숴야 한다. 그리고 세부적으로 야금야금 종식해 들어와 있는 모든 사회주의 지향의 법과 제도들을 무너뜨려야 한다. 필요하다면, 물리적 행동도 불사해야 한다. 뒷일 생각하지 말고, 온전한 자유대한민국 살려내는 안과 밖의 이슈들을 먼저 선점해 나가야 한다. 오죽 대한민국이 처한 현실이 답답하면 최장집이란 좌파 정치철학교수가 마키아벨리의 '네체스타'(Nechesta, 시대정신)를 다 언급했겠나! 이 사람 좌파지만 제대로 배운 것은 있어서, 자유대한민국의 헌정질서가 절벽위에 서 있는 시대적 환경을 제대로 읽고는 있는 것이다.

◇ 윤석열·최재형, 감옥 갈 각오로 싸워야

 '네체스타'는 바로 세상을 난장판으로 만드는 운명의 여신 '포르투나'(Fortuna)를 강하게 제압하는, 탁월한 의지와 능력, 바로 '전사의 용기'인 '비루투'(Virtu)를 불러와야 한다는 그런 내용과 암시가 내포되어 있는 것이다. 윤과 최는 정면돌파를 하라! 자발적으로 나서서 큰 사회적 이슈를 불러일으켜야 한다. 갈라파고스의 퇴행 형 원시도마뱀 가면을 쓰고 있는 악령들에 대해서 담대하게 전사의 용기로, 정말 감옥 갈 각오하고, 웅변이란 창과 검으로 대적하라! 유력대선후보는 이슈를 만들어가면서, 그렇게 문제를 일으키면서, 대중을 압도적으로 장악해 나가는 것이다. 그것이 진정한 리더십이기도 하다.

 윤과 최의 목숨을 거는, 피와 고통을 각오하는, 전사의 용기(Virtu) 외에는, 현재 요상한 젊은 정치꾼 이준석이 이끄는 국민의 힘 정당에는 '네체스타'를 감당할 수 있는 대안인물이 전혀 없다는 사실을 거듭 명심해야 한다. 진정 자유대한민국의 운명이 걸린 일이다...

더자유일보, 2021년 8월 14일

'조국수홍'이라는 또 하나의 괴물

**개인적 욕망으로 주변을 희생케 하는 야만의 정치!!
최소한의 시민적 덕목은 살아있어야 함에도…
2022년 3월 9일, 체제선택과 국가생존 걸린 선거!!**

내년 3·9 대선은 단순하고 의례적인 대통령 선거가 아니다. 한 개인의 대통령병 소원풀이의 장은 더더욱 아니다. 체제의 존폐가 걸린, 다시 말해 대한민국의 운명이 걸린 문제라는 것을 모른다면 선거의 승패는 이미 결정된 것일 뿐더러, 무고한 국민들을 체제전쟁에 끌어들일 이유도 없다. 문제는 문정권의 학정에 지칠 대로 지친 국민들은 체제 수호 전쟁에 기꺼이 참전하겠다고 작심하고 있는데, 그런 각오를 대변할 후보가 없다는 게 참으로 큰 문제다.

◇ **이익카르텔과 기생충**

지금까지 문정권의 위선과 기만, 사기와 거짓말이 통했던 원인은, 이미 이들이 각계각층 사회적 엘리트 그룹 속에 동질적인 이념을 추구하는 악의 진지들을 구축했고, 말도 안되는 비상식적인 사회적 비극들을 빌미로, 여러 형태의 정치적 성역을 만들어 놓았기 때문이다. 그리고 이런 진지와 성역화를 자의적으로 만들어가는 과정에서 생겨난 수많은 이익카르텔들은 마치 기생충들이 대량 번식하듯 필연적으로 따라들어 왔다. 문정권 주사파 위정자들이 줄기차게 유체이탈적인 '내로남불'과 '자화자찬'의 발언들을 해댈 수 있었던 것도 이들이 구축해 놓은 자본과 조직, 확산일로에 있는 이익카르텔에 대한 엄청난 자신감과 미래에 대한 믿음이 있었기 때문이다. 수시로 실시되는 사회적 지식인·지도층을 대상으로 하는 기만적인 여론조사에서, 줄기차게 이재명 대선후보의 압도적인 승리를 이들이 점치고 있다는 사실을 한시라도 간과해서는 안된다.

문정권은 당초에 대한민국을 인정하지 않았고, 스스로를 남쪽 대통령이라 칭하며 대한민국을 해체시키는 날을 '우리민족끼리' 주도해야 한다고 줄기차게 말했었다. 소위 자의적인 '법에 의한 통치(Rule by Law)'를 기반으로 합법적인 체제전복을 시도해 왔다고 볼 수 있다. 따라서 이를 목도하고 있는 양식과 상식을 갖춘 자유대한민국의 국민들은 내년 대선이야말로 누가 대통령에 당선되느냐 하는 것이 중요치 않고, 오로지 정권교체를 통해 자유대한민국의 체제를 온전히 지켜낼 수 있느냐? 하는 "체제존폐의 문제"로 바라보고 있는 것이다.

◇ 남쪽대통령과 김정일 뇌물범, 그리고...

이런 관점에서 문정권의 정권재창출을 위한 '공작정치'는 이미 도를 넘고 있는데, 여기에 국힘당의 유력 대선후보인 홍준표 전대표가 놀아나고 있어 큰 문제가 되고 있다. 이와 더불어 이준석 당 대표 또한 전혀 이념적 가치가 부재한 듯 자신의 사익을 쫓아 불난데 기름을 더하고 있다. 더욱이 홍 후보는 박지원

국정원장의 정치공작 의혹사건에 대해서 침묵하고 있으며, 더불당 지지자들의 역선택을 통한 정치교란 의혹에도 불구하고, 이를 즐기고 있는 듯한 모습을 보여주는 동시에, 더 많은 '역선택'을 받아내기 위해서 악마와의 거래도 서슴지 않고 있다. 급기야 조국을 옹호하는 듯 발언으로 '조국수홍'이란 말까지 듣고 있다.

홍 후보의 지난 정치적 행보를 돌아볼 때, 이는 차마 눈뜨고는 볼 수 없는 배신의 정치적 패악 질임에 분명하다. 소속정당은 차치하더라도 양식과 상식을 가진 모든 대한민국 유권자들을 어떻게 볼 작정인지 그저 기가막 힐 따름이다. 원론적인 이야기지만, 의회정치와 정당정치를 기반으로 하는 입헌민주주의사회에서 당내 대선 경선후보의 선택을 당원들이 아닌 일반 여론조사로 뽑는 그런 엉터리 같은 사례가 지구촌 어디에 있는가? 만약 보이지 않는 손들에 의해 국힘당의 당초 '게임 룰'대로 갔더라면, 이번 1차 경선 컷오프에서는 전혀 다른 결과가 도출되었을 것으로 짐작되고도 남는다. 그나마 이런 와중에 다행스러운 것은 김기현 국힘당 원내대표의 연설과 정치적 대응행보는 그나마 제1야당의 올바른 입지를 바로 세워주고 있다고 보여 진다.

◇ 단결없는 야당(野黨)은 야당(夜糖)

지금 국힘당이 온 힘을 다해서 밝혀야 할 일은 박지원 국정원장이 결부된 윤석열 후보에 대한 정치공작 의혹사건이다. 이 사건이야말로 향후 국힘당이 정국을 주도하면서 대선승리를 이끌어 낼 수 있는 핵폭탄과도 같은 폭발력을 함축하고 있다. 작금의 모든 정치현상들을 다 뒤집어 갈아엎을 수 있는 '게임 체인저'(Game Changer) 역할을 이 사건이 담당하는 과정에서 설사 특정후보의 부침이 있더라도(물론 그럴 것 같아보이지는 않지만), 끝까지 물고 들어 이들의 막장 공작정치의 실체를 밝혀내는데 주력해야 한다. 여기에 모든 후보들과 당 지도부는 일치단결해야 한다. 이게 상식 아니겠는가!

지난 보궐선거에서 확인했듯 국민의 민심이 정권교체로 기울었다고 하더라도, 지금과 같이 여권 발 공작정치에 놀아나는 모습으로는 희망이 없다. 더구나 홍 후보의 바램대로 역선택이든, 뭐든 최종 야권대선후보만 되면 어쩔 수 없이 국민들은 자신에게 투표할 것이라는 착각은 너무나 이기적인 망상일 뿐이다. 이제부터라도 지나친 경선경쟁 갈등을 최소화하고, 서로 양보할 것은 양보하면서 전적으로 국민들의 신뢰를 모으는 노력을 경주해야 한다. 정권교체를 바라는 모든 후보들이 한마음으로 한 곳을 쳐다봐야 한다. 그동안 문정권이 대못을 박은 사회적 악의 진지와 성역화로 인해 정상적인 회복은 만만치 않을 것이다. 이를 극복하기 위해서는 미국의 링컨이나 프랑스의 드골이란 뛰어난 지도자들이 보여 주었던 탁월한 '입헌주의적 권위주의'(Constitutional Dictatorship) 정치를 실행하기 위해서라도, 자유민주주의에 입각한 가치와 신념을 한시라도 잊어서는 안 될 것이다.

◇ 체제수호를 위한 국민의 시간

불행하게도 박근혜정권의 사기탄핵 이후 등장한 문정권의 행보는 그야말로 한편의 정치적 블랙코미디였다. 이 같은 블랙코미디가 당대로 끝나지 않고 지속적으로 이어져 망국의 '흑역사'로 남을 수도 있다. 만약 그렇게 된다면, 공화정으로서 자유대한민국은 물론, 그 안에 살고 있는 자유시민의 모습도 함께 사라지고 없어질 것이다. 그래서 지금부터 내년 대선날인 3월 9일까지의 시간이 건국 73년 대한민국이 당면한 가장 아슬아슬하고 숨 막히는 마지막 운명의 시간이 될 수도 있다.

그래서 다시 한번 상기하자! 내년 대선은 인물을 뽑는 선거가 아니다. 대한민국이 죽느냐, 사느냐 기로에 서있는, 바로 '체제존속'을 향한 '운명의 선택 시간'이라는 사실을 말이다...

리베르타스, 2021년 9월 18일

풍요의 아편에 취한 대한민국

**귀족의 명예와 시민의 덕목은 사라진지 오래!
야바위꾼-사기꾼-정치꾼 위정자들에 탈취당한 대한민국...
비무장(非武裝) 부자는 무장한 빈자에게 늘 도륙 당해!!**

하비 맨스필드 (Harvey Mansfield) 교수의 명저 '남성적인 것에 대하여'(Manliness)에서 가장 바람직한 남성의 자세는 바로 '철학하는', '사유하는 남성성'(Philosophical Manliness)이다. 이는 남성성에 대한 과학적-생물학적-진화론적 접근이 아닌, 철학적·인문학적 탐구의 결과물이다. 그러니까 남성적이지 못한(Unmanly) 정체성과 지나치게 귀족화된 젠틀맨적인 정체성 사이에서, 적절하게 절제된 중간지역을 형성하자는 것이기도 하다. 그러나 결론적으로 말하면, 거칠기 짝이 없는 남성성이 이런 사유의 경지에 오르기란 참으로 쉽지 않다. 결국 신념에 대한 지나치게 완고한 독립적 사고를 성찰해 가면서, 충동적·악의적 남성성을 억제하고, 절제된 중용의 덕목을 실현시키는 남성성을 길러야 한다는 것인데, 이는 한마디로 전혀 일반적이지 못하다.

◇ '용맹'이라는 시민의 덕목

희랍시대에 남성의 '용맹'(Thumous)은 자신의 이상을 위해 육체를 바치는 행위로서, 희랍의 철학자들로부터 결코 좋은 평가를 받지 못했다. 플라톤은 남자의 용맹과 기개야말로 자기존재를 지켜내려는 '야수적 본능'이라고 비평했다. '정치적 동물'로써 인간을 규정했던 아리스토텔레스도 용맹과 기개는 결코 시민의 덕목(Virtue)으로 평가될 수는 없다고 평했다. 21세기 양성평등사회에서 이런 저런 여성들의 눈치를 보자니, 사유하는 남성성이 바람직 한 것처럼 보이기는 하다. 그러나 나타난바 인류역사는 허세와 허풍의 남성성이 용맹과 기개로 변신해서, 마치 한번에 에너지가 폭발하듯이 계단식으로 혁명적인 발전을 거듭해 왔다.

부족국가가 물질적 풍요를 선점하기 위해서는 전쟁을 통해 상대 부족국가의 소유물을 빼앗아 오거나, 인신을 노예화하는 것이 가장 빠른 혁명적 발전의 지름길이었다. 근대에 들어서면서 과학기술과 산업혁명을 통해 풍요로워진 인류는 이성을 통한 자유주의와 합리주의의 제도와 사상을 공고화했다. 이를 법과 제도로 일반화하면서 인류역사 발전의 원동력이었던 용맹과 기개를, 슬쩍 사유하는 남성성으로 변질시켜 버렸다. 시도 때도 없이 불쑥불쑥 올라오는 맹목적인 남성적 투쟁 본능과 신념의 완고함은 허무주의와 초월주의, 실존주의와 유물론적 해방론 등과 연결된 여성성에 기생하는 공산주의적 권력투쟁 논리로부터 지독한 도전을 받았다. 이제 허풍과 허세, 용맹과 기개를 앞세우는 남성성은 힘 한번 제대로 쓰지 못하게 됐다. 자유주의와 합리주의의 돌연변이로부터 파생된 문화적 상대주의로 얽혀있는, 이상한 '법과 제도'에 눌려서 스스로 남성성을 포기해 버리는 암울한 처지에까지 내몰리고 있다.

시쳇말로 자유주의와 합리주의로부터 발현된 '정치적으로 올바른'(Political

Collectiveness) 법치주의와 문화적 상대주의를 내세우는 지구촌의 모든 문명국에서는 위대한 여성성에 도전하는 간 큰 남자는 완전히 사라지고 말았다. 그런데 자유민주주의와 입헌민주주의국가를 문명국으로 칭하고, 종교적·정치적 신정 또는 인민독재를 일삼는 국가들을 비문명국으로 칭한다면, 비문명국 권에서는 넘쳐나는 거친 남성성들을 쉽게 찾아볼 수 있다. 물론 정치적·종교적 독재와 결부된 이런 야만적 남성성을 옹호하자는 것은 결코 아니다. 다만 이들 또한 이성적으로 판단할 수 없는 나름의 "힘과 마력"이 현실적으로 존재한다는 사실을 강조하고 싶은 것이다.

◇ 아프가니스탄과 북한의 야만성

아프가니스탄 카불에서 작금에 일어나는 상황에서 보여 지듯이, 종교적 신념을 지키려는 야수적 본능에 충실한 원시적 탈레반들에게 지구촌 최강의 군대를 가진 미국을 포함한 서양 동맹국들이 꼼짝없이 이 야만적 남성성으로부터 모멸을 당하고 있다. 풍찬노숙(風餐露宿)을 마다하지 않으면서 부족 간 노략질에 기반을 둔 장기적인 게릴라전에 미국도 두 손 다 들어버렸다. 현재 카불 내 미국인들조차도 제대로 철수시키지 못한 채, 카불공항을 둘러싸고 탈레반과 대치정국을 펼치는 미국은 아마도 건국 이래 최대의 치욕적인 국가적 수모를 당할 것 같다.

이런 카불 상황과 연관해서, 지난 73년간의 남북 분단 속에서 북한지도자가 갖고 있는 야만적인 남성적 본능으로 인해 끊임없이 고통받아왔던 대한민국으로서는 작금의 탈레반이 펼치고 있는 야만적 광경이 결코 남의 일처럼 느껴지지 않는다. 대한민국 내부적으로 문민정부의 등장이란 말과 함께 '민주팔이'와 '평등팔이'가 성행했다. 이를 틈타 '페미니즘'과 '젠더'문제를 놓고 온갖 허무주의와 초월주의, 실존주의를 빙자한 유물론적 해방론이 판을 쳤다. 그리고 문화적 상대주의에 입각한 현실부정과 도피, 물질적 이기주의가 빚어낸 몽상적 사회주의논리가 사회전반에 만연히 퍼지게 되었다.

◇ 조선의 남성다움, 선비정신

그 결과 지난 세월 대한민국이 이루어낸 기적의 역사와 그 속에 존재했던 위대한 지도자들의 영도력은 해체되고, 민중 또는 인민이라는 근거 없는 집단적 야만세력들이 등장해서 대한민국의 역사를 왜곡하고 위대한 지도자들을 민중의 조롱거리로 만들었다. 기사도와 사무라이정신이 문화적 습속으로 자리 잡고 있는 서양과 일본에서 가장 많은 문학과 영화의 주제거리는 당연히 대의를 위해 또는 명예를 위해 목숨을 거는 용감한 '남성다움'이다. 그렇다면 조선에서는 그런 남성다움이 없었나? 소위 '선비정신'이란 이름으로 조선선비의 남성다움은 오랜 세월 존재해 왔었다. 한 예로 세조에 대항했던 사육신의 '선비정신'과 이순신의 위대한 남성성은 아직도 현재를 살아가는 대한민국 국민들의 심금을 울린다.

그렇다면 현재 대한민국을 자살로 유도하고 있는 문정권의 주사파 위정자들은 대의와 명예를 존중하는 남성다움을 갖추었나? 언뜻 탈레반과 같은 종류의 지독한 종교적·문화적 습속이 떠오르지만, 일단 이상을 위해 육체를 바치는 그리스적 '용맹'(Thumous)과 부분적으로 흡사하다고 평가할 수도 있겠다. 운동권이란 이름으로 오랜 세월 풍찬노숙 해왔고, 수직적 기율과 동지애, 그리고 목숨을 던지는 '인신공양'도 마다하지 않았으니까 말이다. 그런데 멘스필드교수가 강조했듯이, 이들의 타락한 남성성은 성찰 없는 맹목적인 아집과 독선으로 이해될 수밖에 없고, 결국 권력추구라는 약탈적 요소로 나타나는 일반적 현상과 동일시되었다고 볼 수 있다. 더욱이 자신의 신념과 명예를 위해서 목숨을 버리는 전통적인 남성성은 상대에게 저항하는 과정에서 위선과 기만, 사기와 거짓말과 같은 불명예스러운 방법들은 절대 사용하지 않는다. 반면에, 이들은 언제든지 위선과 기만, 사기와 거짓말을 십분 이용한다는 점에서, 탈레반이나 북한의 백두혈통이 갖는 남성성과도 차별시켜야 할 것 같다.

◇ **야만(野蠻)에 맞서는 야당(野黨)의 헛발질**

결론적으로 문대통령을 포함해서 문정권 주사파 위정자들은 북한과 중국에 존재하는 야만적 남성성을 흉내 내려는 것 같다. 그러니 원본을 벗어난 아류는 항상 질적인 문제로 고통을 받는다. 다시 말해 이들의 담고자하는 노력들은 가상해 보이지만, 목적과 방법과 이를 수행하기 위한 정치적·사회적 언사에서 중국과 북한의 야만적 남성성과 비교해도 상대적인 격이 한참 많이 떨어진다는 것이다. 지금 문대통령과 여당은 국회에서 자신들의 독재체제를 공고화하기 위한 온갖 법들을 다 실행시키고 있다. 반면에 이에 맞서는 대한민국 언론과 야당은 이 정권 시작시점부터 지금까지 이들의 비루한 야만적 남성성에 제대로 맞서서 대항해 싸워본 적이 없다.

분명한 것은 불법으로 정권을 탈취한 양아치 또는 산적 떼거리라고 비아냥거릴 것이 아니라, 자신들의 권력쟁취라는 목적한 바를 놓고, 칼과 창으로 싸움을 걸어오는 상대에게, 법과 제도로-정치로-말로, 문제를 해결하자고 이들을 달래려고 해서는 안된다. 반드시 그와 동일한 방법인 칼과 창으로 대응해야 그나마 국가와 가족, 믿음과 가치, 대한민국의 역사와 미래를 지킬 수 있다. 자유민주주의의 건국혁명과 산업화혁명을 이루어 낸 위대한 지도자들 덕분에 물질적 풍요를 보장받았으면서도, 이기적인 태만에 빠져있는 대한민국 남성성은 이제 싸우는 방법을 다 잊어버린 것은 아닐까? 풍찬노숙하며, 부족적인 집단사고에 빠져있는 야만의 무리들에게 언제든지 당할 수 있는 긴박한 위기상황에 처해있음에도 불구하고, 그저 몽상적인 안빈낙도(安貧樂道)의 그림만을 상상하면서 자기도취에 빠져 있는 것은 아닐까?

◇ 전사(戰士)의 용기와 희망

도시국가 간 또는 강대국 사이에서의 잦은 전쟁으로 피렌체의 아르노강이 늘 피 빛으로 물들었던 상황에서 청년 마키아벨리는 항상 경고해 왔다. "무장하지 않은 부자는 언제나 무장한 빈자에게 도륙 당한다"고 말이다. 이미 물질적 풍요라는 아편에 취해 있는 대한민국은 북한을 숭배하고 권력을 탐하는 얼토당토않은 권력양아치 집단들에게 정권을 내주었다. 그리고 더 큰 위협은 내부의 권력양아치들보다 더 굶주리고 더 야만적인 북쪽의 남성성으로부터 언제든지 국가와 가족, 믿음과 가치, 명예와 생명을 빼앗길 수 있는 처지에 놓여 있다는 사실이다.

대한민국이 처한 난국을 타개하기 위해서 필요한 남성성은 희랍의 '용맹'(Thumous)도 아니고, 멘스필드교수가 강조한 '사유하는 남성성'(Philosophical Manlyness)도 아니다. 바로 마키아벨리가 강조했던 탁월함을 갖춘 '전사의 용기'(Virtu)일 뿐이다. 이승만과 박정희의 리더십에는 바로 이 탁월한 남성성인 '전사의 용기'가 서려있었다. 그렇다면, 지금 나타난 야당의 대선후보들 중에 과연 누가 이런 탁월한 남성성인 '용기'(Virtus)를 갖고 있을까? 답답함을 느끼게 된다. 그러나 터널도 그 끝이 있기 마련이니 그래도 희망을 갖자...

리베르타스, 2021년 8월 25일

이준석 신드롬?
새로운 감성정치의 연속?

**양식과 상식, 정의와 공정 사라져... 결국 망각사회로 전락..
이성과 감성 사이의 갈등과 조화가 바로 선진정치!
대통령의 존재 가치, 일부러 망가뜨리는 문정권!!**

◇ 제국주의와 미국의 탄생

제국주의시대에 펼쳐졌던 열강의 과도경쟁은 '국제공법(國際公法)'을 만드는 계기가 되었다. 이 과정에서 소위 근대국가를 만들어 낸 '문명국(文明國)'으로 불리어지는 서양의 대표주자는 단연코 '영국'과 '프랑스'였다. 영국은 문명의 척도로 '법치'를 기반으로 하는 시민들의 공적영역에서의 시민성(Civility)을 내세웠다. 프랑스는 언어와 문화, 외교와 예술적 가치를 우선시했다.

한때 해가지지 않는 나라였던 대영제국과 대비해서, 나름대로 엄청난 식민지 개척 경쟁구도를 갖추었던 프랑스는, 북아메리카에서 독립을 원하는 미국과 손

잡았으며, 영국세력을 몰아내고 미국이 독립을 쟁취하는데 크게 공헌하였다. 그러나 북아메리카에서 영국세력을 제거한 이후, 미국보다도 더 큰 방대한 영토를 점령하고 있었던 프랑스 영토들이 점진적으로 미국에 의해 합병되었다. 이제 프랑스가 점령했던 그 광활한 북미대륙에서의 흔적은 캐나다의 몇몇 주에서만 겨우 확인될 뿐이다.

왜 그렇게 되었을까? 이는 신사의 나라 영국과 문화·예술의 나라 프랑스가 갖는 각각의 체화된 시민들의 전통습속(Mores)이 달라서였다고 볼 수 있다. 토크빌(Alexis de Tocqueville)은 이에 대해 내면의 감성에 쉽게 빠져드는 프랑스의 습속이 영국의 "공법제도"(Common Law)를 흡수했고, 종교적 정신(Puritanism)으로 무장한 독립당시의 미국 정치지도자들을 당해 낼 수가 없었기 때문이었다고 강조하고 있다. 프랑스인들의 감성위주의 습속은 당시 미국이 추구했던 영국의 공법에 의거한 '배심원 제도'(Jury Pool System)와 같은 법제도와 소규모 지방자치체(Township)와 같은 자치 능력과 종교적 개척정신(Frontierism)을 당해 낼 수가 없었던 것이다. 개척정신으로 확대된 영토는 연방제도와 지방자치를 기반으로 하는 법과 제도의 뒷받침으로 오늘의 광대한 미국을 건설할 수 있었다.

이성에 기반을 둔 프랑스 계몽주의 철학자들의 문제의식도 어쩌면 인간의 감성을 어떻게 다루는가에 심혈을 기울인 것으로 보여 진다. 몽테뉴, 파스칼, 몽테스키외, 루소, 토크빌로 이어지는 프랑스철학의 계보에서도 이들의 주된 관심은 전통적 습속에 접목된 인간의 '감성'을 어떻게 다른 차원의 감성으로 관리·조절할 수 있는가 하는 점에 대해서 깊은 고민을 한 흔적이 역력하다. 프랑스처럼 문화적 습속이 강하고 복잡한 사회구조를 가진, 자기이익에 몰두하는 인간들을 어떻게 사회와 조화시킬 수 있는가 하는 점은 특히 법철학, 정치 및 사회제도에 대한 이성적이며 합리적인 해결책을 도모했던 몽테스키외 '법의 정신', 루소의 '사회계약론', 토크빌의 '미국의 민주주의' 등에 반영된 사상에서 쉽게 찾아 볼 수 있다.

그럼에도 불구하고, 프랑스는 감성이 지배하는 공화국의 질서를 유지하기 위해 감성을 억압하는 중앙행정권력을 거듭 강화해 나갔다. 그러나 강화된 공권력은 항상 프랑스 '시민'들의 반발을 불러 일으켰으며, 이는 프랑스 내부에서 오랫동안 혁명과 반혁명의 급진적인 사회 변혁들을 유발시켰다. 프랑스 혁명이후 2백년이 지난 작금에 와서도 프랑스인들의 감성적 습속은 그 고질적인 프랑스적 사회문제의 근본적인 원인이 되고 있다. 급기야 프랑스적 정치문화를 경험한 구식민지국가들이나 아프리카와 아랍 등, 주변국가에서 영입된 이민자들에게도 이런 감성적 선전·선동과 정치적 접근방법들이 전파되어, 더욱 심각한 프랑스적 정치사회문제로 확대되고 있다.

◇ 권위주의 정치체제(Authoritarian Political Regime)

조선 5백년과 일제식민시대를 거치면서, 과연 한국인의 습속(Mores)은 어떻게 규정되어 질 수 있나? 참으로 간단치 않은 문제이다. 그러나 한마디로 원시적 감성을 가진 유교적 '신민(臣民)'에서 갑자기 건국혁명을 통해 '벼락국민(國民)'이 되어버린, 참으로 흔치 않은 사례라고 볼 수 있다. 자유주의, 공화주의, 민주주의라는 제도적 인식과 영향을 언급하기 이전에, 감성적인 원시적 습속자체가 너무나도 강하게 뿌리를 내리고 있는 상태에서 조선의 한국인은 대한민국의 '벼락국민'이 되어버렸다. 민주주의, 공화주의, 자유주의가 뭔지도 모르고, 토지개혁과 6·25전쟁으로 그 어떤 노블레스 오블리주(Noblesse Oblige)의 가능성도 절멸된 상태에서, 원시적 감성에 절어있는 벼락국민들을 선도해 나가기 위해서는 당연히 강력한 행정적 통제가 필요했다. 그래서 유교적 습속과 혈연, 지연, 학연이라는 고질적인 '연고의 원심력'을 억누를 수 있는, 장기간에 걸친 권위주의 정치체제(Authoritarian Political Regime)를 형성해 나갈 수밖에 없었다.

벼락국민들의 감성을 관리하고 절제시키는 권위주의 정치체제의 국가운영과 분명한 미래비전은 결과적으로 '한강의 기적'이라는, 역사 이래 최대의 대한민국 발전사를 만들어 내기도 했다. 그런데 프랑스 혁명이후 2백년이 지난 시점에서 한국에서는 소위 '1987체제'가 형성되었다. '민주화'라는 미명 아래 지난 30여년 동안 '벼락국민'들의 원시적 감성들이 아무런 관리기재도 없이 무절제하게 대한민국 천지를 뒤덮어 버렸다. 그리고 얼치기 사회주의자 또는 종북 김일성주의자들이 이런 상황을 이용해서, 철저하게 대한민국의 제도권에 파고 들었고, 급기야 이들이 정치권력마저 장악해버렸다.

프랑스혁명 후에 당시 자유민주주의와 개인주의가 뭔지도 모르는 프랑스인들이 그 후 100년 이상의 정치적 격동기를 경험했다. 이와 유사하게, 이승만의 건국혁명 이후로 '벼락국민'이 된 한국사회의 원시적 '감성팔이' 국민들도 '민주화'라는 미명아래 상당한 기간 동안의 정치적, 이념적 격동기를 또다시 경험하지 않을 수 없게 되었다. 그러나 한 가지 다행스런 것은 지난 2백 년 동안 프랑스사회가 경험했던 정치적 격변이 시대적 학습효과로 현재의 대한민국에 작동할 수 있었다는 사실이다.

다시 말해, 지금 대한민국 '벼락국민'들이 치루고 있는 어려운 시험의 답안지를 이미 프랑스가 대한민국에 제공해주었다는 점이다. 그리고 이승만과 박정희라는 대한민국의 위대한 정치가들이 단 한번도 대한민국의 헌정질서를 훼손하지 않았으며, 삶으로서 자유민주주의를 지난 73년 동안 지탱해 왔다는 '삶의 학습효과'가 대한민국 벼락국민들의 습속에도 무의식적으로 자리 잡게 되었다는 것이다.

◇ 이준석 식의 '개성'과 '공존'

며칠 전, 제1야당 당대표로 이준석이라는 36세 '정치신동(?)'이 등장했다. 세계적인 뉴스거리로 한국사례가 신기하고 역동적인 형태로 등장하고 있는 것은 사실이다. 신임 당 대표는 '개성'과 '공존'을 자신의 정치적 목표로 내세웠다. 그런데 이러지도 못하고, 저러지도 못하는 내심 잡다한 걱정들이 앞선다. 과연 이준석이 강조하는 '개성'에서 자유민주주의사회의 '개인주의' 의미를 내포하고 있는지 의심스러우며, 통합의 의미로서 '공존'은 지금까지 문정권이 펼쳤던 대한민국 파괴행위를 향후 그냥 덮어버리자는 것은 아닌지 우려된다.

이준석의 등장은 분명히 감성팔이에 따른 극단적인 한국적 쏠림현상과 무관하지 않다. 결국 원초적이며 원시적인 감성을 조금 더 진보된 감성으로 누르는 상황으로 밖에 여겨지지 않는 것이다. 새로운 감성이 기존의 감성을 누를 때는, 필연적으로 사회적 격변이나 극한 대립이 불가피하다. 왜냐하면 이로 인해 나타날 수 있는 두 가지 현상 모두가, 대한민국 헌정질서를 수호하고 발전을 도모하지 못하도록 만들 수 있는 큰 장애로 작동하기 때문이다.

첫 번째 현상은, 새로운 감성의 등장으로 문정권이 붕괴되고, 새로운 정권이 수립된다 하더라도 오랜 기간 아스팔트를 가득 메운 감성 대 감성의 충돌양상을 앞으로도 피해갈 수가 없다는 점이다. 결국 신정권이 들어선다 해도 감성을 제압하기 위한 관료조직의 강화 또는 새로운 행정독재를 구축할 가능성이 아주 높다. 두 번째 현상은, 이미 한국사회는 정의와 공정, 양식과 상식이 무너진 상태에서 새로운 감성팔이로 인해 정치·사회적인 문제가 발생할 경우, '벼락국민'들은 바로 사회문제에 등을 돌리고, 정치적 무관심으로 빠져들 가능성도 높다는 점이다.

이는 결국 현 정권의 위세를 시민사회가 넘어서지 못하고, 차기정권도 문정권을 이어가는 동질적인 정권으로 재탄생될 가능성이 아주 높아질 수 있다는 사실이다. 하기야 문정권이 시도하는 정의와 공정, 양식과 상식의 파괴는 대한민국 '벼락국민'들을 망각의 세계, 다시 말해 정치적 무관심의 세계로 유도하는 그들의 뛰어난 책략중 하나이기도 하다.

흄(David Hume)이 강조했듯이, 이성은 분명히 감성의 노예다. 그러나 정치세계에서는 항상 이성과 감성은 조화되어야 한다. 구시대를 청산하고 새로운 시대의 습속(Mores)을 만들어 내기 위해서는 자유와 평등에 기반한 성찰하는 인간으로서의 휴머니즘(Humanism)을 지닌 '개인주의'의 확립이 결정적이다.

하버드대학을 나온 36세의 신임 야당대표가 감성적인 '벼락국민'들에게 새로운 개인주의의 비전을 제시할 수 있을까? 이 젊은 지도자가 국민을 설득하고 새로운 여론을 창조하는 정치지도자의 덕목을 실현할 수 있을 까? 뭔가 현상을 크게 바꾸기는 했는데, 다시 원점으로 돌아가거나 그 보다도 더 못한 상황으로 빠져들지는 않을까? 여전히 여러 가지 거친 걱정들이 줄을 잇는다.

이들 중 제일 큰 걱정은 현실경험과 사상적 근거가 없는 이준석 식의 감성적 선전·선동으로 인해, 급기야 대한민국의 기적을 만들어 내었던 아버지세대와 감성적이며 이기적인 아들세대들 간에 심각한 대립과 갈등이 걷잡을 수 없이 커져가지나 않을까 하는 점이다. 만약 그렇게 된다면, 대한민국의 미래는 참으로 암울하다…

리베르타스, 2021년 6월 15일

위기(危機)는 곧 기회다!

**달라진 대한민국 위상, 정치권은 여전히 헛발질!
자유민주주의와 시장경제, 인류최고의 가치 체제!!
역사적 복고주의(復古主義)는 국가자살을 의미!!!**

◇ 3무(三無)의 공천, 보수(保守)의 몰락

Procustean Bed

이제 조금 숨 쉴 만한가요? 단두대를 향한 '덕이 부족한 자'들의 헛발질들이 나날이 증폭되고 있는 상황, 그래서 다급해진 그들의 당황스런 눈빛이 그리 싫지만은 않습니다. 그러나 작년 4.15 총선 전에도 그러지 않았나요? '덕이 부족한 자'들의 엄청난 정책 헛발질과 의도적인 '체계적 부패'(Systematic Corruption), 그리고 '내로남불'의 무책임을 가장한 국가 '체제전복' 시도들이, 양식과 상식을 가진 대한민국 애국시민들의 심장을 갈기갈기 찢었던 바 있지요.

예상치 못했던 중국바이러스의 창궐과 상대의 악마적 '심중(心中)'을 제대로 읽지 못하고 자만에 빠졌던 제1야당의 무심(無心), 무관(無觀), 무정책(無政策) 공천 결과, 국민들의 실망은 감당할 수 없는 '역풍'이 되었고, 돌이킬 수 없는 '보수의 몰락'을 초래했지요. 그래도 바보가 아닌지라, 그저 현상유지만을 원했던 제1야당의 뼈아픈 학습효과가 이번에는 제대로 작동했고, 이대로 가면 다 죽는다는 국민적 위기의식이 여론폭동을 일으켜서, 야권단합이 일단 성사되었던 것 같습니다.

'국민의 힘' 오세훈 후보의 유세를 돕는 소년 같은 안철수의 모습에서 뭔가 달라진 희망이 조금 보이기는 합니다. 그리고 하늘이 도운 건지 아니면 '인과응보(因果應報)'의 대가인지, 매일 불거지는 정부여당의 부패스캔들로 허둥지둥 당혹해하는 당국자들로 인해, 이번 서울과 부산 지방선거에서 승리하면 야권이 차기정권을 성공적으로 가져갈 것이라는 담론도 솔솔 나오고 있습니다. 그러나 아직 여유를 부릴 상황은 결코 아니지요. 자유애국시민들이 절대 망각해서는 안 될 점은, 이들 '덕이 부족한 자'들은 지금도 여전히 상식과 양식을 가진 일반 국민들이 상상도 하지 못할, 눈에 보이지 않는 모략을 슬쩍 해치울 수 있는 막강한 조직력과 자금, 그리고 특유의 흑색선전에 강한, 선거공학적인 '악랄한 내공'을 보유하고 있다는 사실입니다.

◇ 권력은 총구가 아니라 투표함에서 나와...

중공의 마오쩌둥을 존경하는 '덕이 부족한 자'들은 권력이 총구에서 나오는 것이 아니라, 투표함에서 나온다는 사실을 너무나도 잘 알고 있습니다. 그러니까 자유애국시민들은 이번에 투표참여는 물론이고, 투표 후 투표함들을 결사적으로 지켜내어야 하는 '이중(二重)'의 어려움을 안고 있는 것입니다. 이제 자유애국시민들도 '덕이 부족한 자'들과 마찬가지로, 모든 권력이 투표함으로부터 나온다는 사실을 잘 알고 있기에, 투표함 지키기 싸움에서 지게 되면, 권력도, 체제도, 주권도 함께 다 날아가 버린다는 것을 잘 압니다.

현재 대한민국을 대표하는 '덕이 부족한 자'는 230년 전 프랑스에 존재했던 인권변호사 출신 국민공회위원장과는 많이 다릅니다. 위선과 기만, 사기와 거짓말로 일관하는 대한민국의 '덕이 부족한 자'는 인권변호사라는 타이틀도 그저 국민들을 속이기 위한 위장전술처럼 사용했지요. 프랑스는 계몽주의철학자들의 영향아래, 혁명과 반혁명, 또 시민형과 민중형 등, 여러 형태의 혁명과 쿠데타를 경험하면서, 19세기 내내 60년이란 대혼란기를 '피와 살'을 튀기면서 직접 살아내었지만, 대한민국은 다릅니다. 그저 주어진 해방에서 운 좋게 하늘이 내린 '절세영웅'을 맞아, 자유민주주의와 시장경제가 그냥 공중에서 뚝 떨어졌지요. 건국 후 세월이 70년도 더 지났지만, 유교적 습속과 과거로의 회귀본능이 강해서, 아직도 부족주의적인 혈족적 관계를 중시합니다.

일상에서 툭하면 조상 탓을 하는데, 제일 가깝게 쉽사리 머릿속에 남아있는 세상이 '조선조(朝鮮朝)'지요. 전통과 문화가 중요하지 않은 것은 아니지만, 유교적 전통의 군주국가인 조선조는 현재 자유민주주의와 시장경제를 국시로 하고 있는 대한민국과는 그 살았던 환경이, 즉 이념과 철학, 법제도가 너무나도 다릅니다. 그러니 당면한 현재 제도의 옳고 그름을 판단하는데, 역사적 복고주의를 강조하면, 그것은 곧 바로 현제도의 몰락을 의미하게 되는 거지요. 자유, 평등, 인권이라는 자유민주주의의 기둥개념들이 마치 물건처럼 이해되는 보통명사가 되어 있는 나라에서는 안타깝게도 제도의 선악을 복고적인 역사에서 찾으려고 하는 성향이 아주 강합니다. 그 결과 지금의 '덕이 부족한 자'들이 창궐하여, 권력을 독점하고, 자신들이 '반상계급(班常階級)'이 되려는 조선조로 돌아가려는 거지요. 자신들의 입에는 자유, 평등, 인권, 정의, 공정 등과 같은 자유민주주의의 핵심개념들을 항상 달고 살면서 말입니다.

◇ 정화(淨化)의 시대 열어야

자유애국시민들이 망각하지 말아야 하는 또 다른 중요한 현실은, 대한민국의 '덕이 부족한 자'들은 결코 합리적 이성을 추종하지 않는다는 점입니다. 앞으로 정치판세가 자신들에게 계속 불리해지면, 온갖 감언이설(甘言利說)로 국민들을 속이려고 하겠지요. 아마도 그 중에 가장 쉽게 등장할 말이 바로 '통합(統合)' 일 겁니다. 이들의 전술상 '통합'이라는 말은 그저 한 템포 쉬어가자는 얘기일 뿐입니다. 그러니 특히 우유부단한 이념부재의 제1야당 사람들은 절대로 이 말에 현혹되어서는 안될 겁니다.

'덕이 부족한 자'들 입만 열면 '적폐(積弊)'라며 공감을 쳐서, '공포(恐怖)'로 정국을 통제했습니다. 그러니 이제 이들이 외쳤던 '적폐청산'이란 이름으로 분명하게 이들이 대한민국에 범했던 죄들을 밝혀내고 그 책임을 낱낱이 물어야 합니다. 그래야 역사와 사회가 바로 서고, 사적 권력추구나 직업으로서의 정치가 아닌, 소명으로서의 정치가 다시 살아납니다. 대한민국 '덕이 부족한 자'들이 대놓고 '종북(從北)', '종중(從中)'하다 보니 한 가지 좋은 점도 있었지요. 지금까지 국가안보나 국제관계에 별 신경을 쓰지 않고 자신들의 경제적 이익만 챙겼던 대한민국 국민들이 이제야 나라를 빼앗기면 자신들의 재산과 생명, 그 밖의 모든 국민으로서의 권리도 함께 없어진다는 급박한 위기의식을 느끼게 되었다는 점입니다.

◇ 청나라 북양대신(北洋大臣) 위안스카이

특히 원기발랄한 대한민국의 청년들은 최근 중국의 만행을, 구한말 원세개(袁世凱, Yuan Shikai))의 후손들이 조선을 압박하는 것처럼 느끼고 있습니다.

청년들의 분노는 곧 바로 대한민국 '덕이 부족한 자'들의 심장을 향하고 있지요. 아예 대한민국을 파괴해버리려는 '덕이 부족한 자'들의 만행으로 대한민국은 현실적으로 너무나도 큰 위기상황에 봉착해 있는 것이 틀림없지만, 좋게 생각할 수도 있습니다. 세상만사가 그렇듯이, 항상 위기가 클수록 그 기회도 크기 마련이니까요.

◇ **동맹의 회복으로 기회 살려야**

미중 패권전쟁에서 대한민국의 위상이 많이 달라졌습니다. 그 달라진 위상을 강대국들은 인식하고 있는데, 당사자인 '덕이 부족한 자'들만 모르는 게 분명해 보입니다. 대한민국이 '친중(親中)'하지 않아도 될 상황에서, 알아서 중국 밑으로 기어들어가니 중국의 '덕이 부족한 자'는 얼마나 좋겠습니까? 반면, 동맹국인 미국은 또 얼마나 가슴이 쓰리겠습니까? 그래도 미국은 애꿎은 일본만 거듭 잘해보라고 나무라고 있으니, 일본인들의 가슴앓이도 참으로 애처롭고 안타깝습니다. 그만큼 대한민국의 전략적 중요성이 작금에 제고된 결과라고 볼 수밖에 없지요.

이번 선거를 기점으로 대한민국의 자살을 유도하는 '덕이 부족한 자'들을 몰아내고, 정상적인 자유대한민국 체제를 회복해서, 한미동맹과 한미일 3각 안보협력체제를 회복하게 되면, 아직도 엄청난 기회는 대한민국을 기다리고 있다고 보여 집니다. 당장 백척간두에 처해있는 위기의 북한체제를 변화시키고, 나아가 자유통일을 도모하며, 그 여세를 몰아 대륙으로 진출해 나간다면 중국의 분할도 유도할 수 있겠지요. 비가 온 뒤에 땅이 더 굳어진다고, 대한민국 '덕이 부족한 자'들의 만행 뒤에, 다시 깨어날 자유대한민국의 앞날이 몹시 기대됩니다.

리베르타스, 2021년 3월 31일

尹, 이승만과 박정희가 주도했던 국가이성을 생각하라!

**전제정의 독재를 공화정의 독재로 해석한 좌파들
이승만과 박정희의 국가이성은 법치라는 입헌적 독재
대선후보 스스로 선택, 결정하고 선관위를 끌고나가야 한다!!**

지난 세월 대한민국이 위기에 봉착했을 때마다 수없이 발휘되었던 이승만과 박정희의 국가이성(Raison dEtat)은 좌익들이 강조하는 전제정치(Autocracy)로 해석 될 수 있는 그런 성격의 독재가 아니었다. 국가발전과 국익을 도모하는 국가이성에 기반을 둔 일종의 권위주의정치였다. 따라서 이승만 건국대통령과 박정희 부국대통령의 국가통치행위에서 단 한번도 대한민국 헌정질서가 끊기거나, 헌정에 위배되는 상황은 존재하지 않았으며, 산업화로 생성된 중산층의 확대와 더불어, 국민들이 요구하는 선진화된 민주화시대를 열 수 있는 기반을 마련했다.

대한민국의 국시인 자유민주주의체제는 자유주의, 공화주의, 민주주의라는 3가지 정치체제로 구성된 혼합정치체제이다. 로마의 공화주의는 국가위기상황에서 기능별로 나누어진 2명의 집정관 (Consul)들의 역할을 한명의 집정관에게 모든 통치실권을 위임하게 되는데, 이를 바로 '독재자'(Dictator)라고 호칭했다. 그러니까 현재의 미국과 한국의 대통령제와 비슷한 직책이라고 볼 수 있다.

대한민국 좌익들은 수많은 절대절명의 국가위기 상황을 극복하기 위해서 견줄수 없는 '탁월함'(Prudence)을 발휘했던 이승만과 박정희 대통령의 권위주의 통치 위에, 국민과 법을 무시하고 절대 권력을 휘두르는 전제정치의 독재라는 프레임을 고약하게 씌웠다. 그리고 거듭 반복되는 대국민 선전, 선동전략으로 위대한 대한민국을 건설했던 탁월한 지도자들을 폄하하고 모략했다.

◇ **이승만, 박정희의 통치리더십은 법치라는 입헌주의적 독재**

이승만과 박정희의 국가이성에 기반 했던 통치리더십은 바로 "입헌주의적 독재"(Constitutional Dictatorship)로 불려 질 수 있다. 그러니까 자유민주주의의 헌정질서를 더욱 강하게 지키고, 체제 속 공화주의 사고에도 전혀 저촉되지 않는, 입헌주의적인 가치 하에서의 국가통치행위를 정부주도로 강력하게 추진해 나갔던 것이다. 그 결과 대한민국을 전 세계가 승인하고 인정하는, 인류사에서 유일무이하게 신생국에서 선진국으로 도약한, 성공한 독보적인 국가존재로 부상하게 만들었다.

지금 대한민국은 한번도 경험하지 못했던 총체적인 위기에 봉착해 있다. 부패하고 기득권화된 관료사회와 언론, 양심을 져버린 타락한 율사들의 반사회적 행위, 그리고 기생충처럼 달라붙어 있는 관권화된 시민단체들, 공법개념이 통하지 않을 정도로 소비에트화된 지자체들, 종북-종중-반미-반일 세력을 주도하는 전국적 규모의 좌파세력들, 그리고 권력화된 민노총과 전교조의 만행 등등, 단호한 개혁조치가 필요한 당면한 위기요인들은 헤아릴 수 없을 만큼 많이 존재한다.

김종인 총괄선거대책본부장을 비롯해서 윤석열후보를 둘러싼 참모진들의 정권교체 후 미래구상이 아주 묘하게 돌아가고 있다. 제왕적 대통령제의 폐단 운운하며, 이를 바꿔야 한다는 쪽으로 흘러갈 가능성이 높다. 대한민국이 봉착한 위기상황을 넘어서고 다시 국민들이 원하는 발전하는 자유대한민국으로 원상복귀하기 위해서는 현행 헌법의 대통령직 외에는 답이 없다.

◇ **대선후보 스스로 결정하고 자기책임하에 리더해가야**

윤석열 후보는 반드시 자기 스스로 선택하고 결정해야 한다. 선관위사람들의 생각과 주변 정치꾼들에게 휘둘려서는 안된다. 국민은 대선후보를 선택한 것이지 그 옆의 선관위사람들을 선택한 것이 아니다. 선관위 참모들의 의견과 참여는 선관위의 단합을 위한 학예회와도 같은 것, 결국 모든 것은 윤석열이라는 야당 대선후보 혼자 결정하고 스스로 마지막 선택을 해야 한다. 이준석문제를 비롯해서 윤석열 캠프내에서 터져나오는 불일치와 리더십 논란은 결국 윤후보의 자기결정 미숙과 리더십부재로 인한 것으로 국민들은 인식하기 쉽다. 이를 넘어서기 위해서는 먼저 선관위의 핵심질서부터 다잡아야 한다. 그러면 정치력 미숙으로 인한 윤의 언행불일치문제와 사사로운 가정사 문제로 인한 국민들의 의심문제도 선관위 내부단결 및 체계적인 대응체계로 저절로 해결되어질 수 있다.

그리고 건국대통령 이승만과 부국대통령 박정희를 갈구하는 보수우파 대한민국 국민들이 선택한 윤후보의 막중한 국가적 사명과 소명의식은 바로 윤후보 자신이 지속적으로 강조해 왔던 법치를 중심으로 한 국가이성, 바로 미국과 한국에서 채택되고 있는 자유민주주의체제하에서의 헌정질서인 대통령제와 이를 통한 입헌주의적 독재로 문정권 5년의 적폐를 반듯하게 청산해주기를 바란다는 사실을 한시라도 잊어서는 안된다.

자유일보, 2021년 12월 24일

자유대한민국과
윤석열후보가 같이 사는 길

동, 면 주민센터까지 파고들어간 공무원 이익카르텔
윤석열 선대위 참모들, 백의종군 선언하라!!
김건희, 사과성명내고 대부분의 재산 사회환원하라!

박근혜 전대통령이 사면되었고, 동시에 한명숙 전총리는 복권, 이석기 전의원은 가석방되었다. 또 한번의 절묘한 이 정권의 정치사회공학 깃발이 현란하게 펄럭이고 있다. 지난 5년동안 문대통령, 조국, 추미애, 박범계, 이재명, 그리고 다른 주사파율사 출신 위정자들로부터 일관되게 목격했듯이, 위선과 기만, 거짓과 사기가 일상화되어 있는 이런 사람들의 뻔뻔스런 언사와 행동 기저에는 분명히 그 나름대로의 명분이 있다. 이는 양식과 상식의 차원이 아니라, 체제전환 또는 체제전복을 위한 혁명적 대의를 현실화하기 위해서, 합법을 가장한 그 어떤 더러운 수단과 방법들도 무조건 다 활용되어져야 한다는 절대적

인 믿음이다.

지금까지 마치 북쪽의 노동당서기실을 연상하듯 청와대의 하명으로 각부처와 기관으로 내려간 낙하산인사들의 수가 너무도 많아서 언론기사거리 조차 안된지 오래다. 이제 이익공유 공무원카르텔은 지방자치체는 물론이고, 일상인들이 살고 있는 집 근처의 경찰지구대와 면, 동 주민센터까지 다 파고 들어가 있다.

◇ **문대통령, 대선 개의치않고 임기 내에 체제전복 도모한다!**

국가나 사회의 공익을 생각지 않고 그저 자신들에게 돈이 되고, 이익이 된다는 얄팍한 생각으로 이념의 도그마에 빠진 자들의 마술피리에 다들 완전히 홀려버렸다. 그 결과 대깨문과 대깨리가 된 공유사회 이익카르텔노예들의 수가, 여론조사에서도 계속 나타나듯이, 전국민의 30% 안팎 정도가 되어버렸다. 그래서 이들은 야권 내부 분열공작과 검, 경을 이용한 강압수사로 얼마든지 양떼같은 국민들을 혼란에 빠뜨릴 수 있고, 그것도 모자라면 좀 더 강도 높은 선거조작이나 국기문란행위를 자행하면, 내년 대선도 걱정할 것이 없다고 보는 것 같다.

또 만약 이재명 여당후보가 시원찮으면, 문정권의 임기가 내년 5월에 끝나니까, 그때까지 완전히 대한민국을 뒤집어 엎고 좌파조직의 영향력아래에 두면, 차기대통령이 설사 이재명이 되지 않더라도 말뚝박아놓은 미래의 정책들을 건드릴 수 없다고 생각하는 것 같다. 진지화된 좌파조직들이 건재하기만 하면, 대한민국이란 국호가 사라지는 일은 누가 대통령이 되어도 상황과 장소에 따라 적절히 맞춰가면서 사라지게 만들면 된다고 보는 것같다.

반면, 일사분란하게 좌파사회조직들이 움직이면서 문정권의 대선 공학 로드

맵이 완성되어가는 이 시기에, 윤석열후보의 야권내부는 어린 정치꾼과 좌파들의 김건희씨에 대한 지속적인 마타도어 공작으로, 아주 볼쌍사납게 분열하고 있다.

◇ 윤 선대위, 백의종군 선언없이는 정권교체 힘들다!

상황이 이렇게 돌아간다면 윤후보와 국힘당, 그리고 선대위측근들은 어떻게 해야 하나? 답은 모든 것을 내려놓는 진정성으로, 국민들을 감동시켜야 한다. 윤후보는 집권후 완벽한 법치재건과 정권심판을 약속해야하며, 그 측근들은 그 어떤 공직이나 권력공유에도 참여하지 않고, 정권교체와 정권심판을 위해 백의종군하겠다는 선언을 해야한다. 그리고 김건희씨도 억울한 부분이 있겠지만 국민앞에 일단 사과하고, 그 대가로 자신이 보유하고 있는 재산 대부분을 사회에 기부한다고 당당하게 나서야 한다. 나아가 다른 선대위원장들도 대선후 그 어떤 정치적 영향력도 행사하지 않겠다고 선언하고 실행한다면, 국민정서는 완전히 달라질 수 있다.

이미 김병준위원장은 비슷하게 했다. 그러니 옹심많은 김종인위원장도 상황이 그렇게 돌아가면 자신도 따라서 선언할 수밖에 없다. 그렇게 국민을 감동시키면 결과적으로 압도적인 대선승리를 가져올 수 있다. 지금 대한민국이 백척간두에 서있는데 소위 보수우파라는 국힘당측 위정자들이 무엇을 주저하는가! 다 던져야 한다. 그래서 대한민국을 살려야 한다. 대한민국이 살아야 윤석열도 살고, 자유우파도 같이 산다.

자유일보, 2021년 12월 27일

4부

국제정치

대한민국 자살유도자들, 미국조차 업신여기내!

공산주의와 파시즘이라는 '샴쌍둥이'!!
스탈린의 계략과 맥아더 장군의 전쟁관(戰爭觀)
한미정상회담, 대한민국의 사활이 걸린 文정권의 마지막 기회!!

◇ 러시아 볼셰비키 혁명과 파시즘(fascism)

왕이 주인인 세상, 즉 절대군주정에서 시민, 국민이 주인이 되는 공화정세상으로 발전하는 과정에서 나타났던 두 가지 형태의 민주주의는, '자유민주주의(自由民主主義)'와 '인민민주주의(人民民主主義)'였다. 그중에서 인민민주주의는 표면적인 언어가 나타내는, '인민의 공화국'이란 말과는 전혀 다른, '전체주의(全體主義)'라는 정치체제의 내면을 갖고 있기 때문에, 민주주의라는 '겉 표현'과는 절대로 동질적이지 못하다.

1차 대전 중에 벌어진 볼셰비키혁명으로 마치 서구식 자유민주주의와는 완전히 다른 형태의 민중 혁명적 모습을 띠었으나, 이를 '인민민주주의'라고 포장하고 선동하는 전체주의 혁명가들의 '언어기만'과 '거짓전술'로 인해 서구 정치가들은 속수무책으로 속았다. 그래서 '파시즘(Fascism)'이란 또 다른 전체주의자들을 대응하는 연합군의 한 축이 되어 싸웠던 공산주의자들이, 파시스트들과 동일한, 전혀 민주적이지 않은, '전체주의적 사회주의' 세상을 추구하는지에 대해서는, 잘 알려고 노력하지도 않았고, 다만 당면했던 긴박한 전쟁의 승리에만 몰입했다.

특히, 현실주의 정치가 처칠의 우려에도 불구하고, 미국의 루스벨트는 스탈린의 소련을 히틀러에 대항하는 연합세력으로 적극적으로 끌어들였다. 어쩌면 루스벨트는 일란성 '샴쌍둥이' 같은 공산주의와 파시즘이란 두 전체주의 체제들 간에 서로 피 튀기는 대결을 유발시켜서, 나름대로의 '어부지리(漁夫之利)'를 취하자는 어설픈 '희망적 사고'를 했을 지도 모르겠다. 그러나 전쟁이 그 끝을 향해서 달려갈수록 미국은 당황하기 시작했고, 급기야 중국대륙을 거쳐 한반도로, 그리고 동부유럽으로 밀려 내려오는 소련 공산주의세력을 막아내기 위해서, 미국은 거세게 마지막까지 저항하는 일본에게 핵폭탄을 사용하지 않을 수 없었다.

◇ **스탈린의 계략과 6·25 전쟁 영웅 맥아더**

독일과 한반도의 분단을 요구하는 스탈린의 '참전명분'에 힘이 달렸던 미국은, '마샬플랜'을 통해 서유럽을 먼저 보호하지 않을 수 없었고, 결국 한반도와 대만을 포기하는 '애치슨라인'(Acheson Line)을 긋게 된다. 스탈린은 표면적으로 6·25전쟁에 거리를 두었다. 그 대신 중공을 참전하게 만들었다. 스탈린은 절대로 미국이 중공을 상대로 핵폭탄을 사용하지 않을 것이며, 중공의 인해전술은 6·25를 '장기전(長期戰)'으로 끌고 갈 것으로 봤다. 그리고 만약 중공이 한반도에서 미국을 붙잡아 둔다면, 동부유럽으로의 진출은 물론이고, 중부유럽까지도 충분히 소련의 영향력아래 둘 수 있을 것이라고 철저하게 분석했다. 소련은 유엔안보리에 불참함으로써 유엔군의 6·25참전에 거부권(Veto)을 사용하지 않았고, 공산우방으로서의 중공을 한반도에 투입함으로써, 완전한 '국제적 열전'으로 6·25를 몰고 가고자 했던 스탈린의 계산은 정확하게 맞아 떨어졌다.

　북한의 침공 이후 한 달 만에 공산화될 뻔했던 대한민국으로서는 맥아더장군이야말로 국가적 '행운'이자 '불행'이었다. 2차 대전의 영웅인 맥아더의 현장의지를 워싱턴 정치가들이 쉽게 저지할 수는 없었다. '전쟁의 화신'이었던 맥아더장군이 인천상륙작전이후 북으로 쳐 올라가면서, 속전속결을 통한 전쟁승리라는 공명심이 그의 눈앞을 가렸다. 그래서 결국 그는 피할 수 없었던 중공이란 거대한 대륙세력에 대한 지정학적, 국제정치적 전략 판단을 하지 못했다. 아마도 일본과 대전할 당시, 부패하고 무능했던 장개석의 국민군대 정도를 떠올리면서, 굳이 대응하지 않으려 했을 지도 모르겠다. 그러나 맥아더의 이 결정은 자신의 명예와 정치생명을 앗아가는, '전쟁의 신'이었던 맥아더의 존재가치를 송두리째 빼앗기는 결정적인 오판이 되었다.

　평양-원산 라인을 접수한 후, 한반도의 지정학적 위치를 파악하고, 2차 대전이란 열전으로 지칠 대로 지쳐있는 워싱턴 정치가들과 국민들을 고려했다면, 평양-원산라인에서 중공과 협상했었어야 했다. 그리고 가능한 빨리, 미군의 주력부대를 유럽으로 배치해서 소련의 팽창을 막아내는 신속한 '세력균형'(Balance of Power) 정책을 폈어야 했다. 만약 그렇게 역사가 마무리되었다면, 제일 먼저 작금의 휴전선은 평양-원산 라인 위쪽으로 정해졌을 것이고, 중공의 영향력아래 쪼그라든 북한은 대한민국이 성취한 '한강의 기적'과 경제적 영향력을 견뎌내지 못하고, 아마도 소련과 동구권의 붕괴와 함께, 대한민국에 진작 흡수 통일되는 결과를 가져다주었을 것이다.

◇ 목숨 걸고 쟁취한 한미상호방위조약

공산권의 침략을 막아내었던 이승만대통령은 떠나려는 미국의 발목을 목숨 걸고 붙잡았다. 그리고 미국이 그렇게 싫어했던 '한미상호방위조약'을 맺게 만들었다. 그래서 거제도 반공포로를 석방하고, 한반도 통일을 부르짖었던 이승만대통령이야말로 미국의 최대 골칫거리였으며, 미국은 이승만을 제거하기 위해 '에버레디'(Ever-Ready) 작전까지 고려했었다.

미국은 지나치게 미국의 체제성격과 시민사회를 잘 알고 대응하는 이승만이 '골칫거리'인 동시에 두려웠다. 결국 슬그머니 사라진 듯했던 미국의 '에버레디' 작전은 4.19와 이승만의 하야로 끝내 성공하게 된다.

당시 대한민국이 당면했던 정치사회적 혼란과 경제적 궁핍은 이승만 정권 말기에 수년간 행해졌던 미국의 '원조감소'에 기인했다. 당시 대한민국 국민들이 외쳤던 '못 살겠다 갈아보자'란 구호도, 바로 보이지 않는 미국의 원조감축 작전과 이로 인한 '이승만 제거' 또는 '길들이기', 즉 '에버레디' 작전의 연장 속에서 생성되었던 것이다. 미국은 이승만을 분명히 알았다. 자유민주주의가 '체화'된 이승만대통령이 국민들의 소요와 외침을 결코 무시하지 못할 것이란 점과 절대로 반민주적인 국가폭력을 사용해서, 국민들의 소요를 제압하는 유혈사태는 벌이지 않을 것이란 점도 제대로 파악하고 있었던 것이다.

이제 세월이 흘러 한미동맹도 70년을 넘어가고, 혈맹으로서의 한미관계는 동아시아의 상호적인 안보 '린치핀'(Linchpin)으로서 기능을 담당해 왔다. 그런데 21세기에 들어와서 대한민국 헌정사상 처음 겪어보는, 종북(從北)'과 '종중(從

中)'을 표방하는 文정권에 와서, 대한민국의 번영을 가져다 준 한미동맹관계가 표류하고 심각하게 도전받고 있다. 지난 文정권의 통치 4년을 경험하면서, 미국 대통령을 둘러싼 미국의 권력통치기구들은 이제 文정권에 대한 모든 검증과 분석들을 다 끝낸 것처럼 보인다. 文대통령의 개인적 가치와 이념성향, 대일·대미정책과 대북·대중·대러 정책 모두를 꿰뚫어보고 있는 것으로 보인다.

다시 말해, 이승만 정권에 대한 '에버레디' 작전처럼, 文정권에 대해서도 완전한 개입을 앞둔 상태에서의 모든 데이터분석이 끝난 것으로 보인다. 서울·부산 보궐선거 참패 이후, 우왕좌왕하는 文정권 위정자들의 혼란 속에서, 지금까지 정권말기적 현상으로 항상 대두되었던 '내각제 개헌' 제안도 국민들의 분노와 10개월 정도 밖에 남지 않은 대선 가도를 고려한다면, 하늘이 돕지 않고서야 곧 바로 성사될 가능성은 전무해 보인다. 아직도 얼치기 이념에 표리부동인 文정권 위정자들은 뜬금없이 '초심(初心)' 운운하면서 변화할 가능성에 찬물을 끼얹고 있다. 아마도 文 정권을 가능케 했던 '대깨문'이란 홍위병들도 여전히 눈 감고 귀먹은 채, 우리 '인'이 마음대로 남은 10개월도 눈치 보지 말고 통치해보라고 할 것 같다.

그러니 양식과 상식을 가진 대한민국 국민들은 이들이 기왕에 지배하지 못할 대한민국이라면, 너 죽고 나 죽고 식으로 대한민국과의 공동자살을 도모할지도 모른다는 지독한 '부정관념'을 떨쳐 벌릴 수 없고, 이는 이미 실존적 두려움으로 존재하고 있다. 비현실적인 관념과 허상에 젖어, 대한민국의 생존이 걸려있는 국제정치와 경제문제를 헌신짝처럼 내다버리고, 자신들만의 표식(Sign)과 상징(Symbol)에만 몰입되어 있는 자들의 '말로(末路)'를 자유애국시민들이 지켜보는 것도 나쁘지 않지만, 이들이 몰고 올 대한민국 파괴의 후유증이 한편으로는 너무나도 걱정이 되는 것이다.

◇ 한미정상회담, 대한민국 운명의 전환점

5월말 또는 6월초로 한미정상회담이 노정되어 있다고, 한국 언론들이 미국보다 먼저 떠들고 있다. 일반적으로 정상회담은 양국 간 실무회담을 통해, 그 일정과 의제가 모두 협의되었을 때, 양국언론을 통해 동시에 발표한다. 그러나 현재 미국 측은 별다른 움직임이 없는데, 청와대가 먼저 안달복달하는 격이다. 물론 이런 청와대의 기만적인 행동에는 충분한 이유가 존재한다. 반도체, 원자력, 인공지능, 미래형 충전지 등등 4차 산업혁명과 관련된 모든 경제이슈들을 미국은 자국중심으로 끌고 가려하고 있다. 동시에 이런 노력을 대중 포위망이란 국제안보문제와 연관시키는 글로벌전략을 강화하고 있다. 반면 文정권은 여전히 미국을 외면하고, 중국도 제대로 알아주지 않는 일방적인 정신승리에 가까운 '종중(從中)'정책을 펴고 있다.

동맹을 종속관계로 인식하고 있는 반시대적인 文 정권이 미국을 위협하는 수단은 어이없게도 자기 파괴적이다. 자신들을 그대로 내버려두지 않으면, 전후 독립했던 신생국 중에 산업화와 민주화에 유일하게 성공한, 미국의 최우등 동맹국가인 대한민국을 '자살(自殺)'시켜버리겠다는 것이다. 미국도 전후 이런 정신세계를 가진 위정자들이 다스리는 동맹국을 처음 대면하고 있지만, 시간과 의지의 문제만 남아있을 뿐이지, 모든 전략 시나리오들은 결론으로 치닫고 있다. 다만 아직까지 10개월이란 대한민국의 민주적 헌정질서에 대한 고려는 충분히 하고 있는 것 같다. 그러나 예기치 않은 사건으로 대한민국 내에서 극도의 반미감정이 발현되거나, 완전히 중국 편으로 쏠릴 경우에, 미국은 이를 결코 그대로 방치해 두지 않을 것이다.

이미 망가질 대로 망가진 대한민국의 정치·경제 및 백신 확보 상황 등을 고려한다면, 미국으로서는 쉽게 美 연준 기준 환율상승이란 단추 하나만 눌러도,

대한민국 경제는 바로 내려앉게 되어있다. 그리고 이런 위기적 상황을 文대통령도 잘 알고 있으리라 본다. 그러니 일단 바이든 대통령은 언제 개최될지도 모르는 한미정상회담에서 '백치미'를 뽐내는 文대통령을 옆에 앉혀놓고, 文정권과 대한민국이 망하지 않으려면 기존의 외교안보 정책노선들을 상당부분 신속하게 수정하라고 점잖게 제안하지 않을까 싶다. 물론 덤으로 이것이 文 정권과 대한민국에 주는 마지막 기회라는 말도 덧붙이면서 말이다.

이 상황에서도 文대통령은 또 다시 위선과 기만적인 대미자세를 취할 수 있을까? A4용지로 한번 더 얼굴을 가릴 수 있을까? 대한민국의 운명이 걸린 최대의 관전 포인트임에 틀림이 없다.

리베르타스, 2021년 4월 28일

텅 빈 UN 연설장...
마지막까지 평화 · 민족팔이

조롱당한 UN, 한없는 북한 짝사랑
상식과는 너무나 거리가 먼 대통령의 행보
대한민국 국격은 투표함에서 나옴을 상기하자!!

전라도말에 '징'하다라는 단어가 있다. 해도 해도 '징'한 남쪽 대통령의 행태를 보면, 미국 변호사 고든 창(Gordon Chang)이 언급했던 '북한의 간첩'(NK's Agent)이란 말이 맞는 것 같다는 느낌이 든다. 아니길 바라는 마음이지만 북을 향한 충성스런(?) 행동을 보노라면 그렇다는 이야기다.

◇ 동반된 BTS, 그리고 평화 쇼...

또다시 평화 쇼를 위해 방문한 UN 총회장에 세계적인 K팝스타인 BTS까지 동반시켰지만, 텅 빈 총회장에서의 연설 내내 문대통령의 얼굴빛은 좋지 않았고, 뭔가 내심으로는 짐작하고 있을 불길한 상념들로 가득해 보였다. 어쨌거나 한국에서 벌어지고 있는 난장의 대선 경선판 와중에도 일편단심 북한을 향한 위대한 '짝사랑'은 지구촌에서 자기들만 모르는 조롱거리가 되어 버렸다.

연일 북한의 미사일 도발이 있었음에도 UN연설 내내 북한의 도발이나 북한의 새로운 미사일 유형, 북한 핵문제에 대해서는 단 한마디도 하지 않고, 오로지 종전선언과 평화협정의 중요성을 강조했으니 말이다. 얼마 전 필자가 우려했던 종전선언, 그리고 가톨릭 교황을 이용한 남북정상회담의 중재 가능성 등등… 한국의 대선전 '북풍이 내려 온다'는 경고성 시나리오는 여지없이 문대통령의 UN연설로 현재 진행형이다.

◇ 국제정치 모르는 바보들의 행진

대한민국 국민들은 평화협정을 맺는 순간 유엔사가 해체되고, 일본의 주한미군 병참기지를 사용하지 못하게 되는 현실에서 한국의 주한미군은 곧바로 주둔의 의미가 상실된다는 사실을 너무나도 잘 알고 있다. 그럼에도 불구하고, 능청스럽게도 마치 베트남전쟁 당시 야당 대선후보로 나섰던 인권변호사 출신 간첩이었던, '쭈응 딘주'처럼 미군철수와 평화협정이란 위선적 정치구호만을 외치고 있는 것이다. 그러니 미국의 고든 창 변호사가 주장해왔던 '북한의 간첩'(NK's Agent) 이야기가 지속적으로 회자되는 것 아니겠는가!

국제정치 차원에서의 현실적 분석을 해보면, 과연 북한이나 중국이 문대통령의 요구를 들어줄 가능성이 있겠는가? 그리고 미-영-호 3자간의 인도태평양 해군력 강화협력을 도모하고 있는 이 시점에서 과연 미국이 호응하겠는가? 답은 간단하다. 전혀 가능성이 없다. 결국 선거를 앞둔 국내용 평화 쇼에 지나지 않는다는 것은 삼척동자도 아는 사실이다. K팝을 통한 국위선양에 일분일초도 아까운 BTS를 동원하면서까지 나름대로 '애국심'을 보여주려 했는데 이 또한 국내용임은 자명하다.

전반적으로 평균수준에도 많이 모자라는 교조화된 문정권 사람들에게 지난 세월 평창에서의 희열에 대한 학습효과가 너무나도 크게 존재하는 듯하다. 결국 교황의 지원 가능성도 낮아지고, 북한 측이 여전히 문 정권을 못 믿고 주저하더라도, 중국이 강하게 나서서 내년 2월 베이징 동계올림픽기간 동안에 남북정상회담과 같은 '북풍'을 문대통령에게 불어줄 수 있다면, 그 자체로 국내 대선 판도를 흔들 수는 있을 것으로 믿고 있다.

미국을 비롯한 서방국가들의 내년 2월 베이징 동계올림픽 참여가 불투명한 상황에서, 한국이 적극적으로 평화를 기치로 베이징 동계올림픽의 의미를 서방을 대신해서 홍보해 주면, 그만큼 중국의 올림픽 성공가능성이 높아질 것이다. 이번 중국 왕이 외교부장의 방한으로 이 같은 '플랜B'를 적극적으로 가동했고, 문대통령은 이를 UN연설에 그대로 적용시켰을 것으로 확실시 된다.

◇ '플랜B', 부엉이들의 정치공작

아직도 문정권은 자신들이 구축해 놓은 한국의 시민사회 내 '진지'와 '성역'들이 천군만마가 되어서, 북을 향한 문대통령의 메시지를 수많은 '종북 열사'들이 우렁차게 지지할 것이라고 굳건하게 믿고 있다. 그 신념은 이탈리아 공산주의자 안토니오 그람시(Antonio Gramsci)가 강조했던 '현대적 군주'(Modern Prince)로서의 '생성적 권력'으로 이어지고 있다. 결국 정당을 중심으로 청와대라는 현대군주의 비서실이 모든 것을 다 책임지고 이끌고 나갈 것이니까, 개와 돼지 취급받는 대한민국 국민들은 무시해도 좋다는 얼토당토않은 전체주의적 망상을 이들은 단 한번도 포기한 적이 없다.

이미 지혜의 여신인 미네르바의 부엉이도 날아오른 지 오래고, 새벽을 깨우는 수탉들의 울음소리도 여기저기서 들린 지 오래다. 오매불망 연장하고자 하는 권력이, 총구가 아닌 투표함에서 나온다는 얄팍한 문정권 주사파 위정자들의 믿음은 여전히 그들의 망상 속에 살아있어서, 가당치도 않은 정치공작-사회공작을 아직도 줄기차게 해대고 있다.

 그러나 문정권이 개돼지로 만들어버린 분노하는 대한민국 국민들은 이를 악물고 문정권이 구축한 생지옥의 바벨탑을 무너뜨릴 날만을 생각하면서, "강철 같은 겨울 속 어둠의 날"들을 고통스럽게 견디고 있다는 이 명징한 사실을 문정권만 애써 모른척하고 있다. 황망하게 빛바랜 깃발에 비친 문대통령의 얼빠진 얼굴은 천년왕국을 꿈꾸었던 '궁예'를 꼭 빼닮고 있음을 알아야 한다...

리베르타스, 2021년 9월 24일

북풍(北風)이 내려온다!!!

남북정상회담 후, 북한 중국식 사기개방 선언하나?
대통령이 이렇게 대한민국 국군을 조롱해도 되나?
내년 대선 앞두고 남은 승부수 띄울 문정권...

아프가니스탄 카불의 비명소리가 모든 뉴스의 일면을 장식하는데도, 문정권은 눈 하나 깜짝하지 않고 여전히 대북 '평화 쇼'만을 강조하고 있다. 근대국가에서 군의 창설 목적이야말로 싸울 적을 규정하는 것인데, 지속적으로 무장해제 되고 주적개념이 사라진 국군은 이제 문정권의 케케묵고 왜곡된 친일파 척결 선동에  휘둘리는 느낌이다. 그 결과, 국군은 자유우방인 일본을 주적으로 삼아야 할지 헷갈리는 정도가 되었다. 과연 문대통령의 말대로 북한이 생명공동체로 삶과 죽음을 같이해야하는 피붙이의 존재라면, 대한민국 국군도 북한이 주적으로 삼고 있는 미국에게 총부리를 겨누어야 하는 것 아닌가 말이다.

◇ '가·붕·개' (가재, 붕어, 개구리)로 조롱받는 국군

매일같이 터져 나오는, 총체적으로 육·해·공군이 모두 관련된 성추행사건과 조롱섞인 조국의 '가붕개'(가재, 붕어, 개구리)들이 벌이는 당나라 군대 패러디 선전·선동이 문정권 들어서서 꾸준하게 와해되고 있는 국군을 더욱 비참하게 형해화 시키고 있다. 그래도 '국군은 죽어서 말한다'는 6·25 전선에서의 유명했던 시 한 구절을 상기하며... 대한민국 국군의 충성스런 결기를 품은 채, 이 악물고 문정권의 조롱과 무장해제를 위한 반역 정책을 버텨내는 일선 지휘관들에게 무한대의 경의를 표한다. 문정권은 김여정의 5번째 훈령에 충실하고자 허둥지둥 다급한 모습으로 종북(從北)의 본모습을 노골적으로 드러내고 있다. 동시에 국내적으로 체제전복을 위한 선택적 입법행위에 박차를 가하고 있다. 언론에 재갈을 물리고, 성역화를 공고화하는 입법안들이 차례대로 국회 상임위원회를 통과하고 있다. 이를 막아서는 야당의 몸부림은 그저 조그만 동네 학예회 어린이합창단의 노래 소리에 불과해 보인다.

중국과 러시아, 그 어느 한곳 기댈 곳 없는 북한의 현재 입장은 필사적으로 문정권을 격하게 몰아붙여 내부 결속과 무너진 리더십 회복을 위한 거대한 수혈을 받아야 하는 긴박한 상황에 처해 있다. 당연히 김정은은 문정권을 이어주는 남한에서의 종북정권 탄생이 최선의 정책목표일 수밖에 없고, 이를 위해서는 문정권이 원하는 남북 공작, 즉 '북풍'을 화려하게 만들어 줘야 하는 결사적인 이유가 있다.

◇ '쌀 지원'이라는 이름의 거짓 쇼

며칠 전 농촌경제연구원은 올해 북한에서 85만톤 정도의 쌀 부족이 예상된다고 밝혔다. 그리고 즉각적으로 문정권은 북한에 올 11월 안으로 총 53만 5천톤

의 쌀을 민간지원 형태로 북한에 지원한다고 덧붙였다. 단, UN 대북제재를 우회하는 방식으로 종북 시민단체와 종교단체를 동원해서 민간모금형태로 쌀 지원금 비용 3천억원을 마련하고, 급하게 추석 전에 일단 10만톤의 쌀을 북한에 먼저 지원한다는 로드맵을 구체적으로 밝혔다. 내용을 자세히 분석해 보면, 일단 53만톤의 쌀값이 3천억원이라는 것부터 완전 엉터리다. 현재 쌀값이 80Kg 한가마에 6만원을 넘어서는데, 53만톤이면 1조 6천억원에 달하는 자금이 필요하다. 이 자금을 민간단체들이 마련한다는 것은 지나가는 개가 웃을 일이다.

 문정권은 코로라 방역을 핑계로 이미 이런 저런 불분명한 예산들을 확보해 놓고 있고, 통일부가 쌓아놓은 대북지원 차원의 정부예산도 차고 넘친다. 그러니까 민간 모금형태의 지원이라고 한 발표는 그저 UN 대북제재를 형식적으로 벗어나려는 사기임에 분명하다. 어쨌던 규모부터 어마어마하다. 이정도면 북한 주민들을 흰 쌀밥으로 호사스럽게 먹여줄 수 있다는 것인데, 지원의 유용은 당연한 사실이고, 군으로의 전용 또한 두말할 필요가 없을 것이다. 여기에 뭔가 일반 상식을 넘어서는 거짓 '평화 쇼' 뒷거래가 존재할 것 같은데, 바로 이것이 문제의 본질이다.

 현재 극심한 내부혼란과 민심이반 및 전반적인 체제위기에 처한 북한은 다가오는 대선전에 확실한 '북풍'을 일으킬 수 있다고 충분히 예상된다. 이는 북한과 생명공동체인 反대한민국 종북세력들의 인도적 대북 쌀 지원에 대한 김정은의 화답 형태로 다가올 것 같은 느낌이다. 그것도 김정은의 메시지로 중국식 개혁·개방을 받아들이겠다고 선포하는 수순이지 않을까 싶다. 전면적인 개혁·개방이 아니더라도, 개성-신의주-나진-원산-남포 정도를 개방한다고 선언하면, 이로 인한 UN 제재 회피 및 한국과 국제사회로부터의 지원명분을 어느 정도 확보할 수 있을 것으로 계산하고 있음직하다.

◇ **중국식 개혁개방과 프란치스코 교황**

　이를 위해 문대통령을 평양으로 불러서 남북정상회담을 개최할 가능성 또한 높은데, 이런 평화 쇼를 성사시키기 위한 중매쟁이 역할로 로마교황청의 프란체스코 교황 이름이 오르내리고 있는 것도 사실이다. 미국의 교황에 대한 영향력을 고려한다면 교황이 쉽게 움직이지는 않겠지만, 역대 교황들의 행보와는 다소 어긋나는 프란체스코교황의 모습으로 미루어, 이 시나리오도 불가능한 일만은 결코 아닐 수 있을 것이다. 이들의 예상대로 모든 것이 진행된다고 봤을 때, 몇 가지 시나리오를 짚어보자.

　우선 중국은 쌍 손을 들고 환영할 것이다. 미국에 대항하는 북한과 더불어, 완전한 남북간 민족공조를 발판으로 자유진영을 벗어나려는 한국을 확실히 장악했다고 생각할 것이다. 두 번째, 문정권은 당장 미국과 국제사회에 대해 당당하게 북한에 대한 모든 제재를 풀어달라고 요구할 것이며, 앞장서서 대규모의 대북 경제지원안들을 김정은에게 상신할 것이다. 세 번째, 철저히 체제와 이념이 배제된 개혁·개방 안들을 놓고 한국과 중국의 장사꾼들은 크게 요동칠 것이며, 미국은 한국 내 시민사회의 대북 쏠림현상을 그냥 멍하니 지켜보고만 있어야 하는 그런 처량한 신세로 전락할 것이다. 마지막으로, 국민의 힘이라는 제1야당이 무력화 되어 있는 상황에서, 문정권은 이제 개헌 얘기를 끄집어낼 필요조차 없어졌다. 진지화·성역화 되어 있는 전국규모의 종북조직들을 활용하고, 기획된 북풍과 드루킹 여론조작을 능가하는 내부 여론공작을 펼친다면, 내년 대선에서 문정권을 이은 여당후보가 승리할 것으로 확신하게 될 것이다.

◇ **자유민주주의의 존재 의미**

　왕이 사라지고 국민이 주권자가 되는 공화정의 숙명은 결국 인민주권의 이름으로, 소수에 의해서 권력이 독점되어 질 수밖에 없다는 점이다. 언제라도 가능한 인민독재를 막기 위해 자유민주주의와 입헌민주주의가 '법치'의 이름으로 국민이라는 주권자들을 온전하게 지켜내고, 그들의 체제공동체의 존립을 수호할 수 있도록 제반 정치적 여건들을 올바르게 조성해 주는 것이 바로 자유민주주의체제의 존재 의미이다. 대놓고 공개적으로 절차적 민주주의와 형식적 민주주의를 부정하고, 국민으로부터 이양 받은 '생성권력'의 온당함을 주장하는 문정권은 권력독점 또는 사유화를 정당화하는 레닌의 민주집중제를 선포한지 이미 오래다. 그저 우둔한 대한민국 국민들이 문대통령의 이런 아리송한 언사들을 지금까지 제대로 잘 알아듣지 못했을 뿐이다.

자유민주주의를 배제한 생명공동체로서의 민족통일은 결국 서울에 북한의 탈레반들이 진주하는 적화통일의 길을 마련해 줄 것이다. 이미 적화통일을 원하는 서울과 평양의 지하조직들은 이를 위한 모든 로드맵을 다 만들어 놓고 있다. 문정권의 기만과 사기, 대한민국을 자살하게 만드는 교활한 정치 및 사회공작, 제1야당의 무능과 실기, 대한민국 군의 무력화, 그리고 무력시위의 형태든지 아니면 평화 쇼의 형태든지 곧 다가올 남북합작 '북풍'공작 등을 생각하면 잠 못 이루는 밤들이 늘어날 수밖에 없다.

컴컴한 밤... 남산에서 내려다보이는 붉은 네온사인의 십자가들은 서울장안에 이렇게도 많은데, 자유를 잃어가는 대한민국의 미래는 그저 암울해 보이기만 한다. 하지만 세상이 그리 호락호락한게 아니기에... 또 다시 쿼바디스 도미네...

리베르타스, 2021년 9월 2일

멀어지는 한미동맹...
'AUKUS' 신안보동맹

미국이 호주에게 핵잠수함 기술을 이전하는 이유는?
영국-미국-호주로 이어지는 해양벨트... AUKUS 안보동맹
일부러 멀어지는 한미동맹, 기획된 체제전복 전략인가?

미국 민주당 '리버럴'(Liberal) 정권들이 줄기차게 추구했던 자유주의적 국제주의, 즉 '세계화'(Globalization)는 결국 미국 스스로의 발등을 찍고 말았다. 환경과 핵문제 등 지구촌 전체와 생사 운명을 같이하겠다는 어리석고 천진난만한 믿음은 이제 정치-경제-사회 문화-종교-인종-지정학 등으로 인한 복잡한 갈등들이 국경을 넘어서 통제 불능으로 보편화되는 현상을 막아내지 못하고 있다.

◇ 미국의 경제지상주의가 만든 G2 중국

그 결과 작금에 당면한 미국의 가장 큰 고통은 바로 '체제'와 '가치'가 다른 중국을 소위 G2로 부상시켜 합법적으로 미국의 목숨 줄을 조이게 만든 현실이다. 경제적 발전이 인민의 의식을 깨우치고, 중국의 민주화를 촉진시킬 것이라는 미국 '리버럴'들의 얼치기 '경제지상주의'는 이제 남중국해와 홍콩을 잃어버렸다. 나아가 대만과 한국을 위협에 빠뜨렸으며, 오랜 세월 중국의 해양진출을 막아섰던 대중국 해양경계선 '초크국가'(Choke Nations)들을 모두 혼란 속으로 집어넣었다. 이런 중국 발 대미 위협은 그렇게 노골적으로 트럼프정부의 대외정책들을 외면하던 바이든 정부의 대중정책을 트럼프보다 더한 강경 일변도로 만들었다. 이제야 민주당 리버럴들이 그나마 정신을 차린 것일까?

반면, 한국의 외교는 한마디로 완전한 국익 상실이다. 일면 바보들의 행진으로 보일수도 있겠지만, 문정권 자체가 중국공산당 중심의 국제공산주의적인 사고에 몰입된 진영들이었던 터라, 내심 표면화되지 않은 대한민국의 체제전복 전술의 일환으로 일부러 탈 대한민국-탈 국익적인 망나니 외교를 펴고 있는지도 모를 일이기 때문이다.

◇ 베스트팔렌(Westfalen) 조약과 국익외교

'베스트팔렌' 조약(1645년)이후 전개된 국제정치에서 모든 국가외교의 본질은 한마디로 '국익추구'이다. 또한 그 어떠한 국가 외교도 군사력이 뒷받침되지 않으면, 동네 뒷골목에서 자기를 알아달라고 고함치는 어린아이의 행동으로 취급된다. 그래서 근대국가에서 가장 중요한 실존적 문제인 '생존' 즉 '안보의 확보'는 군사력의 확충을 의미하며, 이를 발판으로 전개되는 국제정치가 바로 '국익외교'이다. 천차만별의 국력차이를 보이는 국제사회의 암묵적인 질서 유형은 힘에 의한 수직적 질서일 수밖에 없고, 강대국을 이웃한 약소국의 운명은 지정학, 힘에 의한 세력정치, 생존을 위한 국익추구 등을 가미한 균형적인 정책 운영에 좌우될 수밖에 없다.

　이런 진실을 외면해온 문정권은 이제 삼척동자에게도 손가락질 당하는 지경에 이르렀다. 그 이유는 바로 위에 언급된 국익 추구를 위한 '균형외교'란 단어의 의미를 완전히 잘못 사용하고 있기 때문이다. 강대국 옆에 붙어있는 약소국은 자국의 생존을 위해서 먼 거리에 있는 또 다른 강대국의 힘을 빌어서 이웃한 강대국과의 세력균형을 유지하는 것이 바로 생존을 위한 외교의 본질이다. 그래서 대한민국은 한미동맹의 유지와 발전이 최고의 국익이며, 국가생존과 발전을 위한 '생명 줄'인 것이다.

◇ 바보들이 말하는 균형외교(均衡外交)

　그런데 문대통령은 이런 외교의 본질을 외면한 채, 미국과 중국 사이에서의 균형외교를 강조하고 있다. 그 결과 대한민국은 동맹국인 미국과는 멀어지고, 동시에 중국에게는 속국처럼 되어버렸다. 문정권 4년의 망나니 통치 후에서야, 개돼지 취급받던 대한민국 청년층들이 분노하며 나서서, 한국을 속국 취급하는 중국에 대한 멸시적인 경계심을 대거 표출하고 있는 것은 참으로 다행이다. 대한민국 국민들의 자각도 너무 늦었지만, 이런 국민들의 자각에도 불구하고, 문정권은 여전히 북한과의 '민족팔이', '평화팔이'에만 몰두하고 있다. 심지어 미국을 방문한 정의용 외무장관은 미국의 면전에서 중국의 입지를 대놓고 옹호하고 나섰으니, 참으로 아연실색할 지경이다.

　지난달 바이든 대통령이 미-영-호 3국의 안보동맹협력체 'AUKUS'를 발족하면서, 2019년에 프랑스 "바라쿠다"형 디젤 잠수함 33척 개발에 합의했던 프랑스와의 갈등을 뒤로한 채, 미국의 원자력 잠수함 건조기술을 호주에게 이전한다고 밝혔다. 그 결과 향후 '호주 잠수함공사'(ASC)는 8척에 달하는 핵잠수함을 건조하게 되었다. 핵잠수함 1대 건조하는데 2조원 단위 이상의 자금이 들어간다는 사실을 감안하면 그 계약규모는 정말 '역대급'이다.

◇ **핵잠수함 기술이전의 함의(含意)**

일단 2019년 호-불 양국 간의 계약이 일시에 물거품이 되었다. 외교적으로는 다소 어이없고 황당한 일이겠지만, 과거 프랑스도 이런 식의 계약위반을 한 적이 많았다. 무엇보다도 국익위주의 사고를 하는 국제사회에서는 이런 일들이 다반사로 일어나고 있는 것 또한 불편한 진실이기도 하다. 가장 무게중심이 큰 이슈는 왜 미국이 프랑스의 반발에도 불구하고, 1958년 영국에게만 핵잠수함 건조기술을 이전한 이후 63년이 지난 이 시점에 호주에게 핵잠수함 건조기술을 이전하느냐 하는 점이다. 동맹국 중에 독일도 있고 일본도 있고, 그리고 지난 세월 북한의 핵위협을 빌미로 그토록 오매불망 원자력잠수함 기술을 갖기 원했던 한국도 있는데 말이다.

그러니 이참에 미국과 호주의 관계 안과 밖을 한번 들여다보지 않을 수 없다. 호주는 영연방국가이며, 20세기 미국이 참전했던 모든 전쟁에 함께 참전해 같이 피를 흘렸다. 물론 6.25전쟁에도 참전했고 월남전에도 참전했다. 호주의 노동당정권과 자유당정권사이에서 안보전략 정책상의 차이는 분명 존재하지만, 호주의 생존과 국익에 대해서는 결코 이견이 없다.

예를 들어서, 2019년 호주가 실행했던 확대 방위전략정책의 기초 안은 2010년 러드(Kevin Rudd) 노동당정권에서 수립된 정책안이었다. 물론 호주의 노동당은 '본토방위' 전략에 치중해 왔고, 보수당인 자유당정권은 '전진방위'전략에 치중해 왔다. 그러나 중국의 부상이후 남중국해의 잠식, 경제를 빌미로 호주 국내정치에 개입해오는 중국의 작태를 보고, 호주는 미국과 함께 완전한 중국과의 대치국면을 유지하고 있다.

◇ 공포심에 기반한 안보전략

그래서 현 모리슨(Scott Morrison) 보수정권의 방위전략은 노동당의 본토방위 위주 전략과 자유당의 전진방위 전략을 포괄한 형태의 적극적인 '공세형' 방위전략을 표명하고 있는 것이다. 이런 호주의 안보전략이 미국의 신뢰를 얻었고, 급기야 호주는 영국 다음으로 미국의 주요 동맹국에 자리매김하게 되었다. 미국의 인도-태평양 전략, 'QUAD + 알파전략', 작금의 미-영-호 'AUKUS' 안보동맹협력체까지, 호주야말로 미국과 함께라면 어디든 따라가 미국과의 혈맹관계를 유지해야한다는 국가생존의 당위성 앞에 그 어떤 국내정치적 여야관계도 존재할 수 없는 것이다.

좀 더 수면 밑에 있는 호주 방위전략의 진실은, 한국영토의 78배나 되는 대륙을 고작 한국 인구의 절반도 안되는 호주국민들이 지켜내려니까, 호주는 항상 외세의 침략에 지나치게 큰 두려움을 갖고 살아왔다는 사실이다. 그러니 만에 하나 중국이 민병대를 이용한 '회색지대 전술' 또는 미국과의 핵전쟁도 불사하겠다는 '벼랑 끝 전술'로 미국을 협박해서 다급해진 미국이 남중국해-동남아-대만-한국 등을 포기할 경우, 호주가 정면으로 대면해야 할 미래의 중국에 대한 공포는 상상을 초월한다.

◇ 대륙의 야만(野蠻)과 해양의 자유번영

모리슨 보수정권의 공세적 방위전략은 바로 이점을 염두에 두고 있다. 그래서 가공할 핵잠수함능력으로 태평양은 물론, 인도양과 대서양에서 호주의 선제적인 해군력을 행사하겠다는 암묵적인 의미를 품고 있다. 물론 미국과의 계약

서상에는 언급되지 않았지만, 핵잠수함에 핵무기가 빠지면 핵잠수함의 의미가 없는 것처럼, 향후 호주의 핵 능력 담보는 덤으로 따라온다고 봐야하지 않겠는가!

매일매일 가공할 '자살신공(自殺神功)'들을 선보이고 있는 문정권의 행태를 보노라니, 미-영-호 삼자간 'AUKUS' 동맹협력체에 적극적으로 참여하는 호주가 너무나도 부럽게 보인다. 대한민국도 한-미-일 삼각 동맹을 기반으로 폭넓은 해양세력들과의 결속을 강화해 나간다면, 자유통일로 북한을 해방시키는 것은 물론이고, 옛 고구려의 영화(榮華)를 다시 회복할 수 있을 텐데 말이다...

리베르타스, 2021년 9월 28일

국제사회가 비웃는 문정권의 약장수 외교

정 외무의 이유 있는 황당한 종중(從中) 원맨쇼
철지나고 약발도 보이지 않는 국제망둥이의 경거망동
정권교체 가능성 높이는 무개념의 대북정책 난립

지난 10월 6일 스위스에서 미국 대통령안보보좌관인 설리반과 중국 외교담당 국무위원 양제츠 사이에 6시간 동안의 고위급 실무회담이 열렸다. 그 결과로 연말 안에 미-중 정상회담을 개최하는 것으로 잠정 합의안이 도출되었다. 바이든 대통령의 지난 9월 15일 시진핑 주석과의 전화통화에서 바이든 대통령의 미중 정상회담제안을 시진핑 주석이 거절한 이후에, 미중 간 상황이 재역전되고 있으니 결코 작은 뉴스만은 아니다.

◇ 국제정치 속의 미-중 정상회담

미국의 원칙적인 대중 스탠스는 달라진 것이 하나도 없다. 설리반은 남중국해 불법점거와 중국의 인권탄압 문제를 강조했다. 또 이와 관련된 신장, 홍콩, 대만에 대한 중국의 탄압정책 중단을 요구했다. 달라진 점은 이런 미국의 요구에 대해 지난 3월 알래스카에서 보였던 왕위 외교부장의 외교도발에 가까운 강경자세가 사라졌고, 중국이 상당부분 고분고분해 졌다는 점이다. 이런 중국의 태도에는 분명히 시진핑의 줄어들고 있는 국내적 입지가 작동하고 있다.

중국은 10월 19일부터 한국의 국회와도 같은 '전국인민대회'(전인대)를 북경에서 개최한다. 하지만 공산당 1당 독재체제 하에서 전인대의 존재가치는 그저 요식행위일 뿐이다. 소위 이름조차 어색한 '1중전회'부터 '7중전회'에 이르는 '중국공산당중앙위원회전체회의'가 모든 것을 결정한다. '1중전회'부터 '7중전회'에 이르기까지 각각의 회의 기능과 결정 요소가 분리되어 있다. 중국은 이 중앙위원회 전체회의를 통해서 국가 정치·경제의 정책 방향성, 당 내부의 기율 및 인사방향, 그리고 최고지도자의 선출 등이 모두 결정된다. 물론 200여명의 당 중앙위원회 위원들 중 가장 정점의 지도부는 바로 7·8명의 당 최고위원들이며, 그 중에 시진핑이라는 최고의 수령이 존재한다.

현재 내부적으로 권력투쟁중인 시진핑의 최대 관심은 오는 11월에 개최되는 '6중전회'에서 이미 임기 제한이 사라진 자신의 임기를 2022년에 이어서 또 다른 5년을 확보하는 일이다. 이 6중전회에서 시진핑을 마지막으로 인정하면, 형식적으로 내년 전인대에서 선출된 시진핑은 향후 5년 동안 새로운 군과 당 총서기, 국가주석 직을 쥐게 된다. 대체적으로 시진핑의 임기연장이 점쳐지고 있지만, '헝다(恒大)'부동산그룹의 좌초를 비롯해서 수많은 부실 중국기업들로 인해 중국경제가 벼랑 끝에 서있고, 강력한 미국의 견제로 안과 밖으로 시진핑의 입지가 약화되고 있는 상황에서 시진핑은 자신에 대한 내부적인 권력 도전 양상을 크게 우려하고 있다.

◇ 바이든과 시진핑, 문재인의 동상이몽(同床異夢)

그래서 일단 시진핑은 미국의 도움이 필요해졌다. 그리고 미국도 궁지에 몰린 중국공산당이 체제 결속을 위해 군사적 행위를 작동시킬 수도 있기 때문에 이를 관리할 필요성이 커졌다. 그밖에도 중국의 급작스런 대내외적 불안 요인은 예기치 못한 커다란 국제분쟁을 야기할 수도 있기 때문에 일단 중국을 점진적으로 변화시키기 위한 안정적인 국제환경으로 중국을 몰고 갈 필요성이 높아진 것이다. 이런 사연에 입각해서 미-중 두 강대국이 정상회담을 개최한다는 것이다. 문제는 정말 후안무치의 국제망동이 격인 한국의 문대통령이 중국을 이용해서 남북문제를 미-중 정상회담의 주요의제로 삼으려고 경거망동하고 있다는 점이다. 정의용 외교장관이 방미 중에 종중(從中)과 매국(賣國)에 가까운 발언을 한 것도, 오는 10월 30일 개최되는 G20 로마회의에서 미-중 정상이 만날 가능성이 높으니, 그 틈을 타 무조건 들이대고 보는 외교군불을 땐 것이었지만, 시진핑의 불참선언으로 또 다시 한국만 우습게 되어 버렸다.

그러나 정말 '지~잉'하게도 줄기찬 문대통령의 대북 일편단심은 어떻게 하든지 간에 미-중 정상회담에 '종전선언'과 '대북제재 완화' 안건을 넣어 뭔가 결실을 보는 그런 '막무가내 식' 결판을 보는 것이다. 반면에, 시진핑은 국내적으로 자신의 코가 석자이고, 바이든의 대중 글로벌 전략에 북한이 차지하는 몫은 조족지혈(鳥足之血)이 된지는 이미 오래된 상황이다. 더욱이 미국의 한국정세에 대한 합리적 판단은 미국조야 내에서 한국 국내적 정권교체 상황으로 정책방향타를 돌리게 만든 지 옛날이다.

◇ **유엔회원국으로서의 북한**

그리고 문정권 주사파 위정자들의 줄기찬 대한민국 파괴와 대중-대북 매국 행위에 약간의 기픔함을 느낀 김정은 정권이 태도를 바꾸어 위기에 당면한 문정권을 도와주려고 요상한 유화전술을 벌이고 있지만, 북한 또한 한국정치 상황의 변화가능성에 나름대로 대비하고 있다고 보는 것이 현실적이다. 이런 가운데 국내에서는 이재명 후보의 '대장동게이트' 등 총체적 부정부패로 인해 정권교체 가능성이 그 어느 때보다 높아지는 상황에서, 보수성향의 대북전문가들이 마구 던지는 '정책입안서'들이 국제정치 속에서 작동하는 북한 핵과 종전선언 문제가 아니라, 국내정치 속에서 독립된 개별 이슈로 북한 핵과 종전선언을 보고 있어 답답함을 더하고 있다.

현재의 남북한 상황 개념정리를 위해서 가장 먼저 거론되어야 할 점은 유엔회원국이며 국제사회에서 한 개별국가로 존재하는 북한이 과연 대한민국에게 어떤 존재인가? 하는 점이 명확히 정리되어야 한다. 유엔에 가입하지 못한 대만도 중국의 '일국양제(一國兩制)'에 대항해서 저렇게 자유진영과의 외교적 관계를 제고시키고 있는데, 한국은 좌우 모두 민족이라는 환상에 빠져 허우적대고 있다. 그래서 일단 개별국가로 존재하는 남북한 양국에 대한 개념정리가 제대로 형성되면, 북한 핵문제는 바로 국경을 접한 이웃국가인 대한민국의 절대적인 "실존"문제로 취급되어져야 한다.

◇ **대북 유화정책과 상호주의**

문정권은 지난 5년 동안 철저하게 '남북 생명공동체'의 한 부분인 남쪽대통령으로서 대한민국의 대북 무장해제를 주도해 왔다. 민족팔이, 평화팔이로 대한민국 국민들의 정신세계를 완전히 무력화시켜 버렸다. 이런 가운데 한반도를 둘러싼 국제정치적 강대국 세력균형 요인이 없었다면, 대한민국은 이미 북에 의해 적화통일 되고도 남았을 것이라는 명징한 사실을 자유진영의 대북전문가들도 분명히 알아야 한다.

지금까지 대한민국을 착실하게 파괴했던 좌파정권의 햇볕정책과 대북유화정책(Appeasement Policy)이나, 이명박-박근혜 보수정권의 대북 상호주의정책 모두 별 차이가 없는 대북 유화정책의 연속이었다고 볼 수 있다. 김영삼 정권 이래 지난 30년 동안 계속되어온 민족끼리 평화정책으로 보수정권조차도 북한에 대해서 제대로 된 목소리를 내본 적이 한번도 없었다. 그 결과 한반도 문제는 항상 북한 주도로 끌려갔고, 급기야 이제는 북한이 핵보유국이 되어 버렸다.

국가생존과 국익위주의 국제정치 현실은 정말 냉혹하다. 만약 문정권에 이어 종북세력에 의해 정권이 재창출되면, 일본의 대북 독자정책이 가용될 것은 불을 보듯 명징한 사실이다. 그 결과는 한-미-일 3각 안보협력체의 완전한 붕괴를 초래할 것이다. 미국의 대한반도 정책이 불가할 정도로 한반도가 난장판이 된다면, 미국은 그때야 말로 최종방어선을 일본과 대만으로 긋는 제2의 "에치슨 (Acheson)라인"으로 한국을 포기할 수도 있다. 물론 주한미군철수는 두말할 것도 없다.

◇ '평화를 원한다면 지금 전쟁을 준비하라'

근대국가에서 주적이 사라진 군대는 존재의미가 없다. 그리고 군사력이 뒷받침되지 않는 외교는 그냥 헛소리일 뿐이다. 4대 강대국 사이에 끼어 있고 북한 핵을 이고 사는 한국이야말로, 진정 "평화를 원한다면 지금 전쟁을 준비하라"는 클라우제비츠(Carl von Clausewitz)의 명언을 잊어서는 안된다. 그렇다면 차기 보수정권을 기대하는 대북 안보전문가들은 이런 명징한 개념 파악 위에 한반도의 자유통일을 담아내는 대북 "공세적 방어전략"(Offensive Defense Strategy)에 초점을 맞추어서, 대북 외교안보 '정책입안서'를 작성해야 할 것이다.

학문적 차원에서 생각할 때, 국제정치야말로 종합학문의 극대치가 아닐 수 없다. 정치사상, 국제법, 역사사회학, 인류학 등은 물론이고, 행정·경제·심리·정보 등을 비롯하여 온갖 축적된 포괄적인 학문적 내공을 바탕으로 국가생존과 직결되는 국제정치 상황을 제대로 파악하는 대외정책 입안서가 나와야만 한다. 사적 이익과 출세로서의 한 자리, 그리고 몽상적인 공명심만을 추구하는 '폴리페서(Polifessor)'라는 오명을 벗고, 진정 제대로 대한민국을 바로 세우고자 한다면, '청년이승만의 건국 정신', 다시 말해 해방정국 상황으로 돌아가서 사심 없는 초심에서 대한민국의 미래를 걱정해야만 할 것이다.

리베르타스, 2021년 10월 9일

북한 비핵화의 핵심은
'체제변혁'(Regime Change)

**공허한 공약들, 무작정 한미동맹 강화, 자체핵개발, 나토식 핵공유...
주적(主敵)개념 명확해야 비핵화도 가능한 것!
사이공과 카불을 이대로 앉아서 맞이할 것인가!**

진정 대한민국의 체제를 바꾸고, 북한과 같은 전체주의체제로 가기 위한 극단적인 조치의 일환으로 사회전반에 걸친 파괴공작을 기획했다면, 문정권은 꽤 성공적이었다. 외교안보, 정치경제, 사회문화, 교육노동 등, 전 영역에 걸쳐서 대한민국은 침몰 직전이니 말이다. 그리고 지금 그 파괴의 힘으로 문정권은 전대미문의 거악(巨惡) 정치꾼인 이재명을 여권 후보로 만들었고, 오로지 정권 연장에만 혈안이 되어있다.

◇ 동에 번쩍, 서에 번쩍이는 정치 쇼~쇼~쇼...

더구나 최근 북한 김정은의 각종 미사일 도발 등에 대해서는 한마디도 언급하지 않고, 이런 북한의 도발 여세를 이용해서 미국과 대한민국 국민들의 정신세계를 교란시키는 차원에서 '나로호' 발사대에서 번쩍, 교황의 방북을 종용하는데서 또 한번 번쩍, 궁지에 몰린 바이든 대통령을 상대로 '종전선언'이란 카드로 번쩍... 온갖 기만과 위선, 거짓과 사기의 정치 쇼에만 열중하고 있다.

문대통령은 이재명의 '대장동'게이트 정도는 별것도 아니며, 자신들이 장악한 조직과 권력, 막대한 자본 앞에 국민들은 어쩔 수 없이 굴복할 것으로 여기는 것은 아닐까? 또한 대선 전 마지막 한방의 결정타로 '한·북·중' 세국가라도 좋고, '한·미·북·중' 네 국가면 더 좋은 모습으로 '종전선언'을 할 수만 있다면, 남북한 생명공동체와 함께 한 생명의 탯줄을 같이 공유하고 있는 이재명 후보로의 정권 연장은 식은 죽 먹기와도 같다고 보고 있는 것 같기도 하다.

◇ '레짐 체인지'(Regime Change)라는 저비용, 고효율 전략

김정은은 자신의 목숨 줄인 핵을 절대 포기할 의사가 없다. 이점은 국제사회 그 누구도 다 같이 인정하는 살아있는 명백한 상수다. 그리고 국제사회에서 북한 대변인 역할을 자처하는 문대통령은 "자위책으로서의 북한 핵이 무슨 문제인가"라고 항상 북한입장을 거들고 있음은 어제 오늘의 일도 아니다. 그러나 북한 핵이 문제가 되는 것은, 수직적인 위계질서가 작동하는 국제사회 '힘의 역학관계'에서 약소국(Small Country)인 북한이 지구촌 전체를 파멸로 이끌 수 있는 핵을 보유하고 있기 때문이다. 전후 국제질서의 균형은 강대국들의 핵으로 이루어졌고, 강대국들은 그 핵을 관리, 절제할 능력을 상호 인정하고 있다. 그런데 약소국이 핵을 가질 경우, 핵관리체계가 무너지고 자칫 잘못하면 북한

핵이 기폭제가 되어서 엄청난 지구촌재앙을 불러 올 수 있다고 강대국들은 우려하는 것이다. 이런 강대국 논리는 중동국가인 이란에게도 동일하게 적용된다고 볼 수 있다.

그렇기 때문에 대한민국과 자유우방국들의 국제안보관에서 고찰하면, 지금까지 30년이 넘는 북한 핵 위기와 관련한 우여곡절들을 다 겪고 결국 북한의 의도대로 끌려가기만 했는데, 앞으로도 협상으로만 북한 핵문제를 해결하려고 하니, 앞이 보이지 않는 것이다. 그리고 북한의 핵위협이 계속되는 한, 그로 인한 안과 밖의 안보 비용은 구체적으로 형언할 수가 없는 것이다. 다만 북한 핵이 김정은의 '체제 생명 줄'이니까, 역으로 김정은의 북한체제를 단번에 전환해 버리면, 북한 핵문제도 자동적으로 해결될 수 있다는 판단을 하는 것이 가장 합리적이다. 소위 '레짐 체인지'(Regime Change) 노력이 훨씬 안보 비용도 덜 들면서, 한반도 평화와 번영을 지켜내는 성공적인 결과를 가져다 줄 수 있는 최선의 전략이라고 봐야 한다.

최근의 정치적 상황에 견주어 다가오는 내년 대선을 맞아, 다양한 영역에서 전문가들이 북한 핵문제에 대한 대응책을 나름 내놓고 있다. 한미동맹 강화를 기반으로 자체 핵개발, 미국의 핵우산, 나토식 핵 공유 등과 관련된 정책안들이 그것이다. 하지만 그 누구도 북한과 중국에 대한 체제적 관점에서의 명확한 개념정리를 하지는 않고 있어서, 무엇을 위한 안보대응인지 그 근본적인 해결책이 묘연하다.

◇ 주적(主敵)으로서의 북한, 유엔에 가입한 국제사회 두 개의 국가

1991년 남북한 동시 유엔가입 이후로, 남북한은 두 개의 개별국가로서 국제사회에서 독자적인 역할을 담당해 왔다. 이는 국제법상으로 인정되고 있는 현실이다. 그렇게 본다면 현재 휴전선으로 그어진 상호간 '국경'을 남북한 양 국가는 서로 마주하고 있는 것이다. 더욱이 북한이라는 적성국가가 비대칭전력으로 가공할 핵무기를 보유하고 있다는 사실은 대한민국이 절대 절명의 실존적 위협에 직면하고 있다는 명징한 현실로 받아들여져야 한다. 이런 국민적 인식이 있다면 작금의 대한민국 군대가 이처럼 조롱을 받고 있지는 않을 것이다.

그리고 공산주의 일당독재체제인 중국에 대한 원칙적인 접근은 이미 호주가 잘 보여주고 있다. 경제와 안보를 확실하게 분리하여 중국에 대한 한 치의 안보적 양보는 하지 않고 있다. 이런 호주로부터 대한민국도 배워야 한다. 변함없는 호주의 가치동맹에 미국이 최근 어떻게 호주를 대우하고 있는가를 목도해야 한다. 미국은 로스엔젤레스급 (7천톤규모) 이상의 원자력핵잠수함 8척 공동 개발과 '미·영·호' 3개국 간의 'AUKUS' 동맹 체결로 호주의 국가위상을 드높여 주었다. 만약 호주가 핵전쟁 시 2차 공격(Second Strike)을 할 수 있는 핵잠수함 8척을 보유하게 된다면, 향후 지구상에서 호주를 함부로 자극할 강대국은 사라진다. 그 만큼 핵잠수함의 위력은 일반인의 상상을 초월한다. 미국이 24대보유하고 있는 지상 최대 오하이오급 (1만7천톤규모) 핵잠수함 한 대에 대륙간 핵탄도미사일만 22기 탑재되어 있다. 그러니 이 핵잠수함 한 대면 유럽이나 남미대륙 하나가 지구상에서 사라질 수 있다.

현재의 대한민국 사정은 어떠한가? 문정권은 한 핏줄, 한 민족이란 근거 없는 신화로 대한민국 국민들의 정신세계를 완전히 농락해 버렸다. 그래서 야당 후보 그 누구도 북한을 주적으로 삼아 상대해야 한다는 얘기를 못하고 있다. 완전히 북한과 문정권이 주도하는 '민족팔이' '평화팔이' 선전 선동에 대한민국 전체가 꼼짝달싹 못하고 있는 실정이다. "민족이 하나 되면 북한의 핵도 민족의 핵이 될 수 있다"는 몽상적이며, 자폐적인 정신세계로는 대한민국 국가생존의 희망은 사라지는 것이다. 그러니 개별국가와 주적으로의 북한개념을 세우지 못한 채 떠들어대는 '북핵'에 대한 핵우산, 핵개발, 핵공유, 한미동맹 강화 등등의 논지는 그냥 허공에 대고 떠들어대는 아무런 의미 없는 '집단아우성'일 뿐이다.

◇ '군사동맹'을 넘어서는 '가치동맹'

한국을 사랑했던 해리 해리스 전 주한미대사가 여러 차례 한미동맹은 군사적 동맹을 넘어서는 "가치동맹"이라고 강조했던 바 있다. 이에 대한 인식조차 부족한 상황에서 동맹인 한국이 원한다고, 그리고 주권자인 국민들이 막무가내로 원한다고 해서, 핵개발, 핵공유, 핵우산 등등을 미국이 허용해 줄까? 가능성은 제로다. 그리고 일본이 왜 이런 한국과 외교안보, 정치경제적 차원에서 상호간의 국가생존을 공유하는 미래협력을 순순히 도모하겠는지 대한민국은 스스로 자문해 봐야 한다.

현재 야권 대선주자들은 우선 정권교체를 하고 전국적인 여론조사를 실시해서, 주권자인 한국 국민들 7-80%가 압도적으로 핵개발이나 핵공유를 지지한다면, 미국도 이를 어쩔 수 없이 받을 것이고, 중국의 저지도 무마시킬 수 있을 것이라는 가공할 착각에 빠져있는 것 같다. 아프리카의 잠비아나 세네갈이 유엔에서 미국 또는 중국과 동등한 1국1표를 행사한다고 해서, 스스로 자국들이 미-중과 평등하다고 생각하는 것처럼 바보 같은 자살적 몽상은 없다. 일상에서의 개인은 언제든지 천진난만한 꿈을 꿀 수 있다. 그러나 국가안보차원에서의 몽상은 바로 '국가절멸'로 이어진다는 사실을 명심해야 한다. 대한민국이 당면하고 있는 실존적 위협에 대한 개념 정리조차 되지 않고 있는 상황에서, 야권 대선후보들이 던지는 북한 핵문제에 대한 궁여지책들은 현실적인 실현가능성이 전무한 정치꾼들의 허무한 수사에 불과하다.

　야당 대선후보들은 먼저 주적인 북한, 그리고 중국에 대한 안보적 차원의 개념정리부터 해야 한다. 그리고 이를 바탕으로 마치 '배트맨' 영화에 나오는 '조커'의 얼굴로 묘사되고 있는 여당 대선후보인 이재명의 국가안보관과 대북정책에 정면으로 맞대응해야 할 것이다. 현재 대한민국이 당면한 절대 절명의 실존적 위기를 국민들에게 바로 알릴 수 있는 것이 야당후보군들이 아니라면, 위기에 처한 대한민국을 살리겠다는 정권교체의 절대적 필요성을 그 어디에서 찾을 수 있겠는가!

리베르타스, 2021년 10월 25일

세종류의 신들이 다투고 있는 한반도

나시옹(Nation)이란 개념은 민족인가? 국민인가?
강철같은 결속력의 나시옹은 신앙의 존재!
미국을 패싱한 종전선언으로 민족영웅이 되려는 문대통령!!

근대국가(Nation-State)의 건설에 주도적 역할을 했던 '나시옹'(Nation)은 민족으로 번역되기도 하고 국민으로 번역되기도 한다. 일본의 명치철학자였던 후쿠자와 유기치조차도 계몽주의철학자 장자크 루소가 강조했던 '나시옹'에 대해 제대로 된 이해를 하기가 힘들었을 것이다. 한번도 경험해보지 못한 세상의 개념들을 동양적, 유고적 습속이 강했던 일본사회에 근대의 법과 제도, 기능과 의미들을 쉽게 전하기는 참으로 어려웠을 것이다.

근대독일의 법과 제도, 정치적 민족주의 요소들이 압도적으로 일본사회를 지배하면서 독일의 '족민'(Folk) 개념이 일본인들에게 강하게 어필했다. 그 결과 '나시옹'은 피를 나눈 혈족적 민족이란 개념으로 이해되어졌고, 그런 사고는 한

중일 3국에 급속도로 전파되었다. 이승만 건국대통령의 필사적인 노력으로 자유민주주의를 정착시킨 대한민국의 경우 '나시옹'은 당연히 국민으로 이해되어져야 하지만, 5천년역사에 빛나는 한민족이란 전대미문의 혈족적 신화와 혈연, 지연, 가족중심의 유교적 습속으로 인해, 대한민국 국민 대부분은 '나시옹'에 대한 이해가 불분명하다.

◇ 세가지 민족이 공존하는 한반도

반면 국제주의를 포기한 굴절된 공산주의사상을 유지하고 있는 북한은 이 '나시옹'을 철저하게 한반도 공산화를 위한 통일전선전술의 일환으로 사용하고 있다. 북한은 5천년 한민족 단군의 자손이 바로 김일성민족이라고 주장하고 있으며 그 정통성은 백두혈통이 갖고 있다고 강조한다. 허위의식이든지 신화든지 간에, 현재 한반도에는 3가지 민족이 공존하고 있다. 하나는 북쪽의 김일성민족이고, 두번째는 남쪽의 자유민주주의민족이며, 나머지는 남쪽에서 북쪽을 앙망하는 얼치기 김일성민족이다.

'나시옹'은 신을 향한 신앙처럼 그 어떤 체제에서도 쉽게 사라지지않는 강철같은 결속력을 갖고 있다. 그래서 자유주의철학자 밀(John S. Mill) 조차도 만약 한 지역내에서 두 개의 '나시옹'이 존재한다면, 이들은 통합하지말고 서로 헤어지는 것이 자신들의 안전과 미래를 위해 좋다고 강조했던바 있다. 그만큼 '나시옹'에 대한 집착은 신앙처럼 타협의 대상이 될 수 없다. 그러므로 현재 한반도에서는 3종류의 신들이 절대 물러설 수 없는 서로간의 내전을 벌리고 있는 형국이다. 자유민주주의민족을 이끌어야 할 문정권은 북쪽을 앙망하는 주사파위정자들로 구성된 얼치기 김일성민족임을 애써 속이고 있다. 그래서 입만 열면 남북이 생사고락을 같이 해야 한다고 주장한다.

◇ 미국을 의도적으로 패싱하고 종전선언 합의하는 한중

미국방장관이 한미안보협력회의(SCM)를 위해 서울에 와있는 상태에서 미국 보란 듯이 서훈 NSC처장이 텐진으로가 양체츠국무위원과 종전선언을 논의하고 왔다. 미국이 종전선언에 대해 조건, 시기, 내용 문제를 들면서 애둘러 기피하는 모양새를 알면서도, 문대통령은 시종일관 종전선언을 밀어붙이고 있다. 대한민국 주권자들의 권리를 위임받은 대한민국대통령이 미국을 제외시키고 한-중-북 3국간 종전선언을 한다고 해서 미국이 대한민국을 어찌겠는가! 미국이 한국을 경제적으로 괴롭히면 중국경제에 붙어서 얼마든지 한국경제를 지탱시킬 수도 있고, 북한에 대한 원조는 중국을 통해서 하면, 유엔제재도 피할 수 있다고 보는 것 같다. 현실적으로 문대통령이 이런식으로 미국을 몰아붙이면 사실 미국으로서도 적절한 대응방안이 없다. 그런 과정에서 중국과 북한은 대놓고 유엔사해체와 주한미군 철수를 합법적으로 강하게 부르짖을 수 있게 된다.

문제는 정신나간 자유민주주의민족의 67%정도가 종전선언을 반대하지 않고 있다는 사실이다. 언론도 국민들도 종전선언 내용에 대해서는 무관심하다. 그래서 문정권은 진행과정만을 강조하며 아리송한 거짓말로 언론플레이를 하고 있다. 문정권의 자살정책으로 벼락거지가된 하위20%의 자유민주주의민족은 문정권의 돈푸는 요술피리만 들으려고 하고, 수많은 이익카르텔들은 이미 문정권과 생명공동체가 된지 오래다. 이 상황에서 미국을 패싱하고 대선전에 한-중-북 3자간 불법적인 종전선언을 해버리면, 여당후보의 대선지지율이 3-4%정도 올라간다는 것이 여론분석가들의 일반론이다.

그렇다면 대선판도가 백중세로 이어진다면 종전선언 행위가 야당에 치명타가 될 수도 있다. 동시에 위대한 문재인대통령은 한민족 역사에 길이남을 '민족영웅'으로 등극하게 되고, 지난 날 그가 범했던 불법적 행위와 여적죄는 모두 지하세계에 묻히게 된다. 현재 한-중-북 3자간의 합의는 이미 다 끝난 것 같다. 더 늦기전에 윤석열후보는 자유민주주의민족과 함께 목숨걸고 문정권이 의도하는 종전선언 시나리오를 지금 막아서야 한다. 그렇지 않고 시간을 놓치면, 문대통령이 동양의 마키아벨리를 능가하는 위대한 군주가 되는 정말 희안한 꼴을 보게 될 것이다

자유일보, 2021년 12월 6일

尹, 北에 항복하려는 文을 막아서야 한다!!

**지난 5년 단한번도 대한민국체제 언급하지않은 대통령!
중국까지 제치고 남북간 종전선언 노리는 문정권...
남북간 종전선언으로 북의 남침명분 승인해주는 것!!**

◇ 아직도 남북은 임시정부 상태라고 믿는 문정권

문대통령은 5천만 대한민국 국민을 대표하는 대한민국 1호 국민이어야 할 자신의 의무를 포기했다. 문대통령은 5년전 국회에서의 제19대 대통령 거짓선서를 하고 지금까지 줄곧 아리송한 언사속에서, 대한민국과 자유를 철저히 지워왔다. 그는 단한번도 대한민국의 자유민주주의라는 체제를 제대로 언급한 적이 없다. 오히려 굴종적인 대북평화쇼에서 남쪽대통령으로 불려지기를 원했다. 이 말은 일제치하속에서 상해임시정부가 있었듯이, 현재에도 강대국의 탈을 쓰고 있는 이런 저런 제국주의자들로부터 국권을 유린당한채, 한반도에 존재하는 남쪽과 북쪽이라는 임시정부가 서로 합쳐지기만을 기다리는 상황이다는 사실을 애둘러서 표현한 것이다.

　문대통령은 항상 백두혈통에 대해 지나치게 굴종적인 태도를 취했고 일제시대당시 공산주의자로 독립운동을 했던 인물들을 조작발굴까지 하면서 모두 "민족영웅"으로 재탄생시켰다. 위선과 기만, 사기와 거짓말로 점철된 문대통령의 언사는 국민들에게 상당한 인지부조화로 인한 고통을 주었는데, 다행히 그의 북한에 대한 복심의중을 가장 선명하게 나타낸 글이 하나 존재한다. 그것은 문대통령이 독일 국빈방문당시, 현지 알게마이네자이퉁紙에 독일어로 발표되었던 그의 연설문이다. 아마도 독일어로 되어있어서 한국국민들이 잘 못알아볼 것으로 생각했던 것 같다. 그는 연설문 서두에 한국의 촛불혁명이 평범한 사람들에 의해서 이뤄졌다고 강조했다. 평범한 사람의 독일어는 "Folks"다. 국민이라는 "Nation"이나, 인민이라는 "People"도 아닌 "Folks"의 한국적 의미는 바로 "민중"이다. 촛불혁명은 바로 민중혁명이었다는 말이 된다. 그리고 민중의 연장선에서 남과 북은 죽어도 같이 죽고, 살아도 같이 사는, 혈족적 "생명공동체"라고 표현했다. 이 한마디로 문대통령은 해방후 좌우간의 이념대결, 대한민국의 건국, 6.25전쟁, 한강의 기적, 선진국으로의 도약 등과 같은 대한민국의 명징한 역사들을 완전히 묻어버렸다.

◇ 사람중심의 그 사람은 누구인가?

　문대통령은 입만 열면 "사람"을 강조했다. 사람이 사는 세상, 사람이 먼저다, 사람중심의 세상 등등, 얼핏 일반 서민들이 중요하다는 얘기로 들릴 수도 있다. 그러나 "북한에 있을 때 인민민주주의(People's Democracy)를 "사람중심의 세상"이라고 번역했더니, 김일성이 그렇게 좋아했다"고 인터뷰했던 황장엽선생의 말은 바로 사람이 일반 서민이 아니라, 북한헌법에 나오는 그 음흉한 사람이라는 합리적 의심을 하도록 만든다.

동맹인 미국을 따돌리면서까지 줄기차게 종전선언을 주장하는 문대통령의 블랙코미디에 대해 중국도 그렇게 대놓고 나서지는 않고 있다. 최근 호주 모리슨총리와 호주기자들에게 가치동맹을 무시하는 문대통령의 황망한 정신세계가 탈탈 털렸음에도 불구하고, 마치 아무렇지도 않은 듯 북경동계올림픽과 종전선언을 뻔뻔스럽게 연결시키고 있다. 문대통령의 종전선언에 대한 집념은 만약 중국이 이에 시큰둥하면, 남과 북사이에서라도 종전선언을 감행할 것같다. 왜냐하면 문대통령은 종전선언을 통해 북에 어마어마한 외교적 결과물을 상납하려고 하기 때문이다.

◇ 종전선언은 한국의 대북 항복선언이 된다!!

그것은 유엔사해체, 미군철수 정도의 문제를 훨씬 넘어선다. 6.25전쟁당시 정전협정 비서명국이었던 한국이 북한과 종전선언을 하게되면, 북의 6.25남침은, 다시말해 조국해방전쟁은 정당했다고 한국이 승인해 주는 결과가 된다. 이 말은 "한국이 북에 완전히 항복한다"는 의미도 된다. 윤석열후보는 문대통령이 주도하는 "종전선언이 바로 대북 항복선언이다"며, 큰소리로 대한민국 유권자들을 깨워내야 한다. 그래서 북으로 넘어가는 대한민국을 살려내야 한다.

자유일보, 2021년 12월 20일

에필로그

Epilogue

　필자는 1961년 부산에서 태어났다. 일제시대 때 고등교육을 받으신 부모님 덕분으로 당시 필자세대가 보편적으로 경험했던 혹독한 가난과 교육의 어려움은 별로 없었다. 어려서부터 호기심이 많았던 터라, 부친이 운동으로 유도하라면 유도했고, 모친이 바이올린 하라면 바이올린도 했다. 반면 공부에는 큰 취미가 없었다. 그래서 그런지 필자는 어려서부터 남들이 잘 하지 않는 것을 하고, 잘 보지 못하는 것을 보며, 잘 생각하지 못하는 것들을 생각하는 좀 엉뚱한 자유로운 소년으로 자랐다.

　전쟁을 경험했던 부모세대의 어려움이야 오죽 했겠냐마는, 의식이 깨어나고 대학을 갈 무렵 고3 때, 마지막 모의고사 보는 날, 아침부터 사이렌이 울리면서 박정희대통령이 서거했다는 놀라운 뉴스를 접했다. 대학을 가서는 광주사태와 함께, 지독한 반정부 학생데모시절을 경험했다. 당시 대학에서 활동하던 지하운동권 친구들과 술잔은 자주 기울였지만, 그들의 기가막힌 맹목적인 무식함에는 항상 치를 떨었다. 그렇지만 나름대로 열심히 반정부데모도 했고, 뒤풀이로 운동권친구들과 술도 자주 먹었다.

　정치학과 신문학을 동시전공했는데, 성적은 거의 꼴찌수준이었다. 졸업당시 분명히 필자가 과에서 꼴찌라고 생각했는데, 한심하게도 필자 밑에 "덤앤더머"가 두 명이나 더 있었다. 그러나 공부를 아주 못했던 학동 두 명 다 어찌나 그 타고난 인간성들이 태평양처럼 넓고 좋았든지, 지금도 참으로 보고 싶은 두 얼굴들이다. 필자의 지나치게 낮은 학점과 학문적 문맹?이 스스로의 자존심을 건드려서, 그렇게 동대학원을 진학했고, 군대를 마친 후 유학길에 올랐다.

당시 덤앤더머 친구들이 송충이는 솔잎을 먹고 살아야 한다며 유학가는 필자를 극구 말렸다. 필자가 자기들과 동일한 '더머부족'인줄 알고, 진심으로 말렸는데, 아마도 헤어지기 싫었던 것이 가장 주된 이유였지 않았나 생각된다. 사실 티는 안내었지만, 필자는 고등학교 때부터 집근처에 사는 미국인선교사 사택을 들락거리며 영어회화를 배운 덕분에, 친구들보다 영어실력은 국제행사에서 통역알바를 할 정도로 적잖이 앞서 있었다.

런던 히스로공항과 1989년 가을의 캠브리지는 내인생 전체를 바꾼 행복한 충격이었다. 제일 먼저, 캠브리지 '퀸즈로드'옆 광장에 서있는 우람한 나무들을 보고 참으로 경이로웠다. 지난날 양평 용문사 천년장수 은행나무를 보러 간적이 여러번 있지만, 내 눈 앞에 펼쳐진 캠브리지의 나무숲은 양평의 은행나무 수백그루가 합동으로 만들어 놓은 대광경이었다. 하기야 중세인 1209년에 개교해서 지금까지 왔으니, 나무들의 수명이 천년에 가까울 수밖에 없었다. 그리고 돌덩어리로 만든 튼튼한 학교여서 그런지, 수백년도 넘는 대학교에서 현재의 학생들이 오래된 건물 안에서 미래를 공부하고 있다는 사실이, 그들이 말하는, 소위 '극동' (Far East)에서 온, 한국촌놈의 머리를 천둥과 번개불로 때렸다.

사실 한국에 있을 때 필자는 서울대와 같은 일류대학이나, 그 밖의 명문대학에는 별로 큰 관심이 없었다. 굳이 명문대에 들어갈 요량이면, 커트라인 성적이 낮은 학과정도로 대입지원은 가능할 수도 있었겠지만, 전혀 그러고 싶지 않았다. 대학에 관계없이 필자는 정치학을 공부하고 싶었다. 그래서 필자의 한 친구가 경희대에 원서 사러간다며 같이 가자고해서, 그렇게 경희대를 처음 가봤더니, 캠퍼스가 크고 아름다워서 필자도 그렇게 경희대정외과를 지원하게 되었다.

그러나 필자의 이런 대학에 대한 생각은 캠브리지대학을 경험하면서 달라졌다. 인류역사와 문명을 이해하려면 유럽의 오래된 명문대학은 물론이고, 주요 강대국들의 핵심 대학들을 탐방하고 겪어봐야겠다는 결심을 하게되었다. 필자는 6년정도의 세월을 영국에서 유학하며 보냈다. 3년은 박사학위를 했던 뉴캐슬에서 그리고 나머지 3년은 캠브리지에서 공부했다. 물론 필자의 공부시간과 주머니상황이 허락 하는대로 필자는 캠브리지보다 먼저 1096년에 개교한 옥스퍼드를 비롯해서, 스코트랜드의 에딘버러대학과 산업혁명의 출발지였던 글라스고대학 등지를 수십차례이상 방문했다.

특히 캠브리지는 필자의 자식들이 태어난 장소이기도 하지만, 오래 살면서 수많은 인생경험과 학문적인 도전을 받았던 대학이라 지금도 필자의 가족들에게는 제2의 고향과도 같다. 영국 동북부 뉴캐슬은 기온이 낮고 바람이 거친 지역이라서 솔직히 생활하는데 애를 먹었지만, 남쪽의 캠브리지는 비교도 할 수 없을 정도로 따뜻하고 안정적이며 고풍스러웠기 때문에, 가족들의 본능적인 캠브리지로의 쏠림현상은 충분히 그 이유가 있다고 보여진다.

지난 천년의 역사 속에 옥스브리지(Oxbridge)는 불세출의 영웅적 선배들을 배출한 세계적인 대학이라, 뉴턴홀, 다윈홀, 케인즈홀 등등 강의실 이름부터 극동의 촌놈을 쫄게 만들었다. 캠강에서 뱃놀이하는 장소로 유명한 '앵커'라는 술집은 관광객들이 많아서 붐비고 재미가 없었다. 그러나 대학원 강의실이 즐비하게 늘어선 '예수의 길'(Jesus Lane) 맨 끝에 조그만 술집이 하나 있었는데, 그 술집이름이 대표적인 자유주의철학자였던 '밀'(John S. Mill)이었다.

강의가 어려워서 뭔 내용인지도 잘 모르겠지만, 그래도 시험은 봐야하는데 넘쳐나는 걱정과 고민의 언덕은 필자를 자동적으로 강의실들이 모여있는 길 맨 끝에 위치한 '밀'이라는 술집으로 향하게 만들었다. 점심도 안먹고 들이마신

10파인터도 넘는 '비터'(영국식막걸리)에 정신이 몽롱한데, 통나무탁자 밑에 티나게 지저분한 낙서를 웬놈이 했길래 주인장한테, "Dirty Norman Lamont" 이 지저분한 낙서는 누구꺼냐!! 물으니까, 주인왈 대처정부에서 재무장관한 인간이란다. 그 외에도 여러 유명한 낙서들이 즐비했는데, 좀 기가 죽는 분위기였지만, 일단 재미가 있었고, 모두 다 공부하기 힘들어서 여기와서 술퍼먹었구나하는 나름대로의 동병상련을 느끼는 묘한 시간이 되었다.

처음에 트리니티칼리지 대학원학생회장이 친히 이 극동의 촌놈을 저녁 '포멀 디너'에 초대해 줘서 나름대로 멋을 내고 갔는데, 서빙하는 노년의 웨이터들이 너무 귀족같아 보여 많이 놀랬다. 또 어쩌면 할아버지뻘이 될 수도 있는 웨이터들에게 20대 초, 중반의 이마에 피도 안마른 젊은 학생들이 눈하나 깜작하지 않고, 잘도 밥을 받아 먹길래, 동방예의지국에서 온 촌놈이 또다시 엉뚱한 분노와 고약한 생각을 하게 되었다.

나이든 웨이터들을 존경하는 마음에 음식을 서빙할 때마다 필자는 웨이터들이 주는 그릇을 직접 손으로 받아들거나, 연방 '생큐'라고 고마움을 표시하니까, 옆에 있던 한 학생이 필자를 툭 치면서 "자기 지금 웨이터들을 모욕하고 있다"고 해서, 한번 더 깜짝 놀랬다. 서빙하는 그릇들은 식객들이 알아차리지 못할 정도로 자연스럽게 채워지고 비워져야 하는데, 그릇이 올때마다 "생큐"하면서 티내고 감사를 표시하니, 서빙하는 웨이터들의 자존심과 자부심이 무참하게 녹아 내렸던 것이다.

나중에서야 안 사실인데, 캠브리지학생들은 무탈하게 학교에서 잘 생존하려면, 칼리지정문 수위인 포터들, 각도서관의 사사들, 그리고 칼리지 식당 웨이터들에게 잘보여야 한다는 것이었다. 하루는 포터중 한명이 다른 포터에게 큰 소리로 "대이비드 경"(Sir David)이라고 말해, 또 다시 깜짝 놀랬다. 그 이유는

데이비드란 사람이 트리니티칼리지 정문수위인데 집안대대로 장장 8대를 수위로 이어오고 있어서, 영국여왕으로부터 귀족의 칭호까지 받았다는 것이다. 그래서 다른 포터들은 일부러 주변사람들 들으라고 정말 큰소리로 "써 대이빗"이라고 시종 아무 때나 불러댔다. 캠브리지학생들 중 귀족자제들이 많으니, 아마도 일종의 그들 간의 자존심 싸움이라는 생각도 들었다.

아마 캠브리지에서의 애피소드를 다 쓸려면, 충분히 책 한권도 넘어갈 것 같아 다음으로 미룬다. 아뭏튼 필자는 31개 칼리지를 다 돌아다니면서 특히 칼리지 바에 들러서 캠브리지학생들에게 대한민국의 그 유명한 '폭탄주'를 열심히 가르쳐 줬다. 그리고 시간 나는대로 옥스퍼드대학도 일부러 일을 만들어서 그쪽 학생들과 함께 돌아다녔다. 대학의 웅장함에서는 옥스퍼드가 캠브리지를 앞도하지만, 필자의 대학소속이 달라서 그런지, 남성적인 옥스퍼드보다는 여성적이며 자연스러운 캠브리지가 훨씬 더 좋았다.

영국유학생으로 국제학생증을 시청에서 발급받으면 대부분의 철도, 항공, 선박요금이 많게는 90%에 달할 정도로 어마어마하게 싸진다. 한마디로 유럽에서 학생은 사람도 아니구나 생각할 정도로 쌌다. 아르바이트와 학교로부터 받은 소소한 장학금을 모아서 유럽의 대학들을 보러 다녔다. 제일먼저 영국과 가까운 프랑스로 갔다. 프랑스에서 가장 오래된 1257년 개교한 소르본(Sorbonne)대학은 옥스브리지와 연관이 깊다.

사회문제로 날밤세우는 프랑스인들 답게, 프랑스의 68혁명으로 대학평준화가 실시되었다. 1971년부터 파리의 대학들이 숫자로 1번부터 13번까지 나열되었는데, 소르본은 인문대학인 4대학과 의학과 이학대학인 6대학으로 분리되어졌다. 그래도 건물이나 학생들은 그대로여서 역사와 전통에 누가되는 점은 별로 없었다. 참고로 2018년에 소르본대학은 다시 이름을 되찾고, 프랑스 제1의 종합대학으로 통합되었다.

  다행히 어릴때부터 필자의 오랜 친구가 당시 소르본 파리4대학에서 박사과정을 하고 있어서 친구의 초대로 프랑스여행을 갔는데, 파리가 역시 문명의 중심인지라 꼬박 파리에만 한달동안 머물렀다. 물론 그 친구 덕분에 소르본의 역사와 관련된 학교내부시설들을 매일 돌아보았다.

  그때 그 당시 정말 젊기는 젊었던 것 같다. 1990년 그해 여름 파리는 역사상 처음으로 섭씨 40도이상을 기록했는데, 노약자들이 수십명 사망할 정도였다. 덕분에 텅비어있는 소르본 교내 테니스장에서 정오 12시부터 친구와 2시간에 걸친 저녁내기 테니스혈투시합을 벌일 수 있었다. 작렬하는 태양아래, 땀을 비오듯 쏟으면서, 소르본 교내 테니스장에서 혈투를 벌였다. 물론 한때 유도선수였던 필자가 내기에 이겼다. 지금 그때 그 친구와의 기억이 소르본과 함께, 보석처럼 아름다운 추억으로 가슴에 남아 있다.

  필자의 돌아가신 부친은 영화광이셨는데, 일제시대였던 고등학교때부터 그후 대학까지 걸쳐서 모친과 7년 이상을 연애하시면서 당시 좋았던 명화란 명화는 다보셨다고 했다. 그리고 그때 보았던 좋은 명화들을 아들인 필자에게도 다시 보여 주셨다. 그 중 여러차례 부친과 같이 본 영화가 테너 마리오 란자주연의 뮤지컬영화로, 독일 하이델베르크대학을 배경으로 펼쳐졌던 로맨스영화 '황태자의 첫사랑'(The Student Prince)이었다.

  신성로마제국의 황실을 벗어나 대학으로 유학 온 황태자가 하숙집아가씨와 사랑해 연인이 되는 스토리인데, 신입생 신고식장면에서 큰잔의 맥주를 단숨에 들이켜야 했던 화면에서, 황태자와 학생들이 합창으로 불렀던 "Drinking Song" 은 인생 최고의 낭만적 화면으로 남아 있다. 생각해보면 동서고금, 동서양을 막론하고, 신입생들에게 '원쌧'시키는 고약한 전통은 어디서나 동일한것 같다.

하이델베르크대학은 1385년 교황 우르바노6세가 설립을 허락해서 신성로마제국내 3번째 대학으로 개교했다. 신학, 법학, 의학, 철학 4개학부로 시작했는데, 현재는 독일 제일의 대규모 종합대학이 되어있다.

옥스브리지처럼 소르본과 하이델베르크출신 한국유학생들도 이제는 제법 많다. 한국정치학회에서 어렵지않게 두 대학 출신의 동료들을 만날 수 있었다. 그 외 낭트대학, 제네바대학, 뮨헨대학, 프랑크푸르트대학 등을 여러차례 돌아보았고, 르네상스의 중심지였던 피렌체와 베네치아도 수차례 여행할 수 있었다.

학위논문이 대부분 마무리된 시점에 미국 존스홉킨스대학에서 경제학박사과정을 연구하던 친구의 초청으로 제법 긴기간 동안, 미국에 체류하게 되었다. 그 기간동안 소위 미국의 IVY리그 명문대학들을 돌아볼 수 있었다. 대부분 뉴잉글랜드지방에 위치하며, 영국의 옥스브리지를 모체로 하고 있는 학교들이었기 때문에, 영국대학과 모양과 느낌이 아주 흡사했다. 대신 그 규모면에서는 영국보다 대부분 훨씬 웅장했다.

현재에도 미국에서 교수를 하고 있는 그 친구가 브라운대학이 위치한 '프라비든스'에 살고 있기 때문에, 친구와 함께, 또는 다른 업무일로 프라비든스와 가까운 보스톤을 방문할 기회가 많았다. 그때마다 필자는 하버드와 MIT대학을 들렀다. 특히 친구의 처가 콜럼비아대학출신이라 뉴욕의 콜럼비아대학 동창회관에 투숙하며, 콜럼비아대학을 비롯해 NYU를 제대로 탐방할 수 있는 기회들을 자주 가졌다.

IVY리그중 하나인 다트마우스대학은 레바논이란 뉴잉글랜드 북부 시골마을에 있어서 그곳을 방문하기가 쉽지 않았는데, 한국해양연구원 시절 유엔주재 세계과학자정상회의가 다트마우스대학에서 10일 동안 개최되는 바람에, 운좋게 10일동안 다트마우스대학을 탐방할 수 있었다.

인상적이었던 것은 회의참석자들을 안내하기 위해 자원봉사했던 한 여대생의 전공이 무려 3개였던 사실과 그 전공들이 문과와 이과를 넘나드는 소위 융복합적인 지식을 추구하는 내용들이어서 적잖은 감동을 받았던 기억이 있다.

영국유학 당시 박사학위 논문 현지조사를 위해 동경에 1992년부터 일년을 살았다. 자료검증과 인물인터뷰를 위해 게이오대학의 오꼬노기 마사오선생이 초청을 해주었고, 그렇게 게이오에 객원연구원으로 오꼬노기선생 연구실을 같이 쓰면서, 서로 친구와 주종관계 그 중간정도의 사이가 되었다. 어느 날 오꼬노기선생이 베를린자유대학의 박성조교수가 동경대법대 초빙교수로 와있다고 소개해 줘서 박성조교수를 만났고, 그로인해 동경대 법대에서 같이 연구하는 날들이 많아 졌다.

박성조교수는 동료였던 동대 정치학과교수 구마가이 아키라교수를 필자에게 소개했다. 인연이 깊어지려니까 구마가이교수는 그해 동대를 정년퇴직하시고, 그 다음해 캠브리지대학 처칠칼리지에 객원교수로 재직하게 되면서 필자하고 캠브리지에서 다시 재회하는 큰 기쁨을 누렸다. 정말 우애 깊은 아버지와 아들 사이로 같이 지냈다.

동경에서 구마가이교수가 소개해 주신 스노베 류조 당시 외무성사무차관은 10.26과 12.12당시 주한일본대사를 역임하셨고, 이후 본국에서 사무차관까지 하셨는데, 필자를 정말 잘 돌봐주셨다. 구마가이교수와 스노베차관의 인품과 학식은 일본인에 대한 선입견을 싹 가시게 만들었다. 한마디로 너무도 충격적일 만큼 두분은 신사였고, 학식과 문명적으로 고상하고, 훌륭했다.

당시 와세다대학 한국인학생회장을 하고 있었던 필자의 후배가 자기 지도교수인 와타나베 아키오교수를 소개해 줘서, 와세다대학의 학맥도 함께 이어갈 수 있게 되었다. 솔찍히 게이오대학의 박사과정학생들보다 와세다대학의 대학원생들이 훨씬 필자의 마음에 와 다았고, 덕분에 게이오로 가는 날보다 와세다로 가는 날들이 적어도 3배 이상은 더 되지 않았을까 생각된다. 물론 와세다출신들은 한국의 고대출신들처럼 술을 잘하고, 의리가 있으며, 선후배사이가 각별했다.

일본 동경은 어쩌면 서울에서 부산가는 것 보다 더 빨리 갈 수 있는 가까운 위치이며, 한국과는 정치경제, 사회문화적으로 뗄래야 뗄 수 없는 이웃나라이기도하다. 따라서 필자가 관료로, 또는 국책연구원 연구위원으로 일하면서, 가장 출장을 많이 갔던 나라이기도 했다. 일본에 제법 긴 출장을 갈 때마다 필자는 도쿄대, 게이오대, 와세다대를 꼭 방문했다. 물론 학교근처가 술한잔하기에는 정말 음식도 싸고, 운치도 있고, 낭만도 넘쳤다.

4년전 영국에서 꽃디자인을 배워온 딸이 동경에 있는 스웨덴 꽃회사에 6개월간 인턴을 하게되어 동경에 머물렀다. 당연히 없는 출장도 만들어서 동경에 있는 딸을 보려고 했고, 출장기간 중 주말이 끼이면 딸을 데리고 필자의 추억이 있는 도쿄대, 게이오대, 와세다대를 자주 방문했다. 사실 일본의 전철역이름을 외우는게 결코 쉽지는 않은데, 딸은 도쿄 홍구(아까몽)캠퍼스는 혼고산쪼매역, 게이오는 미타역, 와세다는 다카다노바바역이라며 잘도 왜웠다.

4년전 4월초순경에 딸을 데리고 또 동대 홍구캠퍼스로 산책갔다. 당연히 법대뒤 내정의 벤치에 앉아 옛일들을 가만히 생각하는데, 딸이 춥다며 자기는 옆건물에 있는 스타벅스에서 차한잔하겠다고, 후다닥 가버렸다. 그러고보니 벤치옆 천년장수 사쿠라나무는 여전히 그대로 인데, 동대캠퍼스내에 스타벅스도 생기고, 건물도 이리저리 바낀 것 같고, 미처 보이지 않았던 변화한 모습들이 보이기 시작했다. 그리고 그렇게 정말 적잖은 세월이 지나갔다는 사실도 그제서야 직감하게 되었다.

구마가이선생, 스노베선생, 와타나베선생은 이제 모두 돌아가셨다. 그러나 패션이스트 자유주의자 박성조선생은 아직도 폼잡고 살아계신다. 동대 법대 내정을 같이 걸어갈때마다 어찌나 발걸음이 빠르셨든지, 그해 여름 그렇게 더웠는데, 하얀와이셔츠 소매를 둥둥 겉어부치고, 아주 불량하게 넥타이를 삐닥하게 뒤로 재낀 박교수의 종종걸음이 지금도 필자의 눈에 선했다.

모스크바대학, 호주국립대 (ANU)와 시드니대학, 스웨덴의 웁살라대학 등은 국책연구원에 근무중 해외출장을 갈 때 빼놓지 않고 방문했다. 유학시절 제네바대학 내 칼뱅 흉상위에, 또 뮨헨대학내 막스 베버흉상위에 나름 제사상을 차려 술한잔 올렸듯이, 호주국립대 허드리 불 흉상앞에 그리고 모스크바대학 토스토예프스키 흉상 앞에 똑같이 술한잔 올리는 마음의 제를 지냈다.

천년의 세월동안 문명과 대학과 인간의 변화를 주시하는 것이 필자의 인생에서 큰 위로와 행복이 되었다. 이 나이되도록 마지막 딱 한군데만 제외하고는, 전세계 문명과 국가를 대변하는 유서깊은 명문대학들은 다 돌아본 것 같다.

캐나다 토론토에 후배교수가 재직하고 있어, 그곳에 객원교수로 초빙되는 것이 가능한지 물어보았다. 이런 저런 말은 있는데, 일단 가능해 보인다. 그런데 지금 가장 큰 장애물은 코로나바이러스가 되었다. 지난 2년 동안 전세계를 꽁꽁 묶어놓고 있는 이 신종바이러스 때문에, 필자의 토론토행도 제약을 많이 받고 있다. 어쨌든 <대한민국은 내전중> Ⅲ권을 마치는대로 토론토로 갈거라고 이미 언지는 줘 놓았다. 그리고 후배교수도 그렇게 준비를 하고 있는 것 같다.

캐나다에 가서 토론토대학, 퀘벡대학, 몬트리올대학을 볼 예정이다. 아직 힘이 남아있을 때 대륙간 횡단을 감행해야 하지 않겠나, 그렇게 혼자 결기를 다져본다. 솔찍히 이제 퇴직금도 다 떨어져가고, 어디서 돈벌일도 적잖이 막막해서 막상 토론토가서 돈 쓸일이 좀 걱정이 되기는 하다. 그러나 세계대학 찾아

삼만리 "강삿갓"에게 돈이란 쟁애물은 지금까지 그리고 앞으로도 문제가 되지 않을 것으로 스스로 믿어 의심치 않는다.

문정권 5년의 막이 내려가는 과정에서 대한민국의 썩은 정치와 그속의 정치꾼들이 적나라한 막장의 모습을 드러내고 있다. 온갖 사기꾼이란 사기꾼, 정치 양아치들이 다모여서 한탕을 노리고 있다. 이제 어슬프게 투자나 경제적 이익을 놓고 돈으로 사기치는 것보다, 정치를 놓고, 권력을 놓고, 사기를 잘치면, 한방에 권력과 돈을 다 가질수도 있다는 하늘의 진리를 드디어 이 간악한 사기꾼들이 터득한 것 같다. 필자 인생 60년에 살다살다 정말 이런 이념사기꾼, 권력사기꾼, 평화사기꾼들은 처음 본다.

그리고 안타깝게도 이들에게 쉽게 현혹당하는 얄팍하고 교활한 이기적인 사람들도 이미 눈의 초점을 잊은지 오래다. 주머니에 돈만 생기면 개와 돼지가 되어도 좋고, 가재와 붕어와 개구리가 되어도 좋단다.

돈과 권력은 그 끝이 너무도 허망하고 모두 비참하게 끝이 날 수밖에 없다고 생각한다. 그러나 인간에게 명예는, 그것만은 죽을 힘을 다해 끝까지 추구해도 뒤탈이 없다고 말해주고 싶다. 그런 명예는 눈에 보이는 유산이 아니라, 자신만이 아는, 타인들에게는 보이지 않는 자신의 가슴속에서 자란다. 그래서 마지막으로 필자의 세계대학탐방과 그 여운, 그리고 인류에 대한 희망을 에필로그로 쓴 것이다.

필자는 특히 자식세대이자, 대한민국의 대들보세대인 30대 대한민국 남성과 여성청년들에게 이 명예의식의 중요성을 꼭 전해주고 싶다. 이미 초점을 잃어버린 이기적인 물질주의에 빠진 미쳐가는 세상이지만, 그래서 그대들이 물질주의와 이기주의에 빠진 소위 꼰대라는 대한민국의 늙고 후진 선배들을 달갑지 않게 생각하는 것도 잘 알지만, 보이지 않는 무형의 유산을 가슴속에 담고 사는 이런 필자와 같은 고상한 꼰대도 하나정도는 있다고 말해 주고 싶었다. 그리고 마지막 남은 여생을 그대들이 빛내줄 영광스런 대한민국을 희망하며, 그대들이 사용할 책상과 의자를 깨끗하게 닦아주는 일에 필자의 최선을 다할 것을 거듭 거듭 마음속으로 다짐한다.

문정권 5년동안 정말 잠 못 이루는 날들이 많았고, 사악하고 어두운 달빛 신화속 전설들을 어떻게 하든지 밝은 대낮의 햇빛으로 바꾸어보려고 적잖은 고민과 노력을 많이 했다. 그 과정에서 옛 성현들을 불러내어서 시대를 넘어서는 지혜와 통찰력의 귀한 말씀도 참 많이 들었다. 모든 세상사가 다 그렇듯이, 막상 그 고통스럽던 긴 터널의 끝이 보이니까, 지나간 날들이, 특히 2018년 그 한 여름의 분노와 열정이 다소 허무해 지는 것을 감출 수 없다.....

지금까지 <대한민국은 내전 중>을 우렁차게 읽어주신 소수의 애독자여러분들과 혈맹적 동지의 의리로 억지로 많이 팔아주고, 여기저기 책을 소개도 해주신 친구여러분들께, 미안하고, 고맙고, 그리고 늘 감사하다는 마음을 전한다. 여러분들의 관심과 후원이 없었다면 아마도 총 180여개의 칼럼을 2년 6개월에 걸쳐서 써낼 수는 없었을 것이다. 문정권의 폐망과 다가올 정상적으로 발전하는 대한민국을 기대하며, 사랑하는 모든 분들이 오랫동안 늘 건강하시기를 기원한다.

2022년 1월 1일
강 량 올림